Ce héros
qui est en chacun de nous

Laureline Amanieux

Ce héros qui est en chacun de nous

La puissance des mythes

Albin Michel

Collection Essais/Clés

Ouvrage publié sous la direction de Marc de Smedt

À Suzy Peltier et San Francisco,
qui me firent découvrir Joseph Campbell
et de nombreux mythes présents dans cet ouvrage.

Avant-propos

Il existe des poètes de la pensée humaine, et Joseph Campbell est de ceux-là. J'ai rencontré Joseph Campbell à San Francisco. Il était mort depuis bien des années. Qu'à cela ne tienne : San Francisco est une ville où l'on croise beaucoup de fantômes. C'est dans ses murs, dans sa brume, dans la pellicule opaque de l'océan Pacifique sur ses rives. Puis, à New York, j'ai réalisé l'impact que ce penseur avait sur d'autres vies que la mienne. Par hasard, je suis allée chez un coiffeur, un homme dans la soixantaine, cheveux longs, visage marqué, en jean et santiags. En discutant avec lui, je découvris qu'il était passionné par Voltaire dont il me citait, en anglais, le *Dictionnaire philosophique*. Il n'avait pas fait d'études, avait été maçon avant de trouver sa voie dans la coiffure. Soudain, il parla de Joseph Campbell. En 1987, ce coiffeur avait perdu sa femme, et fait une dépression. Il avait alors vu sur PBS, comme des millions d'Américains, les émissions de Campbell avec le plus célèbre journaliste américain Bill Moyers, intitulées « Puissance du mythe », qui seront par la suite transcrites et publiées, et deviendront un best-seller. Ç'avait été une révélation : il était sorti de sa souffrance, s'était inscrit à des séminaires par correspondance de philosophie et de mythologie. Je lui demandai :

– Qu'est-ce qui vous a tant frappé dans les propos de Campbell ?

– J'ai compris que tout était relié.

Relié ? Oui, nous le verrons, par un simple fil mythologique qui nous guide dans le labyrinthe de nos existences, un fil d'Ariane. Mais je n'ai écrit cet ouvrage qu'après avoir lu ceux de la pianiste française Hélène Grimaud. J'ai été frappée par une image qu'elle utilisait : celle d'être l'ambassadeur contemporain de compositeurs morts depuis longtemps, et même un Orphée de la musique classique, ce personnage mythologique qui descend aux enfers pour tenter de ramener sa femme morte dans le monde de la vie, et qui offre finalement au monde les plus beaux chants qui soient. Cela s'est imposé alors : ramener la pensée de Joseph Campbell à notre société actuelle et faire entendre sa voix à tous.

INTRODUCTION

« Il suffit d'un simple fil d'Ariane »

Qu'y a-t-il de commun entre Barack Obama et *La Guerre des étoiles* ? Que ce soit le président des États-Unis élu fin 2008 qui a soulevé une vague d'espoir dans le monde entier ou le scénariste et réalisateur George Lucas qui a créé une série de films cultes dès 1977, tous deux ont grandi avec un livre de Joseph Campbell qui valorise la quête d'aventures héroïques. Dans le cas du cinéaste, c'est la lecture du *Héros aux mille et un visages*[1] ; dans celui du président Obama, c'est celle de *Puissance du mythe*, un des livres favoris de sa mère[2]. Alors que Joseph Campbell fait partie des essayistes majeurs aux États-Unis, ce penseur reste pourtant méconnu en Europe. Célèbre professeur de mythologies comparées, écrivain et orateur, il fut le défenseur d'une grande idée : **nos mythes sont encore vivants**, et doivent le

---

1. *The Hero with a Thousand Faces* a été traduit sous le titre *Le Héros aux mille et un visages* par Oxus en 2010. Cet ouvrage sera désormais désigné par *Héros.*

2. *The Power of Myth, with Bill Moyers*, New York, Doubleday, 1988. L'information a été donnée par la demi-sœur du président américain, Maya Soetoro-Ng, au journal américain *Newsweek*. J'utilise la version française de *Power of Myth* : *Puissance du mythe*, J'ai lu, 1991, désormais désignée par PM.

rester car nous avons besoin d'eux pour accomplir **la quête de notre vie**. En effet, il pèse une menace sur notre société actuelle. Allons-nous laisser un système nous dicter notre conduite ou allons-nous apporter à ce système un souffle plus humain en menant des existences épanouies et davantage altruistes ? Où trouver une solution ? Joseph Campbell la puise dans les images de nos mythes qu'il s'agit d'adapter à nos problèmes contemporains pour nous reconnecter à l'essentiel.

Le mythe, pour Campbell, c'est d'abord l'aventure d'un héros qui a le courage d'aller au bout de ses convictions : « Un de nos problèmes aujourd'hui est celui de la transformation énorme et rapide de nos formes de vie, les modèles pour vivre n'existent plus pour nous. (...) Le héros comme modèle est une chose dont nous manquons, aussi chacun a besoin d'être son propre héros et de suivre un chemin où il n'y a pas de chemin. C'est une situation vraiment intéressante[1]. » On a pris l'habitude aujourd'hui de penser que les mythes sont de jolies histoires à raconter au coin du feu, ou des mensonges dont la science a prouvé l'inutilité, ou encore des illusions dangereuses qui aveuglent les individus. La seconde moitié du XXe siècle a en partie dévalorisé les mythes. Campbell recommande de renouveler les histoires fabuleuses anciennes, c'est-à-dire de leur ôter ce qu'elles ont désormais d'invalide pour transposer leurs symboles dans notre époque. Par « mythe », Campbell entend aussi l'ensemble des religions : il aborde en effet les textes sacrés sous l'angle du chercheur, et non pas avec le regard du croyant qui ferait d'un seul texte sacré la lecture de toute

1. *An Open Life, Joseph Campbell in Conversation with Michael Toms*, Larson Publications, 1988, p. 109. Je traduis. Désormais ce texte sera désigné par l'abréviation *Open Life*.

une vie. L'approche de Campbell consiste à faire de tous les textes mythologiques une **lecture de la vie humaine**. Il en propose une vision symbolique : le mythe n'est pas un mensonge, il n'est pas non plus une vérité historique, c'est une métaphore, c'est-à-dire une image de nos vies et de notre condition humaine. L'enjeu est double : psychologique, pour mieux vivre, et métaphysique, car ces mythes nous mettent en contact avec des mystères plus profonds que notre seul quotidien. La métaphysique a en effet pour objet d'expliquer la nature ultime de l'être, de l'univers et de notre lien avec cet univers. À travers les mythes, Campbell nous emmène à la recherche du héros tout au fond de nous qui attend d'être appelé à l'aventure et de réaliser la quête la plus essentielle qui soit : **être vivant**.

Nos mythes sont alors l'équivalent d'un GPS intérieur : ils indiquent comment se retrouver dans le labyrinthe de nos contradictions, tracent une route pour descendre dans nos profondeurs. Dans le mythe grec, après avoir tué le monstre nommé Minotaure qui vivait dans le labyrinthe, le héros Thésée retrouve son chemin grâce à un fil qu'il a déroulé depuis l'entrée, un fil donné par une jeune fille, Ariane : le héros « n'avait qu'un bout de ficelle. On n'a besoin de rien d'autre (...). Seul un fil d'Ariane vous est indispensable » (PM, p. 251). C'est l'originalité de la vision de Campbell : les mythes ne sont pas seulement un réservoir de la sagesse humaine dans lequel puiser des conseils pour le quotidien ; **le mythe construit une route sous nos pieds**, étape par étape, là où auparavant n'existait aucun chemin, alors même que nous étions égarés.

Cet ouvrage a aussi pour enjeu de tendre à chaque lecteur le fil pour avancer dans la vision mythologique de Campbell et, grâce à elle, en lui-même. À travers ses grands ouvrages, je souhaite transmettre sa pensée, lui laisser souvent la parole, la commenter parfois, mettre l'accent sur la manière dont notre vie elle-même devient une quête héroïque. Campbell a développé une pensée originale grâce à des maîtres qui l'ont inspiré. Je retiens pour ce livre les travaux du psychologue suisse Carl G. Jung et du spécialiste des mythologies orientales, professeur et mentor de Campbell, l'Allemand Heinrich Zimmer.

Je propose aussi de suivre les idées de Campbell à travers quelques exemples dans notre littérature et dans l'art, tel un voyage à entreprendre pour vivre autrement notre culture. Parce qu'il suffit d'un simple fil d'Ariane, je vais parfois relier dans ce livre la mythologie et certaines personnalités ou bien des penseurs ou des historiens des religions. Rien ne peut cependant remplacer la lecture directe des ouvrages de Joseph Campbell ou l'écoute de ses conférences disponibles grâce à la fondation Joseph Campbell : c'est la voix d'un penseur lumineux.

Enfin, il m'arrivera d'interpréter sa pensée avec un style personnel, car ce livre souhaite aussi délivrer la parole de cet auteur comme on joue l'œuvre d'un maître au piano : il faut non seulement en déchiffrer la partition, mais être capable de l'interpréter de tout son être, de la pratiquer dans sa vie de tous les jours, et d'inventer une manière originale de la restituer.

I

Partir à l'aventure grâce aux mythes

1.

Quel est le chemin du héros dans nos mythes ?

Un héros tapi au fond de nous

Il y a un héros tapi au fond de nous-mêmes et nous en ignorons l'existence. Campbell nous invite à le trouver. Sa pensée compare les mythologies du monde entier et effectue librement des associations pour déterminer un récit universel qui guide chacune de nos vies. C'est ce qu'il nomme le « monomythe », terme qu'il emprunte au romancier James Joyce, et qu'il expose dans son essai *Le Héros aux mille et un visages*. Campbell affirme que tous les mythes suivent un même scénario[1] alors même qu'ils sont apparus

1. Joseph Campbell rend hommage alors à Adolf Bastian, un médecin allemand et anthropologue du XIXe siècle : ce dernier avait observé, au cours de ses voyages, des symboles universels qui se retrouvaient de culture en culture sous des variantes diverses ; il avait appelé ces symboles des « idées élémentaires ». D'autres chercheurs ont repéré des scénarios universels à travers les contes et mythes, comme l'anthropologue Edward Tylor, ou le spécialiste des contes folkloriques Vladimir Propp, mais sans en analyser le sens, ni préciser la fonction de ce scénario unique. Je renvoie à ce sujet à Robert A. Segal, *Joseph Campbell. An Introduction*, Princeton, Garland Publishing, Inc., 1987, p. 2.

dans des lieux éloignés les uns des autres, et que les histoires semblent différentes en apparence. Son ambition est alors de rassembler les hommes autour d'une identité commune, et non de mettre l'accent sur leurs divergences.

Voici le scénario de ce monomythe : un héros quitte le monde ordinaire après avoir reçu un mystérieux appel, part à l'aventure, traverse le seuil d'un monde extraordinaire, affronte le gardien de ce seuil et, au-delà, rencontre des alliés et des ennemis. Après des épreuves où il risque sa vie, doit souvent vaincre un tyran, il effectue le sacrifice de son ego et reçoit un élixir pour régénérer la société d'où il vient. Alors le héros retourne dans son monde ordinaire auquel il rapporte l'élixir. Ses peines ne s'arrêtent pas là pour autant. Que ce soit un sérum guérisseur ou une vision spirituelle, l'élixir est rarement compris et accepté par le monde ordinaire. Le héros, d'aventurier, devient alors un pédagogue qui essaie d'apprendre à la société l'importance de cet élixir et la manière de s'en servir. Tous les héros suivent un parcours comprenant au moins plusieurs étapes de ce scénario.

Ce héros, c'est chacun de nous. Joseph Campbell accentue la fonction psychologique de ce monomythe : il en extrait d'abord une lecture de notre nature humaine, et voit surtout le mythe comme un scénario pour nous permettre de devenir des individus accomplis. Il se demande en effet pourquoi cette quête héroïque existe. Ce qu'elle signifie. Ce qu'elle nous apporte. Pour Campbell, chacun de nous s'aventure dans la vie comme dans une forêt dépourvue de chemin et peut en revenir avec un apport inédit afin d'épanouir toute la société. Chacun peut tendre vers cette réalisation, même si le risque d'échec existe. Campbell nomme cela notre « quête héroïque » ou notre « mythe personnel ». Aussi allons-nous observer en détail la quête du héros dans les mythes et les contes de fées pour mieux comprendre quelle est la nôtre.

Les différents types de héros

Définition

Le héros possède des milliers de visages différents à travers les cultures, les sociétés, les époques, mais il s'agit d'un même personnage qui accomplit un parcours dont on peut retracer les étapes identiques dans chaque mythologie. Le héros peut avoir tous les âges, être de n'importe quel sexe, n'importe quelle origine ou nationalité, être homme ou divin, riche ou pauvre, roi ou de simple condition. Il réalise une aventure qu'aucun autre n'aurait pu réaliser. Le terme « héros » est également générique : il ne recouvre aucune idéologie, aucune moralité ni nationalité en particulier. Il a pu être utilisé dans l'Histoire (et l'être encore) de manière malhonnête afin d'endoctriner des troupes et leur faire accomplir des actes monstrueux, nous en parlerons à la fin de ce chapitre, mais se méfier de l'héroïsme en raison des dérives qu'il entraîne, c'est se priver de ce qu'il y a de plus noble en l'être humain. J'entends avec Joseph Campbell que **tout héros accomplit un acte régénérateur pour lui-même, mais surtout pour autrui** : c'est sa dynamique et c'est ce que chacun de nous peut accomplir.

Des héros nationaux aux héros universels

Le héros est toujours un personnage exceptionnel, aux multiples talents. Il appartient à un monde qui souffre d'un manque. Son aventure commence par un événement qui met en valeur ce dérèglement du monde. Dans les contes, cela peut être aussi ténu que l'absence d'argent, tandis que dans les mythes, cela peut être la chute physique et spirituelle de tout un monde dans le chaos. C'est le cas dans le mythe européen du Graal lorsque le royaume du roi pêcheur est devenu une terre vaine, désolée, où plus rien ne pousse et sur laquelle plus aucun sujet ne peut connaître le bonheur : alors un chevalier part chercher le Graal pour redonner la vie à tous. Le Graal, c'est une coupe ou un plat considérés comme sacrés, un symbole de pouvoir magique ou de suprême spiritualité. Campbell établit donc une distinction entre les contes de fées dans lesquels le héros ou l'héroïne vont accomplir une aventure « domestique, microscopique[1] » et les mythes dans lesquels ils doivent sauver l'univers : c'est un triomphe au niveau du macrocosme.

Même dans les mythes, Campbell distingue deux types de héros : les héros nationaux, ou membres d'une tribu, qui vont sauver lors d'une guerre leur pays d'une oppression, et les héros universels. Parmi ces derniers, Campbell cite les noms de héros spirituels : Moïse, Jésus, Mahomet, Bouddha, mais aussi des figures politiques comme Martin Luther King, ces héros qui ont apporté un message destiné au monde entier, pas seulement à un peuple en particulier.

Il s'accomplit également deux grands types de quête. Le premier concerne le monde matériel : le héros réussit des actes courageux dans des batailles, il effectue un voyage, il sauve des vies. Ce voyage est à prendre au sens symbolique à travers les couches sociales, les échelons professionnels, les étapes d'une quête amoureuse, intellectuelle ou artistique ; ou encore il s'agit de trouver une idée qui change un système économique. Dans tous les cas, le parcours sera jalonné d'épreuves similaires. Le second est une quête spirituelle dans laquelle le héros apprend à expérimenter des niveaux métaphysiques de la vie humaine et revient avec un message. Dans tous les cas, le chemin du héros adopte la

1. Joseph Campbell, *Pathways to Bliss, Mythology and Personnal Transformation*, avec une préface de David Kudler, Californie, Joseph Campbell Foundation, New World Library, 2004, p. 30, désormais désigné par PTB. Je traduis les passages cités.

structure d'un rite de passage : séparation, initiation, retour. Il s'agit de **mourir au passé pour renaître différent et régénérer l'avenir de tous**.

L'« appel de l'aventure » : quitter le monde ordinaire

Un choix volontaire... ou pas

La première étape consiste à partir. Selon Campbell, l'aventure du héros ne commence pas par une naissance extraordinaire ou privilégiée, même si éventuellement le héros peut avoir été révélé dès sa venue au monde. L'aventure commence par un appel qui peut intervenir à tout moment de la vie. En général, au début d'un récit, quelque chose a été dérobé ou manque dans les expériences permises par la société. Le héros part alors vivre toute une série d'épreuves hors de la vie ordinaire pour retrouver ce qui a été perdu ou découvrir un élixir qui lui donnera une meilleure existence.

Tout héros reçoit ce que Campbell nomme l'« appel de l'aventure[1] ». Il est d'abord présenté dans son monde quotidien, quand un messager arrive pour lui annoncer son destin. Cela peut être une grenouille dans les contes de fées, un animal qui échappe au chasseur dans les récits européens médiévaux et l'entraîne dans une partie inconnue de la forêt où il rencontre une fée, quelque chose d'inattendu. La plupart des héros partent en quête de quelque chose, mais ils ne savent pas toujours de quoi. Les héros chevaliers des mythologies celtiques, le plus souvent, n'ont pas de but déterminé : ils errent dans la forêt en quête de gloire et de

1. Toutes les désignations entre guillemets appartiennent aux étapes du monomythe mises en lumière par Campbell dans *Le Héros aux mille et un visages.*

damoiselles à secourir ; c'est lorsqu'ils s'enfoncent dans l'obscurité que l'aventure se révèle à eux.

Parfois des gardiens bienveillants ou malveillants tentent d'empêcher le héros de répondre à cet appel : inspirée par les anciens mythes, la littérature fantastique jeunesse met en scène de tels refus. Dans *Harry Potter à l'école des sorciers* de J.K. Rowling publié en Angleterre en 1997, les parents adoptifs du héros interceptent toutes les lettres envoyées par l'école pour empêcher Harry de répondre à l'aventure de sa vie : devenir un grand sorcier comme ses parents véritables[1]. En France, depuis 2003, la série des *Tara Duncan* de Sophie Audouin-Mamikonian raconte l'histoire d'une jeune sortcelière, une lieuse de sorts, qui souhaite se rendre dans AutreMonde pour développer ses pouvoirs, mais dont la grand-mère s'y oppose, d'une part par amour car elle veut la protéger des trop grands dangers qui la guettent, et de l'autre parce qu'elle a promis au défunt père de l'héroïne d'éloigner Tara de la magie.

Prenons un exemple détaillé que chacun connaît, celui du conte du *Petit Poucet* écrit par Charles Perrault. Entre 1691 et 1697, Perrault adapte une partie du répertoire folklorique français[2]. Sa prédilection est évidente pour les contes de tradition orale qui traitent des problèmes de l'enfance. Mais, s'il cherche à reproduire le style oral des nourrices, ses contes sont très adaptés et stylisés.

---

1. Une analyse de la série *Harry Potter* citant Joseph Campbell et suivant la quête du héros est présente dans le livre de David Colbert, *Les Mondes magiques de Harry Potter*, Le Pré aux Clercs, coll. « Fantasy », 2007.

2. Charles Perrault, *Contes*, Gallimard, 1999. C'est à cette édition que renvoient toutes les citations du *Petit Poucet*.

Le Petit Poucet

Inadaptation sociale et familiale

Un bûcheron et une bûcheronne ont sept garçons. Le Petit Poucet est le dernier-né. Il n'est pas à l'aise dans sa famille. Considéré comme différent parce qu'il « était fort petit », « fort délicat et ne disait mot », il n'est pas compris par ses parents qui le trouvent bête, et il est martyrisé par ses frères : « Ce pauvre enfant était le souffre-douleur de la maison, et on lui donnait toujours le tort » (p. 111), alors qu'il « était le plus fin, et le plus avisé de tous ses frères ». Mais ses qualités ne sont reconnues par personne.

Le Petit Poucet

Appel de l'aventure

La pauvreté des parents ne leur permet plus de nourrir leurs enfants. Le père pose cette question à sa femme : vaut-il mieux voir leurs enfants mourir de faim sous leurs yeux ou les perdre dans la forêt pour que les loups les dévorent ? La mère, déchirée, consent à abandonner ses enfants. Dès le lendemain, ils les emmèneront ramasser du bois dans la forêt et partiront en courant sans être vus. Le Petit Poucet a écouté leur conversation à la porte : son aventure commence.

Lorsqu'il accepte cet appel, le héros est alors celui qui se jette dans l'inconnu pour accomplir son aventure, si dure soit-elle. En Amérique du Nord, dans les mythes des guérisseurs chamans, Campbell raconte que le héros découvre souvent sa vocation lorsqu'il entend un appel musical : typiquement, une jeune personne se promène seule le long d'un rivage ou dans une forêt et soudainement elle entend de la musique, puis reçoit des visions qui l'aideront à guider son peuple, à communiquer avec les esprits et à soigner les malades en se rendant dans un monde spirituel. L'apprentissage pour devenir homme-médecine ou chaman est par la suite terriblement rude et solitaire.

Dans l'Exode, l'aventure de Moïse commence au moment où il reçoit l'appel divin. De nombreux Hébreux sont partis de Canaan pour vivre en Égypte où l'un d'entre eux, Joseph, gouverne avec succès ; mais, après la mort de Joseph, Pharaon a fait d'eux ses esclaves. Moïse, comme de nombreux héros, a vécu une naissance extraordinaire : condamné à mort avec tous les premiers-nés mâles hébreux sur ordre de Pharaon, il a été placé dans un panier d'osier sur le Nil, et sauvé des eaux par la fille de Pharaon. Il grandit au service de ce dernier. Prenant la défense d'un Hébreu maltraité par un soldat égyptien, il tue le soldat, puis s'enfuit vers le pays de Madian pour échapper aux représailles. Il devient berger, se marie, jusqu'au jour où Yahvé se manifeste à lui à travers le buisson ardent, le feu brûlant sans consumer le buisson : Yahvé lui demande de faire sortir le peuple israélite d'Égypte. Moïse commence par refuser devant les difficultés qui l'attendent, puis accepte cette mission. Il retourne en Égypte, demande à Pharaon la libération de son peuple : ce dernier refuse et tente d'empêcher l'aventure du peuple hébreu d'avoir lieu. C'est alors que les dix plaies frappent le pays pour contraindre Pharaon à obéir : des eaux changées en sang jusqu'à la mort des premiers-nés égyptiens. Pharaon finit par décider l'expulsion des Hébreux hors d'Égypte.

Le refus de l'appel

Le héros peut rejeter l'appel pour différentes raisons, ses responsabilités quotidiennes, la peur de l'échec ou par égoïsme : « Les mythes et les contes populaires du monde entier montrent bien que le refus est essentiellement un refus d'abandonner ce que l'on considère comme son intérêt personnel » (*Héros*, p. 61). L'appel se répète souvent plusieurs fois jusqu'à ce que le héros y réponde.

Si l'appel n'est pas du tout accepté par le héros, il subit une transformation négative qui peut être irrémédiable : « Une ville de Perse fut, un jour, "changée en pierre" – roi, reine, soldats, habitants, tout – parce que son peuple se dérobait à l'appel d'Allah » (*Héros*, p. 64). Campbell cite un autre exemple dans la Genèse, lorsque Yahvé décide d'anéantir la ville de Sodome et envoie ses anges accomplir son commandement. Les anges trouvent cependant un homme vertueux en ville : Loth. Ils lui demandent de partir avec sa femme : la seule condition est de ne pas se retourner pour voir la destruction de la ville. La femme de Loth refuse l'aventure de sa vie, car elle regarde en arrière et se trouve aussitôt changée en statue de sel. Nous avons tous ainsi la possibilité de refuser l'appel, mais alors l'aventure s'arrête là, et notre vie aussi. Si l'appel est accepté, l'individu s'engage dans une aventure dangereuse dont l'issue est indéterminée : « C'est toujours dangereux parce que vous sortez de la sphère familiale de votre communauté » (PTB, p. 114).

Le Petit Poucet

Refus de l'appel

Sachant ce qui les attend, le Petit Poucet « ne dormit point le reste de la nuit, songeant à ce qu'il avait à faire » (p. 112). Il refuse alors l'appel de l'aventure car son objectif est de retourner directement à la maison malgré l'attitude de ses parents et frères envers lui.

Le Petit Poucet se lève à l'aube, ramasse des cailloux blancs et les fourre dans ses poches. Quand les parents emmènent leurs enfants dans la forêt pour les perdre, il laisse « tomber le long du chemin les petits cailloux blancs ». Alors le héros peut ramener ses frères à la maison « par le même chemin qu'ils étaient venus dans la forêt » (p. 113). Il n'a donc pas tracé son propre chemin de vie. Par chance, les parents viennent de recevoir de l'argent que le seigneur du village leur devait : ils achètent à manger et soudain s'attristent d'avoir abandonné leurs enfants. Heureusement, les voilà qui reviennent.

Répétition de l'appel

Rien n'a changé, rien n'a été régénéré. C'est un retour à la case départ. La valeur du Petit Poucet n'a pas été reconnue par sa famille : personne ne l'a félicité. L'argent est vite dépensé, la pauvreté revient et les parents décident à nouveau d'abandonner leurs enfants et de « les mener plus loin que la première fois » (p. 114). C'est une répétition de l'appel pour le Petit Poucet : désormais il ne peut reculer devant l'aventure.

Franchir le seuil d'un autre monde

Une fois l'appel accepté, le héros franchit le seuil d'un autre monde, un premier palier radicalement différent de son univers ordinaire. Le seuil est souvent représenté par les profondeurs d'un océan, d'un désert, d'une forêt obscure, d'une ville étrangère : « C'est toujours le chemin vers l'inconnu, à travers une porte ou une cave » (PTB, p. 114).

> ***Le Petit Poucet***
>
> Après avoir décidé d'abandonner leurs enfants pour la seconde fois, les parents ferment la porte à clef et le Petit Poucet ne peut pas ramasser des cailloux blancs. Le lendemain, « le Père et la Mère les menèrent dans l'endroit de la Forêt le plus épais et le plus obscur » (p. 115). Le héros est rentré de manière irréversible dans l'aventure. Avec ses frères, il passe dans un autre monde, celui de la forêt.

C'est toujours un passage qui se fait vers un lieu où les règles sociales et morales du monde ordinaire ne fonctionnent pas, car le héros « voyage au-delà des opposés, au-delà du bien et du mal » (PTB, p. 115). Le passage peut être aussi une route interdite que le héros emprunte en enfreignant l'interdiction des autres. **Ce qui s'ouvre devant le héros, c'est l'inexploré.** Pour Moïse et le peuple hébreu, la sortie d'Égypte se fait par les eaux de la mer Rouge qui se fendent devant eux, mais se rabattent sur les cavaliers égyptiens lancés à leur poursuite par Pharaon, revenu sur sa décision. Le passé d'esclavage en Égypte et de soumission aux lois de Pharaon est désormais définitivement clos.

Dans les récits des rituels chamaniques, la porte vers un autre monde est bien souvent un trou ou une fissure dans le sol par laquelle le chaman fait glisser son âme : l'aventure du chaman est en effet une « extase », comme l'explique l'historien des religions Mircea Eliade, grand décrypteur des mythes en Europe[1]. Par la « magie musicale » du tambour (CHAM, p. 149), l'âme du chaman quitte son corps et part en voyage pour rencontrer des esprits ou trouver un élixir de guérison : « La technique chamanique par excellence consiste dans le passage d'une région cosmique à une autre : de la Terre au Ciel ou de la Terre aux Enfers » (CHAM, p. 211). Une des images universelles de passage est celle de la porte, qu'elle soit représentée par une porte toute simple, par un vortex ou un portail hypertechnologique dans les récits de science-fiction. Dans *Tara Duncan,* il s'agit d'une tapisserie ancienne située dans le château du voisin de la grand-mère qui permet de se téléporter dans AutreMonde.

L'autre manière de franchir le seuil est d'être avalé tout cru par un animal. La quête peut s'arrêter là pour le héros qui échoue à sortir de ce ventre. On peut évoquer le mythe de Jonas dans l'Ancien Testament. Le prophète Jonas est envoyé par Yahvé dans la ville de Ninive pour y faire régner l'ordre, mais Jonas s'enfuit sur un bateau qui va dans une direction opposée : il refuse l'appel de l'aventure. Une tempête se déclenche. Les sorts que les marins tirent désignent Jonas comme la cause de leurs malheurs ; ils le jettent par-

1. Mircea Eliade, *Le Chamanisme et les techniques archaïques de l'extase*, Payot, coll. « Bibliothèque historique », 1968, désormais désigné par CHAM.

dessus bord. Jonas est alors avalé par un gros poisson qui le rejette au bout de trois jours et trois nuits : être englouti dans le ventre de l'inconnu, souvent représenté par des lieux obscurs, est un thème fréquent. Dans ce cas, le héros, au lieu d'affronter un ennemi, va apparaître comme mort et devra trouver le moyen de sortir de cette obscurité. Le ventre de l'animal symbolise alors « l'idée que le passage du seuil magique permet l'accès à une sphère de renaissance » (*Héros*, p. 85). Franchir le seuil est donc une forme d'anéantissement de soi, afin de pouvoir être transformé par les épreuves à venir.

Rencontrer un gardien

Une fois le seuil franchi, le héros se retrouve dans un monde extraordinaire. Le décor est inhabituel. Le héros affronte un gardien, qui tente de lui barrer la route par la force ou la ruse. S'il échoue, à nouveau l'aventure de sa vie s'arrête. Le gardien est une figure souvent ambiguë, à la fois maternelle et paternelle, protectrice et dangereuse.

Certains personnages de gardien sont ainsi à la fois positifs et négatifs comme les fées qui dansent et tuent les personnes seules dans la forêt qui les surprennent, mais elles peuvent aussi nourrir, guérir, épouser leurs amoureux. Ou bien les gardiens sont tout à fait bienveillants, à l'instar du gardien des Clés et des Lieux de l'école des sorciers, Hagrid, qui délivre Harry Potter de son oncle et sa tante et l'emmène sur le premier seuil de l'autre monde, le Chemin de Traverse : Harry peut alors découvrir l'univers des sorciers et acheter ce dont il a besoin pour sa nouvelle école. D'autres gardiens, à l'inverse, sont uniquement des ennemis : des démons ou certaines sirènes.

Le Petit Poucet

Comme la mère a donné à chacun du pain, le Petit Poucet laisse tomber des miettes sur le chemin, à la place des petits cailloux. Mais, une fois les enfants abandonnés par leurs parents, impossible de retrouver ces miettes ! Les oiseaux ont tout mangé. Plus rien n'indique le chemin du retour. Alors le héros et ses frères se perdent encore plus profondément, car « plus ils marchaient, plus ils s'égaraient et s'enfonçaient dans la Forêt » (p. 115). L'angoisse monte et les enfants réalisent soudain la présence de gardiens dans cette forêt : « La nuit vint, et il s'éleva un grand vent qui leur faisait des peurs épouvantables. Ils croyaient n'entendre de tous côtés que des hurlements de loups qui venaient à eux pour les manger » (p. 115). Le loup est une image sur laquelle les plus grandes peurs sont projetées en Europe à l'époque de ce conte. Quand on observe les mythes de la Polynésie, c'est le motif du requin cruel dans les eaux profondes qui apparaît. Même si le récit est, en apparence, différent car modelé par le contexte culturel, derrière ces deux motifs se trouve selon Campbell **une même peur universelle, celle des profondeurs obscures** : « Le loup et le requin sont des expressions de la même peur primitive » (PTB, p. 22). Parce que les enfants imaginent qu'ils sont mangés par eux, le héros va chercher une solution pour résoudre au mieux leur situation.

Un chemin d'épreuves

Découvrir un mentor et des alliés

Souvent, le héros rencontre un protecteur ou un mentor qui lui offre une aide matérielle, des objets magiques et, surtout, une aide psychologique : il lui donne un but, « une raison d'être » (PM, p. 244). Dans les contes, il s'agit d'un vieil homme ou d'une vieille femme qui prodiguent des conseils pour réussir ; ils représentent le pouvoir protecteur du destin. Mentor dans la mythologie grecque est le tuteur de Télémaque, le fils d'Ulysse dans l'*Iliade* et l'*Odyssée* d'Homère. Mentor guide les choix de Télémaque et le pousse à partir en quête de son père. Le plus souvent, le mentor choisit celui qu'il va initier. Mais chacun peut élire aussi son propre mentor.

Le mentor peut être un professeur, le capitaine d'un bateau ou un conducteur des âmes dans les mythes. Dans

Le Petit Poucet

La caractéristique du Petit Poucet est de ne pas trouver un mentor qui lui ferait un cadeau magique, comme le font souvent les parrains et marraines dans les contes de fées. Son allié principal, c'est son intelligence. Devant la menace symbolisée par les loups, il grimpe en haut d'un arbre pour essayer de repérer un chemin et aperçoit une lueur au loin : il décide de marcher dans cette direction ; ses frères le suivent. Ces derniers écoutent toujours ses conseils mais ne l'aident jamais concrètement.

notre vie, nous rencontrons également des figures de maîtres qui nous soutiennent et nous aident à avancer, mais dont nous devons progressivement nous détacher, pour avoir la force de cheminer seul. L'histoire du Petit Poucet montre que **ces alliés se trouvent surtout au fond de nous**, dans nos qualités, nos forces intérieures et nos talents personnels. Dans *Tara Duncan*, l'héroïne est soutenue par des amis loyaux et protecteurs, appartenant à des races différentes : un terrien, un dragon bleu, une naine, une descendante de la Bête présente dans le conte *La Belle et la Bête*, un demi-elfe dont elle est amoureuse et un membre de la caste des Voleurs. Ses atouts sont la force de ces liens affectifs. Elle ne possède pas de baguette, de balai ou de chaudron. La magie se trouve à l'intérieur d'elle et des autres sortceliers : on puise dans cette énergie invisible en se concentrant et en récitant un sort. Tara n'a cependant pas besoin de faire une incantation pour réaliser de la magie, preuve de son pouvoir supérieur.

L'initiation par une série de tests

Le héros suit une route semée d'épreuves. Il observe ce qui est nouveau autour de lui. Il se demande : « Qui est de mon côté ? Qui ne l'est pas ? De quoi ai-je besoin ? »

Le héros, au cours de ces épreuves, recueille des leçons soit par l'intermédiaire des événements vécus, soit parce qu'il est initié par un ou plusieurs maîtres. Lorsque l'apprenti chaman a accepté sa vocation, dans les communautés sibériennes par exemple, il reçoit une double instruction. Cette initiation correspond à un rite de passage et, par tradition, elle est secrète. D'un côté, les anciens chamans transmettent à l'apprenti les secrets du métier en matière de guérison, surtout par les plantes, et lui apprennent la mythologie de leur peuple (ses dieux, ses héros, ses lois) : c'est

Le Petit Poucet

Premier test

Les enfants frappent à la première porte venue : il s'agit de la maison de l'Ogre, l'ennemi principal. L'Ogresse ouvre la porte et leur conseille de s'enfuir avant le retour de son mari. C'est le premier test véritable pour le Petit Poucet. Refusant de revenir en arrière, il accepte l'épreuve de passer la nuit dans cette maison malgré le danger.

Escalade des épreuves, aide d'une alliée

L'Ogresse pense pouvoir les cacher pour la nuit : les enfants se réchauffent au coin du feu. Dès que l'Ogre frappe à la porte, sa femme les cache sous le lit. Quand le mari repère l'odeur de chair fraîche des enfants, elle lui ment en désignant la viande qu'elle prépare pour le dîner. Mais l'Ogre se dirige vers le lit, découvre les enfants dessous, et se met en colère contre sa femme. Il dévore ses victimes des yeux, aiguise son couteau pour les égorger. Il en empoigne un. À l'instant décisif, sa femme intervient pour obtenir un délai : l'Ogre aura bien le temps de les tuer le lendemain. L'escalade des épreuves semble sans limites.

Une « métamorphe »

Mais l'Ogresse est une alliée ambiguë que Campbell appelle aussi « métamorphe », car elle n'aide pas les héros à s'enfuir, n'osant pas défier son mari. Elle les couche dans un grand lit à côté de celui où dorment ses sept filles. Le Petit Poucet comprend qu'elle ne les aidera pas et qu'elle reste du côté de leur ennemi.

l'éducation didactique. De l'autre, l'apprenti suit une initiation privée, en faisant l'expérience intime des voyages de l'âme : il entre en communication avec des esprits invisibles qui lui donnent un savoir ésotérique. Il trouve généralement en chemin un allié invisible, soit un esprit, soit un animal, qui devient le gardien ou la source de son pouvoir et l'aide dans ses quêtes. Un autre personnage d'allié est celui qui aime jouer des tours pour donner à l'apprenti chaman une leçon avec humour, sans malveillance. Dans les mythes chamaniques des Amérindiens, c'est le rôle joué par le coyote, un animal dont l'esprit est considéré comme facétieux. **L'initiation est un rite** car elle a pour enjeu de changer la personnalité de l'initié, de **faire de lui un homme nouveau**. Par la suite, une fois qu'il sera devenu un chaman accompli, il n'aura plus besoin de maîtres et chacun de ses voyages hors de son corps sera une aventure remplie de dangers où il risquera sa propre vie pour sauver celle d'un malade, car son rôle principal est d'aller chercher l'âme d'un patient égarée dans le monde des esprits ou enlevée par un esprit de la maladie : « Le chaman est le grand spécialiste de l'âme humaine ; lui seul la "voit", car il "connaît" sa forme et sa destinée », écrit Mircea Eliade (CHAM, p. 25). Ce voyage semé d'épreuves est symbolique de notre vie lorsque nous traversons une série de difficultés croissantes et rencontrons des résistances multiples pour atteindre le but que nous nous sommes fixé.

La figure de l'ennemi ou de l'adversaire

Beaucoup de contes, mythes et légendes mettent en scène un tyran. Sa quête est exactement le contraire de celle du héros. Les contes de fées disposent d'un arsenal de personnages cruels stéréotypés qui prennent souvent la figure d'un monstre sanguinaire, ont du goût pour la décapitation, l'égorgement et surtout la chair fraîche des petits enfants. La première rencontre avec l'ennemi peut donner lieu à une épreuve mortelle pour le héros, dont il sort néanmoins vainqueur. C'est une première victoire sur ce qui le menace.

Le Petit Poucet

L'ennemi

L'Ogre est celui qui « mange les petits enfants » (p. 116). Le Petit Poucet et ses frères sont tombés sur l'ennemi le plus terrible, celui qui n'écoute pas leurs supplications pour rester en vie : « Ils avaient affaire au plus cruel de tous les Ogres » (p. 117), qui souhaite les cuisiner en sauce. Ajoutons que les sept filles de l'Ogre sont de véritables vampires. Elles « promettaient beaucoup, car elles mordaient déjà les petits enfants pour en sucer le sang » (p. 118).

Dans de tels récits, les caractéristiques de l'ennemi sont toujours les mêmes : c'est un gardien égoïste du pouvoir, un chef guidé par des intérêts personnels. Pour garder sa puissance intacte, il gèle le monde autour de lui, ne voulant rien changer en lui ni changer lui-même. Dans les contes, il transforme son pays chaleureux et fertile en un désert glacé, subissant un hiver permanent, ou il est celui qui fige les lois et les règles sociales, qui détourne la justice pour rendre la sienne uniquement. C'est le cas de l'ennemi récurrent de Tara Duncan qui se nomme Magister ; il est le maître d'une équipe maléfique appelée Sangraves et veut conquérir

Le Petit Poucet

Les armes psychologiques

La ruse et les bonnes idées sont les alliées du Petit Poucet, ainsi que ses armes. Contrairement à ses frères, le Petit Poucet ne dort pas les nuits de grand danger : il veille et réfléchit ; c'est sa manière de s'initier face aux menaces. Les sept filles de l'Ogre portent une couronne d'or sur la tête. Il décide de les leur prendre, les place sur les têtes de ses frères endormis et sur la sienne. Puis il place leurs bonnets de nuit sur la tête des filles. La ruse va-t-elle réussir si l'Ogre décide de les égorger pendant la nuit ?

La première épreuve mortelle du héros

La chambre des enfants de l'Ogre, dans la maison de l'ennemi cannibale, c'est pour le héros un repaire dangereux où il risque sa vie. L'Ogre se réveille pendant la nuit. Il prend son grand couteau pour égorger les sept garçons, ayant le regret de ne pas l'avoir fait la veille. Il fait noir ; l'Ogre n'y voit rien. Il tâte la tête de tous les garçons et le Petit Poucet « eut bien peur lorsqu'il sentit la main de l'Ogre » (p. 119). C'est une épreuve fondamentale pour le héros, qui ne réagit pas, malgré sa peur. Ses frères n'accomplissent aucune épreuve transformante puisqu'ils dorment à poings fermés. L'Ogre sent les couronnes et s'éloigne du lit. Il se rapproche de l'autre lit, sent les bonnets de nuit sous ses doigts : « Ah ! Les voilà, dit-il, nos gaillards ! Travaillons hardiment », s'écrie l'Ogre avant d'égorger ses propres filles (p. 119). Puis il retourne se coucher. Le Petit Poucet en profite pour réveiller ses frères et les faire sortir de la maison : il a échappé de justesse à la mort, c'est un premier moment de renaissance pour lui.

AutreMonde par colère envers le peuple influent des dragons dont il estime la politique injuste ; lui-même recherche cependant le pouvoir à tout prix, et agit au nom d'un compte personnel à régler avec les Dragons. Dans tous les cas, l'ennemi déteste le mouvement, sauf celui qui le conduit au pouvoir, et veut seulement perpétuer son règne. Il peut chercher à se justifier par de bonnes intentions humanitaires, mais ses actes prouvent le contraire. Comme l'écrit Joseph Campbell, « où qu'il porte sa main, il arrache un cri » (*Héros*, p. 24).

Le succès de *La Guerre des étoiles* vient en partie du renouvellement d'une épopée transposée dans un univers technologique spatial. Comme l'analyse Joseph Campbell après avoir vu les films de Lucas, « le pouvoir du mal n'est pas identifié avec une nation particulière. C'est donc un pouvoir abstrait, un principe, et non une situation historique donnée. (...) Les masques effrayants (...) représentent la force véritablement monstrueuse du monde moderne. Lorsque Dark Vador ôte son masque, le spectateur voit le visage d'un être qui n'a pas atteint sa maturité humaine. (...) C'est un robot. C'est un bureaucrate qui vit, non pas selon ses besoins personnels, mais selon ceux d'un système totalitaire » (PM, p. 241-242). Les héros, luttant contre de tels ennemis, jouent un rôle-clef dans nos sociétés, car ils contribuent à nous révéler des astuces universelles présentes dans les grands mythes. « "Que la force soit avec vous", dit Obiwan Kenobi. Il parle du pouvoir et de l'énergie de la vie, pas d'un programme politique » (PM, p. 243). La force vient de l'intérieur et du cœur.

Face au tyran, **le héros est toujours le symbole du changement**. Il incarne une volonté de laisser le passé derrière soi et une capacité à abandonner son ego au profit de l'intérêt collectif. Il est le sauveur, le rédempteur qui est né pour renverser le tyran car « seule la naissance peut vaincre la mort – non pas la renaissance de quelque chose d'ancien, mais la naissance de quelque chose de neuf » (*Héros*, p. 25). Ou bien le héros vient d'un monde extérieur pour apporter la libération. Ainsi Thésée, dans le mythe grec, arrive-t-il en Crète par bateau depuis la Grèce. En tuant le Minotaure, ce monstre mangeur de jeunes gens vierges, vivant au cœur du labyrinthe, Thésée met fin à la règle cruelle imposée par le roi Minos. Le héros s'oppose à un tyran qu'il considère comme nuisible. Parfois, ce monstre n'est autre que son propre père comme dans la saga de *La Guerre des étoiles*. Le héros lutte alors contre ce père au risque de devenir parricide et d'être lui-même un tyran, sauf s'il accepte de se sacrifier pour sa cause ; ou bien le père tyrannique se sacrifie de lui-même pour sauver son fils. De plus, pour combattre les forces du mal, les héros doivent souvent affronter le mal en eux. L'ennemi symbolise toujours la part d'ombre du héros lui-même, cet aspect de soi qu'il ne connaissait pas et doit apprendre à assimiler : « Il doit abandonner son orgueil, sa vertu, sa beauté et sa vie, se soumettre, accepter que lui et son contraire ne soient pas de nature différente, mais ne fassent qu'une seule chair » (*Héros*, p. 99).

Mais l'ennemi suprême n'est pas forcément une figure du mal ou un monstre sanguinaire. Il peut être représenté par un grand obstacle à dépasser ou par un adversaire. Dans les romans de chevalerie écrits par Chrétien de Troyes au XIIe siècle, les héros affrontent souvent des chevaliers aussi estimables qu'eux. Le héros est alors celui qui remporte la victoire et sait épargner la vie de son adversaire tout en reconnaissant sa prouesse. (C'est le même esprit chez les joueurs sportifs qui ont conscience des qualités de leur adversaire.) Dans l'Exode, alors qu'ils traversent le désert, les Hébreux perdent la foi en une terre promise par Yahvé. L'obstacle à vaincre est alors intérieur : il s'agit du doute qui à plusieurs reprises conduit une partie des Hébreux à des révoltes, malgré les miracles continuels prodigués par Yahvé qui en tant qu'allié divin fait tomber la manne du ciel, cette nourriture permettant au peuple de survivre. Lorsque Moïse s'absente quarante jours en haut du mont Sinaï pour recevoir les tables de la Loi, une fraction du peuple s'impatiente et décide de façonner un veau d'or, idole destinée à être adorée à la place de Dieu. Lorsque Moïse redescend du Sinaï et découvre leur faute, il brise les tables et doit alors recommencer l'ascension du Sinaï pour graver à nouveau les tables de la Loi.

La mère héroïque

Campbell évoque le rôle héroïque de toute mère parce que « la maternité est un sacrifice » (PM, p. 197). Bien souvent dans les mythes ou les contes, celle-ci a pour mission de donner naissance à un héros qui sauvera sa famille ou l'humanité.

Parmi les figures de mère héroïque, Joseph Campbell prend l'exemple d'Isis, la déesse égyptienne, qui se trouve engagée dans une quête pour retrouver le corps de son frère et mari Osiris tué par leur frère, Seth. Le cadavre d'Osiris a été jeté à la mer dans un sarcophage, puis s'est transformé en un arbre magnifique sur un rivage. Isis le retrouve, délivre son époux de l'arbre, le ressuscite magiquement le temps d'une étreinte et de concevoir un enfant-dieu nommé Horus. Puis elle se bat pour protéger Horus de son ennemi Seth et, enfin, pour l'aider à régner sur la terre. Isis apparaît dans le mythe égyptien comme une mère héroïque, un

Le Petit Poucet

Pour l'Ogresse, c'est une douleur terrible de découvrir ses « sept filles égorgées et nageant dans leur sang » (p. 119), même si la faute en incombe d'abord à la passion dévorante de son mari pour la chair fraîche. Elle s'évanouit de douleur « car c'est le premier expédient que trouvent presque toutes les femmes en pareilles rencontres » : l'humour noir de Perrault atténue à peine la scène de cet « affreux spectacle » (p. 119). Son sort tragique laisse une émotion forte au lecteur, car elle ne représentait pas le personnage le plus menaçant du conte. Elle est une mère qui échoue à protéger ses enfants et ceux des autres. Elle est dominée par sa peur de l'Ogre tyrannique.

La mère du héros et de ses frères échoue aussi à les conserver près d'elle : devant l'insistance de son époux et la peur de voir ses enfants mourir, elle accepte par deux fois de les abandonner. La cause de l'échec pour ces deux mères réside donc dans le fait de céder devant l'autorité de quelqu'un d'autre, d'aller contre leurs propres émotions, comme l'analyse souvent Campbell. Néanmoins, la mère du Petit Poucet verra ses enfants revenir vivants et son fils cadet les rendra riches et heureux : elle a réussi à enfanter un héros même si elle a mis du temps à réaliser la valeur de son dernier fils.

symbole de la maternité idéale, une guérisseuse capable même de ressusciter les morts. Parmi les mères héroïques fondatrices, on peut citer, dans le catholicisme, sainte Anne, considérée comme la mère de la Vierge Marie, et Marie elle-même révérée comme Notre Dame, une mère spirituelle pour les hommes, pas seulement la mère d'un fils divin.

Un autre mythe de la mère héroïque peut se lire dans le récit celte de la magicienne Cerridwen. En Irlande, un souverain nommé Tegid le Chauve et sa femme, Cerridwen, ont trois enfants, dont Afang Du, l'enfant le plus laid du monde. Sa mère a aussitôt une préférence pour lui et décide de fabriquer un philtre secret afin de compenser sa laideur. Elle prépare une potion de connaissance et d'inspiration dans un chaudron, qui doit cuire pendant une année et un jour. Les trois premières gouttes de ce breuvage donneront à Afang Du l'illumination. Son fils sera alors d'une beauté d'âme supérieure à toutes les autres. Mais cette potion ne peut être préparée qu'une seule fois. Cerridwen en confie la surveillance à un jeune garçon du nom de Gwyon et à un vieil aveugle nommé Mordra. Enfin le dernier jour arrive. La potion se met à bouillir si fort qu'une énorme bulle jaillit et explose, faisant tomber des gouttes brûlantes sur les doigts de Gwyon. Il hurle et par réflexe lèche ses doigts. Son âme s'illumine. Il réalise avec horreur qu'il a reçu le don réservé au fils de Cerridwen et déjà elle s'approche pour se venger de lui, folle de rage. Gwyon s'enfuit. Commence une course-poursuite. Gwyon, fort de son nouveau pouvoir, se transforme tour à tour en lièvre, en poisson, en oiseau puis en grain de blé. Cerridwen se transforme successivement en lévrier, en loutre, en faucon puis en poule : elle avale le grain de blé. Aussitôt, elle tombe enceinte et donne naissance neuf mois plus tard à un bébé si beau qu'elle renonce à sa colère, lui épargne la mort et le place dans un panier sur une rivière pour qu'il soit recueilli par une autre famille. L'enfant parvient ainsi jusqu'à l'océan et est repêché par le prince Elfin, un garçon malchanceux. Bien que tout petit, l'enfant parle, possède une sagesse à nulle autre égale, se donne pour nom Taliesin et aidera le jeune Elfin à devenir un prince respecté.

Campbell raconte à travers ce mythe un voyage héroïque pour devenir un véritable sage. Nous pouvons aussi mettre l'accent sur Cerridwen : même si elle ne parvient pas à donner à son dernier fils la connaissance, elle devient la mère du sauveur d'un royaume ; c'est elle qui assure dans son ventre de magicienne-mère cette transformation. Réussir une quête, ce n'est donc pas forcément atteindre comme on le souhaitait le but fixé au départ. Cerridwen représente une figure mythologique de mère héroïque qui parvient malgré tout à enfanter un sage. Elle est un symbole d'initiation car elle conduit le héros à se transformer, c'est-à-dire à mourir et renaître.

Le sacrifice du héros et sa renaissance

Le démembrement physique ou symbolique

Comme nous venons de le lire dans ce mythe celte, l'aboutissement de toute initiation et de toute quête héroïque est la transformation du héros ou de l'héroïne. Celle-ci ne peut avoir lieu que par le **sacrifice de l'ego** : une mort symbolique ou réelle afin de pouvoir renaître différent.

Juste avant ce sacrifice, nous observons dans les mythes le motif de la « fuite magique », classique de toute une partie de notre littérature et de nos films d'aventures : un héros est pourchassé par des ennemis, car il possède quelque chose qui leur appartient ou parce qu'il a commis un acte dont l'ennemi veut se venger. Dans notre vie, cela correspondrait à notre tendance à fuir nos problèmes. Cette fuite intervient également quand le héros a dérobé l'élixir au lieu de l'obtenir à travers une série d'épreuves. La course-poursuite prend des allures tour à tour comiques et tragiques ; elle peut se clore par un sort terrible : nous venons de l'observer pour Gwyon. L'issue est moins grave dans le conte du *Petit Poucet*, car les contes de fées atténuent la cruauté des situations par rapport aux grands mythes.

Dans le cas de l'initiation chamanique en Sibérie, le candidat traverse trois étapes : « souffrance, mort et résurrection » (CHAM, p. 44) ; on les retrouve, dit Eliade, dans tous les rites d'initiation, surtout ceux de la puberté qui faisaient passer un petit garçon à l'âge adulte dans les tribus primitives. Lorsque le chaman reçoit ses pouvoirs, il tombe très malade, a des extases ou des rêves profonds dans lesquels il voit son propre corps être morcelé. Selon les récits récoltés auprès des chamans de différentes tribus, le corps peut être démembré, la chair arrachée des os, le sang répandu, puis les esprits rendent au chaman un nouveau corps dont les os ont été purifiés, recouverts d'une chair nouvelle et dans lequel coule un sang nouveau. Dans d'autres récits, un grand oiseau de proie « coupe le corps du candidat en petits morceaux qu'il distribue entre les mauvais esprits des maladies et de la mort » (CHAM, p. 46), ce qui donne ensuite au chaman le pouvoir de guérir chacune de ces maladies chez les autres hommes. Enfin son corps est recomposé. Dans ses voyages de l'âme pour soigner un malade, le chaman peut de nouveau expérimenter la mort puis une renaissance. Comme l'exprime un texte chamanique chanté au moment d'affronter les esprits de la maladie : « Même si je meurs,/ Je ne me tiendrai pas pour mort[1]. » Le sacrifice peut être dans nos vies

1. Cet extrait de chanson chamanique de V.A. Dolgounov se trouve à la fin de l'ouvrage de Valentina Gorbatcheva et Marina Federova, *L'Art de la Sibérie*, New York, Parkstone Press International, 2008, p. 278-279.

beaucoup moins épique en apparence mais tout aussi essentiel : sacrifice d'une ambition personnelle ou d'un intérêt privé.

> ***Le Petit Poucet***
>
> L'Ogre, fou de rage, décide de se venger et de poursuivre le héros et ses frères pour leur faire payer la mort de ses filles. Il chausse ses bottes de sept lieues, des bottes magiques qui lui permettent d'avancer à toute allure en enjambant montagnes et rivières. Les frères sont presque arrivés à leur maison, mais l'Ogre les rattrape.
>
> *Le héros « meurt »*
>
> Le héros cache ses frères dans un « Rocher creux » (p. 120), ressemblant à une grotte ou une cave profonde. Il s'y blottit également. C'est un moment de mort uniquement symbolique : les enfants se serrent dans leur grotte comme dans le ventre obscur d'une mère. Ils sont en train de « mourir » de peur : « Les pauvres enfants n'en eurent pas moins de peur que quand il tenait son grand couteau pour leur couper la gorge » (p. 120). L'Ogre s'approche, ne les voit pas. Fatigué, il s'assied sur le rocher, s'endort et se met à ronfler.

La renaissance

Après l'épreuve de la mort, s'il a eu le courage d'affronter seul sa plus profonde peur, **le héros gagne le droit de renaître**. Or aucune peur n'est plus terrifiante que celle de sa propre mort. Toutes les descentes dans des grottes, les labyrinthes, les traversées de couloirs ou les voyages au centre de la Terre ont pour but cette transformation radicale de l'initié, consistant à faire passer le héros d'un état de mort symbolique ou réelle à une vie nouvelle. Le héros a alors voyagé plus loin que l'ignorance et la peur. Il a accepté sa propre mortalité. En effet, il ne serait pas un héros s'il avait peur de la mort : la première condition est de se réconcilier avec la tombe, nous dit Campbell.

Le héros a parfois besoin d'une aide du monde extérieur pour renaître. Il est alors sauvé par des forces surnaturelles ou l'un de ses protecteurs du début de l'histoire. C'est le cas de Jonas dans la Bible. Refusant l'aventure confiée par Yahvé, Jonas a été englouti par un poisson géant. Dans le règne de l'obscurité, le héros traverse l'épreuve intime du désespoir, puis regrette ses actes. Il jure de répondre désormais à l'appel divin : "Tandis qu'en moi mon âme défaillait, je me suis souvenu de Yahvé, et ma prière est allée jusqu'à toi en ton saint Temple. Ceux qui servent des vanités trompeuses, c'est leur grâce qu'ils abandonnent. Moi, aux accents de la louange, je t'offrirai des sacrifices. Le vœu que j'ai fait, je l'accomplirai (...)" Alors Yahvé commanda au poisson, qui vomit Jonas sur le rivage » (Jonas, 2, 1). Dans d'autres histoires, c'est le monde extérieur qui se charge de délivrer le héros prisonnier.

Le héros accepte de faire un sacrifice au nom de sa quête, le sacrifice ultime étant celui de soi-même pour sauver ses proches, la société ou l'humanité tout entière. C'est le propre du héros : « Il a pour objectif de sauver un peuple, un être ou de défendre une idée. Le héros se sacrifie dans un but précis, c'est la moralité de sa conduite » (PM, p. 215). Dans le cas d'une mort réelle, les mythes indiquent que la

Le Petit Poucet

Sortir de la cave

L'ultime épreuve pour le héros est d'affronter seul à seul son ennemi, le sujet de sa plus grande peur. Le Petit Poucet se sacrifie pour sauver ses frères : il les fait sortir de leur cachette et leur dit de rentrer sans lui chez leurs parents. C'est un moment de renaissance : le héros, d'abord blotti dans le Rocher creux, sort de la grotte : il est différent, il a « moins de peur » que ses frères (p. 120).

Vaincre l'ennemi de manière décisive

Il s'approche de l'Ogre endormi, lui retire ses bottes magiques et les met à ses pieds. C'est l'objet magique et le courage du héros pour s'en emparer qui font de lui un être nouveau : les chausses, d'abord géantes, s'adaptent magiquement à ses pieds. Le petit garçon de sept ans n'a plus rien à craindre de l'Ogre qui se servait de ses bottes « pour courir après les petits enfants » (p. 121). Désormais, il peut aller affronter sa dernière ennemie, l'Ogresse.

renaissance peut avoir lieu sous une autre forme : le héros ne retrouve pas un corps, mais son acte a régénéré la société pour laquelle il s'est sacrifié, et c'est elle qui renaît grâce à lui ; ou encore le souvenir du héros mort se perpétue dans un chant, un mythe, qui inspire les générations suivantes. Dans le mythe grec d'Antigone, l'héroïne enterre son frère Polynice malgré l'interdiction du roi Créon et la promulgation d'une loi qui condamne à mort toute personne essayant d’enterrer le « traître ». Antigone défend de son côté le droit pour tout être humain de posséder une sépulture. Elle meurt enterrée vive, punie par Créon, mais ce sacrifice donnera naissance à un idéal de résistance contre une loi tyrannique à travers les siècles et continue de questionner nos valeurs essentielles. Pour Campbell, si le héros perd sa vie pour quelque chose de plus grand que lui, pour sauver un autre être humain ou de multiples autres, **sa mort engendre alors de la vie**.

Les « apothéoses » possibles

Recevoir ou dérober l’élixir

Ce que Campbell nomme « apothéose », c’est ce moment où le héros trouve l’élixir qu’il cherchait ; c’est la récompense qu’il reçoit. Le plus souvent, cette scène a lieu après la renaissance du héros, mais elle peut avoir lieu également juste avant, l’ordre de ces étapes n’est pas absolu. Dans le livre de l’Exode, l’élixir est la Terre promise qu’au bout de quarante ans le peuple hébreu aperçoit et sur laquelle il pourra s’installer car c’est une terre fertile. Cependant, elle doit encore faire l’objet d’une conquête par les armes afin que le peuple puisse entrer en Canaan par sa propre force, et non grâce à des miracles comme pour la sortie d’Égypte.

Le héros des contes cherche un élixir souvent matériel pour sauver sa famille, tandis que les héros des grands mythes cherchent un élixir subtil pour assurer le bonheur d’une nation ou de l’humanité tout entière.

Le Petit Poucet

Pour résoudre le problème initial, la pauvreté de sa famille qui a poussé les parents à abandonner leurs sept enfants, l'élixir que le Petit Poucet doit trouver, c'est de l'argent. Aussi se rend-il bien vite dans la maison de l'Ogre et demande-t-il à l'Ogresse toute la fortune de son mari. Il lui raconte que ce dernier l'envoie chercher cet argent parce qu'il a été enlevé par des voleurs qui réclament une rançon et qu'il a prêté ses bottes au Petit Poucet pour qu'il lui rende ce service. Le Petit Poucet rentre ensuite chez lui pour apporter « richesses » et « joie » à sa famille. Cette fois, tous le reçoivent avec honneur et reconnaissent sa valeur.

Une variante existe dans certains mythes sur l'amour, nous dit Campbell : « Le héros part en quête de sa bien-aimée enlevée par un ogre et l'enlève à son tour » (PTB, p. 118). Il se retrouve poursuivi ensuite par des monstres ou des dieux ennemis.

Enfin, au lieu de suivre un chemin progressif et de renverser un à un les obstacles, le héros peut se rendre directement à l'endroit où l'élixir se trouve et le prendre de force. C'est l'histoire de Prométhée, dans le mythe grec, volant le feu aux dieux pour l'apporter aux hommes et qui choisit de se sacrifier pour eux : puni par les dieux, il est enchaîné à un rocher pour l'éternité tandis qu'un aigle lui dévore sans cesse le foie.

La réunion au père

Le héros peut aussi retrouver son père ou être reconnu par lui. Il accepte et comprend cette source de contrôle sur sa vie.

Le Petit Poucet

La quête de richesse du Petit Poucet a pour enjeu la quête d'une réconciliation avec un père qui le méprisait. Une première fois, le texte nous signale que l'enfant revient « au logis de son père » (p. 121), puis, après avoir servi à la cour du Roi, il revient « chez son père, où il n'est pas possible d'imaginer la joie qu'on eut de le revoir » (p. 122). Ainsi le cadet a-t-il enfin conquis une reconnaissance.

Fréquemment, quand le héros est né, son père est mort ou se trouve loin : alors le héros part en quête du père. C'est le cas pour Jésus dans la symbolique chrétienne, qui finit par quitter son corps relié à sa mère humaine, et qui va vers le père spirituel, la source mystérieuse et transcendante, à travers l'épreuve de la mort physique, représentée par la mort sur la croix.

Se trouver soi-même

Au bout de sa quête, le héros se trouve souvent lui-même, sans savoir que c'était cette connaissance profonde personnelle qu'il recherchait.

Il en va de même pour chacune des quêtes de notre vie : **« Nous sommes ce que nous cherchons »** (PTB, p. 118), c'est-à-dire qu'au bout de la quête, c'est nous-mêmes que nous trouvons. Campbell en déduit qu'à l'intérieur de nous se trouvent le véritable élixir et la vraie reconnaissance. La quête d'une réalisation extérieure est aussi une quête dans nos profondeurs intérieures dont nous faisons rejaillir les talents enfouis. Alors nous avons gagné une plus grande

Le Petit Poucet

De souffre-douleur, le Petit Poucet est devenu le sauveur de sa famille, il a mieux réussi que ses frères. La moralité accentue ce trait. Le ton se veut assez répréhensif envers les parents qui ont des préférences pour des enfants beaux et intelligents : « Mais si l'un d'eux est faible ou ne dit mot/ On le méprise, on le raille, on le pille : / Quelquefois cependant c'est ce petit marmot/ Qui fera le bonheur de toute la famille » (p. 123). Le héros, ayant trouvé le respect des siens, s'est aussi trouvé lui-même en devenant un parfait messager du Roi et des amoureux.

conscience de notre identité, notre personnalité et notre rôle en ce monde.

Le « mariage mystique »

L'ultime récompense du héros peut être amoureuse. Campbell l'appelle la « rencontre avec la déesse » ou le « mariage mystique » car, de manière ultime, le héros s'unit avec la femme ou la déesse au point que les deux deviennent un seul et même être. Un héros masculin s'unit à une déesse ou une fée dans le monde de l'aventure ou à une représentation d'un grand pouvoir féminin[1]. Dans cer-

1. Robert Segal précise que, pour Campbell, cette déesse ou fée n'est pas une représentation cachée de la mère du héros comme dans les théories freudiennes, même si la déesse peut être maternelle et protéger le héros. Il n'y a donc pas d'inceste déguisé dans leur union. Quand le héros a des relations sexuelles avec elle, c'est un adoubement, la preuve de sa grande valeur (Robert A. Segal, *Joseph*

taines traditions de Sibérie, le chaman épousait une ancienne guérisseuse du monde des esprits ou une femme-esprit qui devenait son épouse et lui donnait la puissance. Comme l'écrit Mircea Eliade, le « motif de l'épouse-fée (...) est universellement répandu » ; elle « les instruit, les aide dans leurs épreuves (qui sont souvent des épreuves initiatiques) et leur révèle le moyen de s'emparer » d'un élixir (CHAM, p. 78). Quelques-uns quittaient leur tribu et vivaient à l'écart, en compagnie de cette femme-esprit qui leur donnait des enfants-esprits. D'autres menaient une double vie, épousaient une femme de leur clan et rejoignaient l'autre femme la nuit dans leurs rêves. Dans le cas d'une héroïne, l'union est souvent représentée par une fécondation divine comme dans les mythologies parlant d'une vierge qui enfante.

Quand le héros est amoureux, il apprend à conquérir la femme qu'il aime, et part en quête pour la mériter. Campbell précise qu'il est souvent envoyé dans cette quête par le père de la bien-aimée qui espère qu'il ne reviendra jamais : ce père semble représenter un refus absolu de la part du parent, qui joue le rôle de l'Ogre, de permettre à la vie d'avoir lieu. Au Moyen Âge, en Europe, les épreuves de l'amour courtois raffinent le cœur de l'amant pour apprendre le respect de la femme ou trouver à travers elle une réalisation spirituelle. Dans le mythe grec de Psyché et Éros, la jeune princesse Psyché doit accomplir des épreuves impossibles pour reconquérir sa place auprès de son amant, le dieu de l'amour. Elle a en effet perdu son mari en ne respectant pas un interdit, celui de ne jamais le regarder. Les épreuves sont imposées par Aphrodite, la mère d'Éros, qui n'accepte pas

---

Campbell..., *op. cit.*, p. 11). Quand il rentre chez lui ensuite, il retrouve souvent sa véritable mère.

l'union entre son fils et une mortelle, si belle soit-elle. Elle éprouve d'ailleurs de la jalousie envers la beauté de Psyché. Des alliés surnaturels aident la jeune fille. Elle descend même aux enfers et rencontre l'épouse du dieu des morts, Perséphone. Au terme de ces épreuves, Zeus accorde un élixir d'immortalité à Psyché en récompense de son amour infaillible pour Éros, pour qu'elle soit éternellement unie à son bien-aimé.

L'union avec l'absolu

L'union du couple amoureux est une des fusions possibles au terme de ce mariage sacré entre le héros et l'héroïne. Dans l'union d'un couple, particulièrement l'union symbolisée par un rite ou une célébration quelle que soit sa forme, Joseph Campbell évoque cette annulation des contraires qui se vit alors de manière mythologique : « Deux ne font qu'un, ils sont devenus une seule chair (...), les deux ne font véritablement qu'une seule personne » (PM, p. 30). Dans les contes de fées, il s'agit surtout d'une union nouvelle de tous les membres de la famille.

Le Petit Poucet

La cellule familiale, divisée au départ, car tous rejettent le Petit Poucet, puis scindée en deux à cause de l'abandon des enfants dans la forêt loin de leurs parents, devient enfin une unité. Tous offrent un même visage bienveillant au héros dans lequel il peut se fondre lui-même. La réconciliation est aussi réunion.

Dans de nombreux mythes, l'union à l'autre devient une union avec un Autre absolu, le divin ou une force supérieure, quel que soit son nom. Campbell interprète ainsi le Nouveau Testament : quand Jésus rejoint son père céleste, il s'unit aussi à lui. Il quitte sa part mortelle pour devenir uniquement sa part divine : le père et le fils ne font plus qu'un. C'est aussi ce que déclare le mystique chrétien Maître Eckart : « Ma béatitude éternelle repose sur ce que Dieu et moi devenions un[1]. » De même, le mystique soufi veut parvenir au *fana*, qui est l'extinction du moi, fondu en Dieu. C'est un « anéantissement de soi dans le Bien-Aimé » qui n'est possible qu'après une route d'épreuves spirituelles, par étapes. Farid ad-Dîn Muhammad de Nishapûr les décrit ainsi : « la recherche, la passion, la connaissance, le parfait désintéressement, le fait de s'ancrer à l'unicité de Dieu et la stupéfaction[2] ».

Devenu un avec Dieu ou le père, le héros s'unit aussi avec l'univers tout entier. Dans la religion bouddhiste, le but de la quête n'est pas un retour parmi les vivants, ce qui est au contraire considéré comme une malédiction, mais une délivrance définitive des illusions. Les attractions ou les ombres terrifiantes de ce monde ne sont que les projections de notre esprit. Ce n'est pas l'individu qui doit se dissoudre mais ces projections, nous explique le spécialiste des religions orientales Heinrich Zimmer[3], l'un des mentors de Campbell. Pour atteindre ce but, le novice effectue un

1. Maître Eckhart, *Œuvres, Sermons traités*, Gallimard, coll. « Tel », traduit par Paul Petit, 1942, p. 19, désormais nommé Eckhart.

2. M. Mokri, « La mystique musulmane », in *Encyclopédie des mystiques*, Seghers, 1977, t. 2, p. 498-499.

3. Heinrich Zimmer, *Philosophies of India*, Joseph Campbell (éd.), Princeton University Press, désormais désigné par Zimmer. (Je traduis certains passages.)

voyage héroïque : il monte symboliquement à bord d'un bateau dirigé par l'esprit de Bouddha sur lequel il effectue des disciplines vertueuses. Le port de départ, notre réalité, devient invisible, mais la destination du nirvana n'est pas encore visible. Le bateau se trouve entre deux rivages. Ce voyage est cependant lui-même une illusion. Pour quelqu'un qui a atteint l'illumination, cette dualité n'a pas de sens, les contraires n'existent pas, il n'y a pas de port de départ, pas de port d'arrivée, pas même de bateau ou de conducteur : tout est là. Les deux rivages sont les mêmes, le port de départ comme celui de l'arrivée : il y a un voile des formes qu'il faut enlever, et, sous le voile, A égale B. Alors le héros atteint un état au-delà des dualités, des lois, de toutes limitations. Il s'est uni avec la source de sa félicité. Les deux ne font plus qu'un.

Régénérer la société

Le « refus du retour »

Après son apothéose, « le héros doit encore revenir avec son trophée qui a pouvoir de transformer la vie » (*Héros,* p. 173). Le héros peut refuser de rentrer dans le monde ordinaire : il a atteint un tel accomplissement de son être, une telle union avec l'autre qu'il ne souhaite pas retourner parmi les hommes. Dans le mythe bouddhiste, le prince Gautama quitta le palais et sa destinée – devenir roi – pour se vouer à la pauvreté jusqu'à ce qu'il s'assoie sous l'arbre Bo et atteigne enfin l'illumination par la force de son esprit. Ce qu'il avait compris était au-delà de la pensée et de la parole : c'était absolument incommunicable ; il voulait donc laisser définitivement le monde des hommes. Mais les dieux le persuadèrent de devenir un grand guide pour que chacun puisse suivre la voie qui mène à l'illumination. Le Bouddha devait les éveiller, leur montrer le chemin : « Le Bouddha lui-même, après sa victoire, douta de pouvoir communiquer son message et l'on dit que des saints ont trépassé pendant leur extase divine » *(Héros*, p. 173). Alors le personnage choisit de mourir et de rester dans l'éternité de son bonheur surnaturel. Or le héros, pour Campbell, doit aller au bout de sa quête ; elle n'est pas terminée tant qu'il n'est pas retourné dans le monde ordinaire pour apporter l'élixir au reste de l'humanité. Il ramène la sagesse, le trésor ou sa princesse endormie, dans le royaume ordinaire des humains, afin de renouveler la communauté, mais cette responsabilité peut être parfois refusée, seulement pour un moment ou pour toujours. Campbell insiste sur la nécessité du retour du héros pour lui-même et pour les autres ; il met volontairement l'accent sur des mythes n'incitant pas le héros à la dissolution dans l'univers. Pour lui, **c'est dans le monde ordinaire que le héros atteint le but de sa quête, ici et maintenant.**

Franchir le seuil du retour

Quand le héros choisit de revenir, il retrouve son monde d'origine en franchissant de nouveau, mais en sens inverse, le seuil ou la porte. Si le héros a été avalé comme Jonas par un animal, il sera à la fin rejeté par celui-ci. Si le passage s'est effectué par l'eau dans un sens, il se fera par l'eau dans l'autre sens : Ulysse, dans l'*Odyssée* d'Homère, avait quitté la ville d'Ithaque par la mer et revient par la mer auprès de sa femme, Pénélope, après son voyage ponctué d'épreuves merveilleuses et avoir refusé un « mariage sacré » avec la nymphe Calypso qui voulait faire de lui son mari immortel. Pour Moïse, c'est un retour plus symbolique dans son peuple d'origine : il a compris sa véritable identité ; c'est tout un peuple, uni, rassemblé et recevant une loi, qui sort de cet autre monde qu'était l'Égypte puis le désert. La résurrection dans la symbolique chrétienne est aussi une forme de retour du royaume extraordinaire des morts : Jésus revient sur la terre parmi ses disciples montrer son corps ressuscité et les plaies de ses stigmates qui en sont la preuve ; ayant révélé sa divinité aux hommes, il peut ensuite monter aux cieux. « Retour » n'est donc pas synonyme de revenir au lieu de départ, mais il s'agit plutôt de **revenir à une vie plus ordinaire, sous une forme transfigurée**.

Sauver les autres hommes

Le héros devient un sauveur pour les autres hommes ; dans les contes, il s'agit surtout de ses proches ou de la société qui l'entoure.

Le Petit Poucet

Le Petit Poucet ne reste plus dans sa famille mais se rend à la cour du Roi pour apporter aussi son aide à l'ensemble de la société. Ses bottes magiques lui donnent confiance et prestige ; elles font de lui désormais un sauveur : grâce à elles, il devient le messager du Roi en pleine guerre, et gagne beaucoup d'argent. Il est aussi le messager des femmes. Enfin, il retourne définitivement chez lui, et trouve pour son père et ses frères des métiers qui leur assureront la fortune.

Le héros universel des mythologies et des religions apporte la régénération au monde. C'est la figure du **rédempteur**. Mahomet est dans l'islam un sauveur qui peut intercéder auprès d'Allah comme dans ce verset du

Coran (4,64) : « Et si le Messager demandait le pardon pour eux, ils trouveraient, certes, Allah très accueillant au repentir, miséricordieux. » Bouddha enseigne que le divin est en chacun de nous, et que chaque homme peut devenir pour autrui un dieu protecteur. Au Tibet, en Chine et au Japon, des bodhisattvas sont révérés : ce sont des êtres supérieurs qui sont parvenus par leur vertu à atteindre le nirvana. Le plus célèbre est le porteur du Lotus, Avalokiteshvara, le dieu qui regarde avec compassion, car il partage la peine de toutes les créatures humaines de ce monde, quels que soient les actes qu'elles ont commis. C'est à lui que sont envoyées les prières contenues dans ce mantra chanté par les bouddhistes : *Om mane padme hum* qui signifie : « Le joyau est dans le lotus. » Il est le héros spirituel qui au lieu de se rendre dans la paix bienheureuse du nirvana a décidé qu'il devrait aider chaque créature vivante sans aucune exception à atteindre l'illumination : « Et depuis il a imprégné la texture entière de l'existence de sa grâce divine, de sa présence bienveillante, si bien que chaque prière qui lui est adressée, à travers le vaste empire spirituel de Bouddha, est pleinement entendue » (Zimmer, p. 127). Et nous pouvons tous suivre le chemin héroïque de ce bodhisattva ou faire appel à ce que Campbell nomme la « conscience du Christ » ou la « conscience de Bouddha » en chacun de nous (PM, p. 109) : c'est l'éveil d'un héros spirituel en nous, pas seulement d'un héros qui peut s'engager dans une quête individuelle. Ce héros spirituel est une force d'amour et d'empathie, qui nous pousse à donner au monde ce que nous avons découvert d'abord pour nous-mêmes.

Se transformer en pédagogue

Le héros a cependant souvent du mal à se réadapter à son monde d'origine où, le plus souvent, il n'est pas compris :

la société n'est pas prête à recevoir ce qu'il rapporte, ou elle se méfie de lui, ou bien encore elle le refuse violemment. Elle peut aussi reprocher au héros de lui avoir tourné le dos. Quoi qu'il en soit, le héros se transforme alors en une sorte de guide pour enseigner son message aux autres.

Le héros universel transmet son message spirituel, qui peut concerner tous les niveaux de la vie humaine. Après sa seconde ascension du Sinaï, Moïse revient auréolé de lumière parmi son peuple : il a atteint un état d'illumination en recevant les dix commandements qu'il peut enseigner aux autres désormais. Il a reçu également de Yahvé différentes lois sociales, alimentaires et religieuses. Pour les communiquer, Moïse doit devenir un pédagogue, pas seulement un chef qui ordonne. Il enseigne notamment l'amour du prochain (en tant que proche de la famille ou du peuple) et l'amour de l'étranger comme s'il était soi-même, amour que le prophète Jésus replacera au centre de son propre enseignement. Puis Mahomet fonde la religion de l'islam en apportant un autre message spirituel et une autre loi. Aucun de ces messages n'annule pour autant la qualité du précédent. Chacun peut enseigner des valeurs de tolérance et de respect, et comment dépasser nos jugements.

De plus, Campbell insiste sur une interprétation symbolique de tous les textes, y compris les textes sacrés. Cela nous permet de faire de notre aventure un combat contre des démons intérieurs comme le doute ou la souffrance, au lieu de les voir à l'extérieur de nous, chez les autres.

Devenir le « maître des Deux Mondes »

Le héros devient enfin ce que Campbell appelle le « maître des Deux Mondes », le visible et l'invisible, quand

Le Petit Poucet

Perrault choisit une écriture propre au classicisme, au sens où elle instruit le lecteur en le divertissant. Aussi chacun de ses contes est-il suivi d'une morale en vers comme dans les *Fables* de La Fontaine. Elle a pour but d'expliciter la leçon à tirer du conte. Cette écriture correspond surtout à une quête héroïque pour Perrault : prouver la supériorité des « Modernes » sur les « Anciens », qui écrivaient des fables antiques dépourvues de moralité. La querelle des Anciens et des Modernes, au XVIIe siècle, divisait les partisans des sources antiques qui défendaient les artistes « aînés », considérés comme des auteurs supérieurs qu'il fallait suivre en toute chose, et les partisans d'une littérature plus inventive, celle des « Modernes ».

il retourne dans la réalité ordinaire, car le monde dans lequel il revient n'est plus vraiment celui qu'il a quitté. Dans le conte du *Petit Poucet*, le héros est transfiguré par le port de ses bottes de sept lieues : il a incorporé une part de l'extraordinaire à son monde ordinaire, les deux ne font plus qu'un à travers lui. Si le héros revient finalement dans la société ordinaire plutôt que de se dissoudre dans l'absolu au cours d'une extase, c'est parce qu'il a compris que le paradis, le nirvana, la réalité ultime sont **à l'intérieur de notre monde, ici et maintenant**, car les deux royaumes sont en fait un seul. C'est l'essentiel de la lecture métaphysique que Campbell fait des mythes et de la quête héroïque : le monde matériel contient en son cœur le monde immatériel ; le monde matériel provient même du monde immatériel et y retournera sans doute un jour. L'éternel se trouve dans le temps, la permanence au sein de l'impermanence. Aussi est-ce dans cette réalité quotidienne que chacun d'entre nous peut trouver un monde extraordinaire, ou à l'intérieur de son esprit, dans ces régions les plus inconnues et mystérieuses que la psychanalyse a nommées « inconscient », pour le ramener dans le monde de la conscience.

La grande réalisation du héros est aussi celle-ci : il n'y a pas de séparation entre le monde ordinaire et l'autre. Le héros prône alors une **communion universelle** ou l'absence de différences entre soi et les autres. La pratique des derviches tourneurs, apparue au XIIIe siècle, a pour enjeu d'atteindre par la danse, à travers son propre corps et la répétition du nom divin, une extase telle que l'individu réalise le *fana* : l'union suprême avec l'absolu. Cette danse est aussi une offrande héroïque aux autres hommes : débutant lentement, puis de plus en plus vite, le derviche tend la main droite vers le ciel pour recevoir la grâce d'Allah, et dirige sa main gauche vers la terre pour partager cette grâce avec les hommes. Comme dans une relation amoureuse, tout être humain peut s'unir à un amour spirituel pour l'ensemble des hommes ou quelque chose de plus grand encore, au point que les deux mondes, l'invisible et le visible, l'extraordinaire et l'ordinaire, ne font plus qu'un.

Les dangers du modèle du héros

Quelles sont les dérives possibles liées au modèle du héros ? On sait combien l'idée d'héroïsme peut être exploitée dans un sens criminel. Revenons sur *La Guerre des étoiles*, car le réalisateur George Lucas donne un éclairage précieux sur cette question. C'est Lucas qui le premier fit connaître au grand public les travaux de Joseph Campbell.

Il avait en effet déjà écrit les deux brouillons de la saga sans succès quand il découvrit le *Héros aux mille et un visages* en 1975. Ce livre lui permit de transposer les étapes de la quête du héros sur son histoire et lui donna les éclairages mythologiques fondamentaux pour développer son univers galactique. Lucas en garda une reconnaissance pour Campbell et, après l'avoir rencontré, ils entretinrent une amitié durable et réciproque. Entre 1977 et 1983, les trois premiers films mettent en scène essentiellement la lutte de Luke Skywalker contre Dark Vador. Ils valorisent la quête du héros vainqueur face aux tentations du mal (le « côté obscur de la Force ») qui fait triompher le bien jusqu'à provoquer la rédemption de son propre père monstrueux. Il est intéressant de se pencher sur les trois films suivants, réalisés entre 1999 et 2005, soit seize ans après, dans lesquels Lucas prend le point de vue inverse, et montre comment le héros, au cours de sa quête, peut basculer dans le mal et se transformer en tyran.

Le héros principal des six films est en effet Anakin Skywalker, le père de Luke, d'abord un brillant Jedi apprenti, qui devient ensuite Dark Vador, jusqu'au salut final. Les trois films consacrés à sa jeunesse nous révèlent combien, dans l'histoire mondiale et dans notre histoire personnelle, il est **facile de confondre héroïsme et tyrannie**, idéal pour le bien commun et idéologie meurtrière. Tout semble désigner Anakin comme un « élu » : il est, comme dans de nombreux mythes, l'enfant d'une femme vierge, fécondée par les « midi-chloriens », cette sorte de particule connectée à la Force qui circule dans l'univers. Il est désigné comme un génie, supérieur à tous les autres Jedi. Une prophétie parle de lui comme de celui qui rétablira l'équilibre. Pourtant, Anakin devient la plus grande force de déséquilibre dans cet univers dominé par le côté inhumain de la technologie et du pouvoir absolu. Ce qui dirige Anakin vers le « côté obscur de la Force », ce sont d'abord des émotions douloureuses, la séparation avec sa mère lorsqu'il a neuf ans, la peur d'autres pertes et un tempérament capricieux. Cependant, quatre étapes majeures pervertissent sa quête de héros :

– Le mentor manipulateur : alors qu'il est entouré de mentors positifs comme Obi-wan ou Yoda, Anakin cède à la fascination exercée par un mentor dangereux, le sénateur Palpatine qui est en réalité le Sith Dark Sidious, ennemi des Jedi. Le héros, s'il reçoit toujours l'aide d'un mentor, doit aussi apprendre à s'en détacher, étape fondatrice de sa quête ; il doit accomplir seul son chemin et ne plus se soumettre à aucune autorité. À l'inverse, Anakin, même devenu Dark Vador, reste le jouet de Dark Sidious et ne cesse de l'appeler « maître ».

– L'ambition personnelle (refus du sacrifice privé) : un héros apprend à mettre son ego de côté, à le faire passer après le bien collectif. Il est prêt à sacrifier son ambition personnelle au service des autres. Anakin, avant même d'être porté au pouvoir par son maître, révèle à sa femme, Padmé, son rêve d'un sénat dirigé par un seul homme aux pleins pouvoirs. L'intérêt individuel et le désir d'emprise sur les autres le dominent.

– La colère (refus de la compassion) : ce sentiment-là chez Anakin l'emporte sur la compassion, qui est le propre du héros. L'une des scènes clés où Anakin bascule vers son versant tyrannique, c'est lorsque sa mère meurt dans ses bras, après avoir été torturée par les brigands Tuskens. Anakin envahi par la colère se venge en tuant tous les Tuskens, y compris les femmes et les enfants.

– Le choix de la tyrannie (refus de la pédagogie) : l'orgueil d'Anakin le guide enfin. Face aux règles rigides des Jedi qui rejettent par exemple l'amour entre deux êtres au point qu'Anakin doit épouser en secret Padmé, ou qui lui refusent le titre de maître Jedi par prudence, Anakin se révolte en prenant le pouvoir et en le gardant pour lui et son mentor. Il ne cherche pas à modifier de l'intérieur le code jedi avec sa créativité, en en devenant le guide. Ce qu'il devient, c'est un exterminateur.

Comme le précise Christopher Vogler[1], un scénariste américain spécialisé dans l'écriture de films à partir de la pensée de Joseph Campbell, Dark Vador est l'équivalent dans l'imaginaire de la science-fiction d'un criminel au pouvoir tel que le fut Hitler dans l'Allemagne nazie. Le grand écrivain allemand Harry Mulish a lui-même établi des liens dans son livre consacré au procès d'Eichmann entre la vie d'Hitler et la quête du héros de Campbell. Hitler était sans doute convaincu d'être au service de l'humanité et de Dieu comme nombre de dictateurs, tyrans ou chefs radicaux ; diabolisant le peuple juif, Hitler « fait son entrée dans le monde des hommes avec cette horrible vision » : « Si le juif, à l'aide de sa profession de foi marxiste, remporte la victoire sur les peuples de ce monde, son diadème sera la couronne mortuaire de l'humanité[2]. » Il se prend alors pour un « héros mythique transformé, une mèche de cheveux gras lui pendant sur le front et affublé d'une petite moustache[3] », écrit ironiquement Harry Mulish.

Ces dérives, Campbell, au sortir de la Seconde Guerre mondiale, les connaît bien. Il les illustre dès le premier

---

1. Vogler Christopher, *Le Guide du scénariste. La force d'inspiration des mythes pour l'écriture cinématographique et romanesque*, éditions Dixit – EICAR, 2002, p. 289.

2. Harry Mulish, *L'affaire 40/61*, Paris, Gallimard, coll. « Arcades », 2003 (1961 pour la première publication), p. 160. Dans ce passage, Mulish cite directement *Mein Kampf* d'Hitler.

3. *Ibid.*

chapitre de son *Héros aux mille et un visages* en définissant la figure mythique du « monstre-tyran » qui « est porteur de désastre à l'échelon mondial, même si les intentions dont il berce son esprit qui l'animent sont humanitaires » (*Héros*, p. 24). Campbell raconte alors le mythe de Minos, ce roi de Crète qui, bon législateur, se transforma en dictateur. À l'origine de sa transformation négative, il y eut une première faute : au lieu de sacrifier un taureau blanc envoyé par le dieu Poséidon, comme ce dernier le lui demandait, il conserva le bel animal pour lui-même. Pour le punir, Poséidon inspira à la femme de Minos une passion amoureuse pour le taureau, et elle conçut avec l'animal un enfant, le Minotaure. C'est cet enfant que Minos fit alors enfermer dans le labyrinthe construit par Dédale et à qui furent sacrifiés des jeunes garçons et filles. Minos a privilégié son intérêt personnel sur les devoirs de sa charge de roi qui exigeaient sa soumission à la demande de Poséidon pour le bien de tous. Mais le tyran n'est pas forcément le chef d'un pays, il peut s'en prendre au cercle de ses collègues, « à ses proches, à sa propre psyché torturée, ou aux vies qu'il brise au contact de son aide ou amitié » (*Héros*, p. 24).

Minos, Anakin forment cette figure emblématique. Comme celle du héros, nous la portons en chacun de nous, comme nous portons la possibilité d'adhérer à une idéologie meurtrière, qu'elle se présente sous le visage d'une religion ou d'une cause politique et sociale. Ce que proposent les idéologies radicales est un **« prêt-à-porter » héroïque mensonger**. La quête du héros mise en lumière par Campbell devrait pourtant nous en prémunir si nous la comprenons avec justesse. Elle n'empêche pas de soutenir une cause ; elle mène au contraire à un engagement entier de la personne pour les autres, car ce que redonne en premier cette quête selon Campbell, c'est le sens de l'engagement, mais elle incite à rester toujours vigilant, à s'écarter de l'autorité d'un maître ou de dogmes, à maintenir une distance critique constante quitte à cheminer seul. Tout système aux règles figées qui ne laisse pas la liberté d'être autre chose que ce qu'il prône est dangereux ; le héros est celui qui prend un chemin de traverse. Et s'il devient un pédagogue pour transmettre son message aux autres par la suite, il ne cherche jamais à forcer l'adhésion. Il recherche la paix et la compassion.

Étapes de la quête du héros

• Un **univers ordinaire** où le héros sait qu'il n'est pas à l'aise.

• **L'appel de l'aventure** : le héros doit faire quelque chose de sa vie pour sortir de son mal-être.

• Le héros **refuse l'appel** ou on essaie de l'empêcher d'y répondre.

• Il réussit enfin à **franchir le premier seuil** : le héros passe dans un autre monde, affronte un **gardien** ou est aidé par lui.

• Il rencontre **un mentor et des alliés** ou prend conscience de ses forces psychologiques.

• Il affronte des **épreuves**, rencontre son principal **ennemi**, ou adversaire, ou grand obstacle.

• Il **risque de mourir** une première fois mais **remporte une première victoire**, temporaire.

• Le héros s'instruit (armes, entraînement, initiation) pour vaincre : c'est **l'initiation.**

• Vient le moment où **il affronte sa principale peur** : test qui peut le tuer et dans lequel il peut perdre ses compagnons.

• **Il meurt** : expérience du démembrement ou descente aux enfers.

• **Il renaît** : quelque chose de magique ou d'impalpable comme l'amour rend la vie au héros.

• Il remporte la victoire sur l'ennemi ou l'obstacle : c'est **l'apothéose**.

• Il y a une récompense (argent, vie sauve, amoureuse ou message spirituel). Le héros trouve **l'élixir**.

• Parfois, le héros est pris en chasse : il est poursuivi par ses ennemis, c'est une **fuite magique**.

• Le héros peut **refuser le retour**.

• Il devient **un guide** pour transmettre son message aux autres.

2.

Comment devenir le héros de notre propre vie ?

Trouver notre mythe personnel

La majorité d'entre nous vivons sur une terre vaine et désolée, selon Campbell, comme dans le mythe européen du Graal ; nous n'avons pas trouvé notre quête héroïque, car il nous manque un récit mythologique pour nous donner des repères. T.S. Eliot en fait le sujet de son poème « Wasteland » ou « La Terre vaine » en décrivant la foule des employés londoniens qui se rendent au bureau le matin : « Cité fantôme/ Sous le fauve brouillard d'une aurore hivernale :/ La foule s'écoulait sur le Pont de Londres : tant de gens…/ Qui eût dit que la mort eût défait tant de gens[1] ? » Pour Campbell, « il n'y a plus une mythologie unique opérante aujourd'hui pour chaque individu dans un pays ou même pour l'ensemble de la civilisation occidentale » (PTB, p. 86). Les théories sur la naissance de l'univers ne cessent d'évoluer en fonction des découvertes de la science ; nos lois changent au cours des époques ; nos

1. T.S. Eliot, *La Terre vaine et autres poèmes*, traduit de l'anglais par Pierre Leyris, Le Seuil, 1976, p. 65.

grandes religions occidentales ou orientales ne définissent pas toujours notre chemin de vie.

En effet, il y a deux manières de vivre une vie ancrée dans la mythologie. La première est de suivre le mythe de la culture dans laquelle nous vivons, « cela peut être une vie très forte et puissante et noble » (*Open Life*, p. 24), car nos sociétés sont riches de systèmes culturels et religieux déjà constitués. L'une des questions importantes à se poser selon Campbell est celle-ci : « À quelle société veux-je appartenir ? » (PM, p. 57). Y répondre nous permet d'identifier **quelle mythologie nous souhaitons suivre**, car chaque société développe celle qui soutient sa communauté. Ainsi pouvons-nous vivre une quête accomplie en suivant les chemins tracés par un système économique ou social, ou une religion. Des courants philosophiques peuvent également guider notre existence. Selon Campbell, si notre rêve privé coïncide avec celui de la société où nous vivons, nous sommes en accord avec le groupe, nous n'éprouvons pas le besoin de le quitter et nous réalisons le mythe de cette société donnée pour nous réaliser nous-mêmes.

Il est aussi possible que nous nous sentions perdus à notre époque où nous avons connaissance de toutes les différentes sociétés et mythologies qui existent. Nous pouvons ne pas nous reconnaître à travers les règles qu'elles proposent. Ces réflexions de Campbell s'inspirent d'un passage situé dans l'autobiographie de Carl G. Jung : « Mais dans quel mythe vit l'homme de nos jours ? Dans le mythe chrétien pourrait-on dire. Est-ce que tu vis dans ce mythe ? demanda quelque chose en moi. Si je réponds en toute honnêteté, non ! Ce n'est pas le mythe dans lequel je vis. Alors, nous n'avons plus de mythe ? Non. Il semble que nous n'avons plus de mythe. Mais quel est ton mythe, à toi, le mythe dans lequel tu vis[1] ? »

La solution, c'est de **trouver notre mythe personnel**, c'est-à-dire la quête héroïque personnelle que nous souhaitons réaliser. En l'absence à notre époque d'une seule grande mythologie fédératrice et face à la montée des intégrismes divers, c'est ce que Campbell nous propose de plus intense : « Nous devons trouver le mythe qui nous porte et savoir ce qu'il est pour pouvoir diriger notre vie avec compétence » (PTB, p. 87). Si nous nous sentons en décalage avec ce que notre culture propose, nos problèmes commencent, surtout si nous sommes forcés de vivre dans ce système : nous ressentons un mal-être dans notre monde ordinaire ; nous nous sentons inadaptés à la société. Nous avons alors la possibilité de refuser les règles que nous trouvons inadéquates avec nos aspirations intimes.

Nous sommes tous dirigés intérieurement par un mythe personnel, cette histoire privée qui nous incite à trouver l'élixir dont nous avons besoin. Dans ce cas, l'individu entend un appel pour partir à l'aventure ; il a le sentiment puissant de devoir y répondre pour exister pleinement car, pour reprendre les vers de Victor Hugo, « le plus lourd fardeau, c'est d'exister sans vivre[2] ». Si nous ne répondons pas à cet appel, par peur ou parce que nous doutons de réussir, alors nous allons nous assécher. Si nous y répondons au contraire, nous nous écartons du chemin tracé par nos parents, nos ancêtres, la collectivité : nous franchissons

1. Carl G. Jung, *Ma vie, Souvenirs, rêves et pensées*, recueilli et publié par Aniéla Jaffé (1961), Gallimard, 1973, p. 274, désormais désigné par *Ma vie*.

2. Victor Hugo, « Ceux qui vivent, ce sont ceux qui luttent », in *Les Châtiments*.

le seuil d'un autre monde, c'est-à-dire que nous cherchons un autre mode de pensée, nous entrons dans un programme d'études particulier, nous réalisons une quête affective singulière, ou nous entrons dans un groupe culturel spécial à nos yeux, comme l'étaient les anciennes sociétés secrètes, un groupe sportif, une initiation artistique, ou dans le monde professionnel dont nous rêvions. Nous sommes en quête de quelqu'un ou quelque chose qui va nous initier, faire de chacun de nous un être différent et plus accompli. Cet autre monde n'a plus de rapport avec notre monde ordinaire. Notre quête héroïque sort du cadre défini par la culture : l'individu va s'aventurer dans une forêt dépourvue de chemin comme les chevaliers en quête du Graal, au-delà des normes habituelles du bien et du mal.

Commencent pour nous une série d'épreuves et de rencontres avec des alliés, des ennemis ou adversaires. Nous éprouvons un violent sentiment de posséder déjà un potentiel inexploré en nous et de devoir absolument le réaliser. Bien sûr, nous n'avons aucune idée de la manière dont nous procéderons pour y parvenir : c'est cela, l'aventure. Elle est loin d'être facile : il ne suffit pas de faire simplement tout ce qui nous plaît ou nous passe par la tête. À chaque étape de notre vie, nous pouvons observer où nous en sommes en suivant la quête du héros mise en lumière par Campbell : est-ce que nous avons répondu à l'appel de l'aventure ? Sommes-nous confrontés à un gardien qui tente de nous arrêter au seuil d'une réalisation nouvelle ? Avons-nous conscience de l'élixir que nous cherchons ? Sommes-nous au fond d'un enfer personnel, accumulant les désastres ? Ce que nous disent les mythes, c'est de tenir et de nous rendre plus loin encore car, au-delà de cet enfer, une renaissance est possible, surtout si nous avons gardé notre but rivé au cœur. À chacune de ces étapes, notre vie peut rester bloquée, et l'errance se prolonger. Cette quête exige alors de nous les plus grands sacrifices afin de trouver l'élixir qui manque à notre vie. Nous passons par beaucoup d'épreuves, de souffrances où nous risquons soit notre vie physique, soit d'un point de vue psychologique de briser notre esprit. **Ce chemin douloureux, nous ne pouvons pas en faire l'économie.** L'historien des religions Mircea Eliade l'explique également : « L'homme ne devient lui-même qu'après avoir résolu une série de situations désespérément difficiles, voire dangereuses ; c'est-à-dire après avoir subi les "tortures" et la "mort", suivies du réveil à une autre vie, qualitativement différente parce que régénérée[1]. » Tous, nous devenons alors des « deux fois nés », comme les héros des récits qui meurent et renaissent. Si nous survivons à cet effort, nous pouvons alors rapporter une création ou un message magnifique à la société, qui la fasse évoluer.

La possibilité d'échouer existe : c'est le cas lorsque nous écoutons à l'excès les critiques des autres ou leurs directives sans suivre la petite musique que nous avons entendue dès notre enfance ou plus tard. Nous y avons d'abord répondu. Notre aventure première, c'était un jeu récurrent, une passion qui prenait notre temps, un idéal qui nous portait, qui nous a occupés plus que les autres : la danse, la musique, la médecine, la maternité, l'amour, des jeux de construction, la vitesse, la réussite sociale, etc. Puis nous avons renoncé face à la fatigue, ou aux jugements des autres, ou à la peur de ne pas trouver notre place, face aux découragements écrasants

1. Mircea Eliade, *Initiations, rites, sociétés secrètes, naissances mystiques*, Gallimard, coll. « Folio essais », 1959, p. 270, désormais désigné par *Initiations*.

d'un chef, ou d'un proche. Nous avons écouté les voix des « Tu n'imagines quand même pas que… », « Comment vas-tu gagner de l'argent ? », « Ce n'est pas raisonnable », « Ce n'est pas moral », « Comment veux-tu que ça marche », « Tu rêves ! » ; comme de l'acide, ces voix ont rongé notre aventure jusqu'à l'anéantir. L'autre possibilité d'échec, c'est l'intégrisme ou le radicalisme, qui existent dans tous les domaines, religieux ou politiques ; cela nous conduit en effet à abandonner tout esprit critique et à ne plus exister qu'à travers l'idéologie d'un groupe et la tradition. Aucune possibilité n'est laissée à l'individu pour remettre en cause et modifier les dogmes imposés.

La quête héroïque exige en effet une lutte constante : **c'est une politique de l'effort**. On réclame une vie sans souffrance, nous dit Campbell, mais c'est illusoire. La philosophie du moindre effort pour éviter la souffrance consiste à rejeter la nature même de la vie qui est joie et peine côte à côte. Alors, certains prennent un emploi par sécurité, sans passion, mais se rendent compte que cela ne veut rien dire : leur vie a perdu son sens. Ou bien trop d'obstacles se sont dressés sur notre chemin et nous n'avons pas trouvé la solution pour les renverser. Cependant, la quête du héros n'a rien à voir avec une quête individualiste et égoïste. **L'accomplissement de soi a pour enjeu d'apporter aussi quelque chose d'essentiel aux autres.** Quelqu'un qui abandonne ses propres aspirations pour les autres, par exemple un père ou une mère de famille laissant de côté un désir personnel, afin de nourrir sa famille, est aussi engagé dans une quête héroïque : il faut une force hors du commun pour se consacrer aux autres plutôt qu'à soi-même.

Le plus important est de chercher à devenir le héros de notre propre vie en écartant aussi bien les critiques que les conseils d'autrui. Bien des mythes nous aident à trouver la voie de notre quête personnelle. Campbell se réfère au philosophe allemand Schopenhauer, et à son essai *Sur l'apparente intentionnalité dans le destin de l'individu*[1]. Le philosophe remarque qu'une fois un âge avancé atteint, en réfléchissant aux différents événements de sa vie, un scénario précis apparaît qui semble avoir été agencé par un romancier. Des moments qui, à une époque, paraissaient déconnectés du reste de notre vie ou accidentels se révèlent déterminants pour l'ensemble. Qui compose ce scénario ? Schopenhauer compare notre vie à un rêve dirigé par une volonté inconsciente en nous. Nous sommes des rêveurs-créateurs de notre propre vie. Campbell déclare que, ce rêve, nous le rendons conscient à travers un mythe personnel : nous pouvons repérer le scénario universel de la quête héroïque au cœur même des événements de notre vie. Campbell nous demande de ne pas douter de notre capacité à faire de celle-ci une terre fertile ; c'est notre droit de naissance à tous : « Nous sommes à la hauteur du monde et le monde est à notre hauteur. Quand le défi semble le plus grand, c'est là que se trouve la plus grande invitation à trouver des pouvoirs profonds au fond de nous » (*Open Life*, p. 26). De même, plus les épreuves sont difficiles, plus l'accomplissement se révèle grand ensuite.

---

1. Essai qu'on peut trouver dans Arthur Schopenhauer, *Parerga et Paralipomena* (1851), première édition française intégrale, CODA, 2005.

Rejouer comme un enfant

Dans *Ma vie*, Jung raconte qu'il s'invente une méthode pour trouver son mythe personnel. Elle est simple. Il commence par se rappeler ce qu'il préférait faire lorsqu'il était un petit garçon et qu'il avait le droit de jouer seul. Il adorait construire, surtout des maisons et châteaux avec des pierres et des bouteilles : « À ma grande surprise, ce souvenir émergea accompagné d'une certaine émotion » (*Ma vie*, p. 278). En 1912, Jung a trente-sept ans. Il décide de recommencer ce jeu d'enfant chaque jour, après le déjeuner, entre deux rendez-vous avec ses patients ou après sa journée de travail. Il accomplit ce jeu « comme s'il s'agissait d'un rite » (*Ma vie*, p. 280). Cette activité amène immédiatement dans le monde de la conscience des séries de fantasmes et de rêves qui seront essentiels à sa quête personnelle, car les rêves, selon sa théorie, nous parlent de notre mythe personnel en utilisant les images des histoires mythologiques du monde entier. Puis il est frappé par une crise d'identité. Le 12 décembre 1913, Jung est assis à son bureau. Soudain, il tombe. Le sol s'ouvre sous lui. Il veut crier à l'aide, ne peut pas. Il ouvre les yeux. Son bureau a disparu. Il se tient dans « une obscurité presque totale » ; ses pieds touchent un sol comme « une masse molle, visqueuse » (*Ma vie*, p. 287). Des images terrifiantes de cadavre, de soleil et pierre rouge s'enchaînent sous ses yeux jusqu'à ce qu'un « jet de sang » jaillisse sur lui (*Ma vie*, p. 288). Jung est projeté hors de sa vision. Il est de nouveau dans son bureau.

Suite à cette crise, les rêves s'activèrent davantage dans ses nuits. Il tint un journal de ses rêves et observa toutes les figures mythologiques auxquels ces derniers renvoyaient, et un journal de dessins, ce qui l'aida peu à peu à affronter le fond de son esprit. Beaucoup plus tard, chaque fois qu'il se sentit bloqué, « je peignais ou je sculptais une pierre ; et chaque fois, c'était un rite d'entrée qui amenait des pensées et des travaux » (*Ma vie*, p. 280). Peu à peu, il élabora sa théorie de l'inconscient collectif, sur laquelle nous reviendrons, et des archétypes propres à l'ensemble de l'humanité en se demandant « dans quelle mesure ma propre expérience vivante était liée à celle de la collectivité » (*Ma vie*, p. 283). Son mythe personnel affleura enfin ; il souhaitait aider chacun à s'accomplir intérieurement, à devenir un être pleinement conscient : « Je ne devais plus appartenir qu'à moi. À partir de ce moment, ma vie appartenait à la communauté, (...) je me mis au service de l'âme (...). Me vouer à l'âme fut la seule possibilité de vivre mon existence comme une relative totalité et de la supporter » (*Ma vie*, p. 308).

Quel est le moteur de notre vie ?

Peut-on trouver le bonheur dans le confort et la sécurité financière ? Cela apporte un certain bonheur mais, selon Campbell, cela ne peut être la source de notre épanouissement et nous aider à vivre notre mythe personnel : « La fortune ou le bonheur, il faut choisir » (PM, p. 205). Lui-même avait connu la grande crise économique aux États-Unis à partir de 1929. Ne pouvant trouver aucun poste d'enseignant, il se consacra pendant cinq ans à un programme de lectures personnelles, dans un appartement à l'écart de New York, sans eau ni électricité, avec le minimum vital. C'est alors qu'il élabora l'essentiel de la vision qu'il écrivit par la suite et enseigna à ses étudiants, puis à la société américaine.

Il voyait ses années pourtant pauvres et difficiles comme les plus intenses de sa vie.

Campbell considère qu'une vie est accomplie si elle se détourne de ce qu'on a appelé la « pyramide de Maslow ». Il rappelle en effet les recherches d'un célèbre psychologue, Abraham Maslow, qui avait relevé cinq motivations selon lesquelles les gens vivaient en fonction de leur niveau de vie : à la base de la pyramide l'homme a surtout besoin d'assurer sa survie, puis il recherche la sécurité, ensuite les relations personnelles (sociales, amoureuses, amicales), puis le prestige (estime de soi), et enfin le développement personnel (l'autoaccomplissement). On n'accède au dernier besoin que si les précédents sont assouvis. Cette pyramide qui synthétise la pensée de Maslow, beaucoup plus riche et complexe, a été adaptée dans les domaines de l'entreprise : on ne peut permettre à un employé d'accéder à une estime de son travail et de lui-même que s'il a un salaire suffisant pour se sentir en sécurité par exemple. Pour Campbell, au contraire, satisfaire de tels besoins n'est pas nécessaire pour parvenir à l'accomplissement, car ces derniers ne concernent que les plans biologique et économique : la survie et la sécurité financière. Or la mythologie transcende les besoins de base : « La mythologie commence là où la folie commence » (PTB, p. 89). Campbell prend l'exemple du peintre français Gauguin : homme d'affaires avec une famille et une maison, il est devenu fasciné par la peinture et il a tout quitté pour accomplir son aventure d'artiste en France et dans les îles de la Martinique puis à Tahiti. « Une personne qui entend vraiment un appel, qui est emportée par une vocation, par une croyance, par un zèle, va sacrifier sa sécurité, les relations personnelles et le prestige, et ne pensera pas un instant à son développement personnel : elle se donnera entièrement à son mythe» (PTB, p. 89). Campbell va plus loin. Ceux qui recherchent les cinq motivations observées par Maslow n'ont pas trouvé pour quoi vivre: «Rien ne les a pris au corps, rien ne les a attrapés, rien ne les a rendus fous» (PTB, p. 89).

Il n'est pas évident pour chacun de nous de savoir ce qui l'exalte. Ou bien certains connaissent leur passion, ont été éveillés par leur fascination pour un grand mystère, pour un grand bonheur, mais ont préféré trouver un emploi pour obtenir une place prestigieuse dans la société. Vivre son propre mythe implique cependant de ne pas prendre en compte uniquement ses besoins matériels ou sa sécurité. De plus, la quête d'un individu peut très bien être la richesse comme dans les contes de fées ou une réussite professionnelle, une élévation vers des classes privilégiées qui le font rêver. Même si Campbell nous recommande plutôt l'art, la spiritualité ou la défense d'un idéal, **l'important est de connaître le moteur de sa vie**. L'argent est constructif pour Campbell s'il prend un sens, comme celui d'élever sa famille ou de soutenir un projet, pas comme fin en soi. Il déclare souvent qu'en suivant son mythe personnel, l'homme ne trouve pas la fortune, mais la paix. Quel que soit ce moteur, il est bon de le connaître pour **avoir conscience de la force qui nous anime**.

Le début de notre aventure héroïque, c'est lorsque nous nous sentons agrippés par une passion, quelque chose qui nous jette en dehors de nous-mêmes, et en dehors de toute rationalité. En rassemblant différentes paroles de Campbell, on peut établir un petit questionnaire utile pour chacun :

Trouver son mythe personnel

• « Quand vous faites face à une grande catastrophe, qu'est-ce qui vous soutient et vous aide à traverser cette épreuve ? (...) C'est le test pour connaître le mythe sous-jacent sur lequel vous vivez » sans en avoir sans doute clairement conscience (PTB, p. 25).

• « Si j'étais confronté à un total désastre, si tout ce que j'aime ou qui fait partie de ma vie était détruit, pour quelles raisons vivrais-je ? Si je trouvais ma maison brûlée ou ma famille assassinée ou si toute ma carrière était détruite, qu'est-ce qui me soutiendrait et me nourrirait ? Cela arrive tous les jours. Et si ça m'arrivait à moi ? » (PTB, p. 88).

• Pour certains d'entre nous, la foi en Dieu, en une religion ou philosophie de vie particulière peut tout à fait répondre à ces questions ; alors nous savons parfaitement ce qui nous guide dans cette vie. Si ce n'est pas le cas, « qu'est-ce qui joue ce rôle-là pour vous ? » (PTB, p. 88).

• « Quelle est la grande chose pour laquelle vous seriez prêt à sacrifier votre vie », votre sécurité, votre confort et tout ce que vous avez bâti jusqu'ici ? (PTB, p. 88).

• « Quel est l'appel de votre vie ? Le savez-vous ? » (PTB, p. 88).

Activer notre imagination

Joseph Campbell propose que l'on se demande **quels symboles fonctionnent encore pour nous**. Essayons de les lister et de méditer sur leur sens ; essayons même de trouver une seule image, qui vient instantanément à notre esprit et représente pour nous la vie, notre vie. Une culture qui possède une forte mythologie nous présente des images qui nous parlent directement et nous aident à trouver un chemin de vie. Mais, si cette culture utilise des symboles qui ne sont plus actifs, elle nous paralyse. C'est le danger dans nos sociétés modernes : « Rien n'a plus vraiment de sens parce que les images de notre religion renvoient à un autre millénaire et nous n'activons pas celles du monde dans lequel nous vivons » (PTB, p. 99). Pour trouver des images mythologiques qui nous touchent, nous pouvons repenser à notre enfance : elles ont été déposées à ce moment-là en nous à travers une croyance religieuse ou des histoires lues.

Quels étaient les jeux ou activités qui nous donnaient de l'émotion ? Une fascination pour les avions, une passion pour les jeux de construction, un enthousiasme pour les chevaux ou la danse ?... À l'instar de Jung, essayons de retrouver l'émotion qui était la nôtre en contemplant ces images ou en réalisant telle ou telle activité passionnante de l'enfance. Puis nous pouvons activer notre imagination, visualiser à nouveau ces scènes ou simplement rêver éveillés à ces images, à tout ce qu'elles évoquent en nous à cet instant précis. Le jeu est de mettre totalement son intelligence, sa logique, de côté. Quand notre esprit essaie d'analyser un symbole, il nous empêche de l'expérimenter, car « les images ne veulent pas vraiment dire quelque chose : elles sont, exactement, comme vous êtes » (PTB, p. 97).

Quel est le sens d'un coucher de soleil ? Quel est le sens d'une fleur ? Quel est le sens d'une vache ? Si nous avons besoin de nous poser ces questions, c'est que nous n'avons pas cherché à voir les images et à ressentir ce qu'elles provoquaient en nous.

Nous pouvons aussi prendre des images dans n'importe quelle mythologie du monde, simplement se promener dans un musée et laisser tel symbole égyptien, grec, indien, africain… nous donner une émotion, puis réfléchir à ce qu'elle évoque en nous, ou prendre ces images dans un roman. Comme nous téléchargeons des informations sur notre ordinateur, nous téléchargeons des images qui nous touchent dans notre esprit. Tout est de l'ordre de l'émotion. L'image n'est pas juste quelque chose de visuel, elle touche directement une corde sensible en nous. Nous pouvons aussi puiser dans les symboles d'une religion ou d'une culture, celle dans laquelle nous avons été élevés, sans nous soucier de la vérité historique de ce symbole. Alors nous sommes de nouveau reliés à de plus grands mystères au cœur de notre quotidien. Laisser jouer notre propre imagination à partir d'images glanées ici ou là dans notre passé personnel et dans l'Histoire, dans d'autres civilisations ou d'anciens mythes, c'est peu à peu activer un pouvoir intérieur en nous, et faire ressurgir nos désirs d'accomplissement que nous avons ignorés ou abandonnés en cours de route. Alors nous prenons graduellement conscience que nous sommes tous des êtres uniques, que nous possédons tous un univers profond au centre de nous-mêmes et que nous avons quelque chose de nouveau et de précieux à apporter au monde.

Écouter les Grands Rêves

Plus l'imagination consciente est activée, plus les rêves nocturnes viennent, et plus il faut prendre note de tous, selon Campbell. À travers nos rêves, nous observons qu'une histoire est en train de se répéter. Cela demande de nous accorder un peu de temps libre. D'abord ce seront des rêves personnels, c'est-à-dire, selon Jung, des petits rêves qui montrent des problèmes individuels, propres à chaque vie et qui peuvent être analysés aussi en fonction des théories freudiennes. Ils proviennent de l'inconscient individuel, que Freud a théorisé et analysé. Ils vont nous donner des clefs sur nos blocages et angoisses intimes que nous pouvons choisir de traiter avec un thérapeute quand la souffrance est insupportable et nous laisse démunis. Mais ces rêves ne montrent pas le chemin héroïque que nous désirons réaliser pour pleinement vivre.

Peu à peu, d'autres rêves vont apparaître, que Jung appelle des « Grands Rêves ». Ces derniers proviendraient d'un vaste inconscient collectif, c'est-à-dire d'une dimension de l'esprit humain qui nous reste inconnue. Ils nous mettent face à des problèmes universels, qui ne sont pas spécifiques à notre vie personnelle : la naissance, les seuils de la vie, la mort, le cosmos, le bien, le mal… Ce matériel est fondamental. Ces rêves restent différents des mythes, qui ne sont pas la production spontanée du sommeil : les scénarios sont consciemment contrôlés par une société donnée qui les écrit et les raconte. Mais **ces Grands Rêves nous guident sur la voie de notre propre mythologie**. Ainsi, profondément, à l'intérieur de nous-mêmes, repose le mystère de notre être. C'est le suprême mystère selon Joseph Campbell : notre propre profondeur. Les Grands Rêves nous délivrent les images universelles qui nous touchent en particulier, parlent des aspirations profondes que nous gardons en nous, esquissent l'histoire héroïque que nous désirons accomplir parfois sans l'oser.

De ces Grands Rêves aussi on peut tenir le journal et peut-être l'illustrer de dessins, de photographies, d'images découpées, d'écorces ou de fleurs... C'est un journal privé, un livre que Jung tenait de façon intime : « C'était sa cérémonie, son exploration rituelle de ce lieu d'où le mystère de la vie vient », déclare Campbell (PTB, p. 94). Ensuite, nous pouvons prendre une fraction du rêve, une ou deux images, et les associer à d'autres images qui surgissent dans notre esprit jusqu'à ce que quelque chose fasse sens pour nous, que le scénario de notre quête apparaisse enfin à notre conscience, ou travailler avec un psychanalyste qui accompagnera cette démarche jouant le rôle du mentor. Nous allons trouver alors les forces qui nous influencent. Puis un autre rêve viendra, qui nous permettra d'aller plus loin dans notre interprétation. Nous avons tendance à oublier nos rêves de la nuit ou à les considérer comme peu importants. Or **le rêve est une expérience personnelle de ce qu'il y a d'obscur et profond au fond de notre vie** : laissons-le rejaillir.

Retrouver des traces du passé

Si nous avons tenu adolescents un journal, écrit des poèmes, si nous avons encore des traces de nos cahiers, dessins, rédactions ou différentes collections d'objets, Campbell nous conseille de regarder tout cela, de les rassembler. Aujourd'hui, bien des blogs sur internet ou réseaux sociaux offrent à chacun l'opportunité de réunir ainsi ses créations du passé et du présent, entre rassemblement intime et partage avec les autres. Campbell remarque lui-même qu'en relisant des articles et ouvrages écrits sur vingt-cinq ans, il a vu se dessiner un même discours essentiel alors qu'il lui avait semblé chaque fois parler de théories différentes : son propre mythe était lisible après tout ce temps, alors qu'il n'en avait pas eu consciencc. En effet, la vie de Joseph Campbell a été bouleversée par sa rencontre avec les récits mythologiques. Il a d'abord été éduqué dans une famille catholique de l'État de New York, mais il découvre les mythes indiens d'Amérique du Nord en visitant le Muséum d'histoire naturelle de la ville de New York. C'est une révélation qui détermine la naissance de son mythe personnel : tous les récits parlent d'une même chose mystérieuse. Dès l'enfance, Campbell observe des points communs entre chaque culture. À l'âge adulte, il élabore une méthode systématique de comparaison et fonde sa théorie du monomythe du héros. Campbell « cherchait non pas la promesse d'un mythe donné ou les revendications d'un dieu hérité mais **la source vivante de tous les mythes**[1] ».

Nous serons ainsi étonnés de constater que c'est toujours la même passion qui continue à nous animer. Quelque chose de nous se retrouve, continue à se dire ou à se vivre sous une forme à peine transformée avec le temps. Des images et histoires reviennent encore et encore. Regardons à nouveau comment elles résonnent en nous.

Trouver un rite personnel

En dehors des jeux d'enfant, de l'écriture et des dessins, Jung a utilisé une autre méthode pour trouver son mythe

1. Betty H. Meyer, *The ARC Story*, New York, Society for the Arts, Religion and Contemporary Culture, CrossCurrents Press, 2003, p. 90.

privé. Après avoir élaboré des maisons en petits galets dans ses moments libres, il décide de construire sa propre maison, grandeur nature. En 1922, Jung a quarante-sept ans. Il achète un terrain à Bollingen près du lac supérieur de Zurich, en Suisse, parce que « mots et papiers (...) n'avaient pas, à mes yeux, assez de réalité » (*Ma vie*, p. 357). Puis il dessine le plan d'une maison et travaille lui-même à assembler les pierres pour la construire. Plus il joue à construire sa propre maison, plus de nouvelles images surgissent dans son esprit, des idées ou des rêves nocturnes intenses. Sa « tour », nommée Bollingen, lui apporte stabilité, calme nécessaire face aux moments de plongée tourmentée dans l'inconscient, le sien et celui des malades ; elle lui donne la sensation de se retirer dans un ventre maternel qui chaque fois lui fait éprouver « l'impression que je renaissais dans la pierre » (*Ma vie*, p. 360). Cette construction progressive au cours des années et de ses nouveaux besoins lui permet aussi de gérer ses propres évolutions psychologiques comme si poser des pierres, prévoir de nouvelles pièces et formes restructurait concrètement son esprit, à l'intérieur de lui-même. C'est aussi sa manière de se signifier à lui-même qu'il n'est plus un enfant jouant avec des galets, mais un homme accompli bâtissant avec des pierres. Jung décrit cette réalisation comme un rite qui le plongeait dans un état méditatif où il se recentrait sur l'essentiel en lui-même. Cette démarche, Joseph Campbell nous conseille de l'appliquer à notre propre vie dans la mesure de nos besoins et moyens. Tout ce qui est de l'ordre du concret, de l'inscription, de l'acte nous aide à trouver notre mythe personnel et à nous concentrer sur lui. **Un rite privé, c'est un acte qui réalise notre mythe.**

Par la suite, une fois sa maison finie, Jung se retire dans une pièce qui n'appartient qu'à lui : sa famille ne peut y pénétrer. De même, Campbell nous signale qu'il est fondamental de posséder chaque jour un moment sacré pour nous-mêmes, et si possible un espace personnel où le quotidien disparaît, les amis, le travail, les actualités, les dettes et les obligations ; un moment où même ce que nous sommes et ce que nous pourrons devenir n'a pas d'existence. C'est un lieu où l'on peut se vider et recharger ses batteries : « D'abord, il se peut que rien ne s'y passe, mais si c'est votre endroit sacré quelque chose finira par arriver » (PM, p. 165). Dans cet endroit personnel, ce petit temple privé, nous passons des moments de bonheur, nous réalisons une activité personnelle et non ce que la télévision, les magazines ou la publicité nous ont demandé de faire. Nous écoutons une musique que tout le monde déteste ; nous lisons un livre que les autres trouvent ridicule ; nous portons un vêtement qui n'est pas « à la mode ». La lecture, l'art sont une élévation de l'esprit, à condition de ne pas se préoccuper des critiques. Campbell décommande de voltiger d'un auteur ou artiste à un autre. Il conseille plutôt de se consacrer à l'œuvre entière d'un auteur pour creuser son univers et parallèlement notre vie intérieure. Car une culture éclectique risque de ne toucher les univers artistiques qu'en surface. Dans notre espace sacré, les moments d'activité et de méditation personnels sont des alliés précieux pour laisser surgir ce qui a vraiment de l'importance pour notre vie.

Laisser nos quêtes évoluer avec l'âge

Le mythe personnel, nous l'avons dit, c'est la grande quête de notre vie dont nous lisons la naissance dès notre enfance et que nous reconnaissons à travers bien des époques de notre vie. Celle-ci se réalise à travers une succession de quêtes différentes qui évoluent avec l'âge. Jung n'est pas devenu un architecte en retrouvant sa joie d'enfant à construire avec des galets ; il a uniquement bâti sa propre maison, assez tardivement d'ailleurs. Il est resté psychiatre et a approfondi ce chemin-là découvert à la fin de l'adolescence. Entre le petit garçon et l'adulte s'opère une transformation des formes prises par sa quête : la construction matérielle est devenue élaboration de théories et méthodes thérapeutiques pour aider les autres. Dans son autobiographie, il déclare avoir découvert les romans de chevalerie du Moyen Âge à quinze ans. Il réalise que c'était déjà le mythe de sa vie : « Le monde des chevaliers du Graal et leur quête ; car c'était là mon monde, au sens le plus intime » (*Ma vie*, p. 266). Plus tard, lorsqu'il recherchait son mythe personnel, il s'est donné pour mission d'être un chevalier de l'âme : vouer sa vie à comprendre le fonctionnement de l'esprit humain, et le développer. Le Graal, pour lui, se trouve au fond de nous. Sa grande quête est donc passée par des formes différentes : dans son enfance, les jeux de construction avec des galets ; son adolescence, les romans sur le Graal ; ses premiers travaux avec Freud, avant de s'éloigner de lui ; sa vie professionnelle adulte avec la théorie de l'inconscient collectif, le soin des malades et, sur un plan plus intime, l'étude de son inconscient, l'écriture, le dessin ; enfin, en vieillissant, la construction de sa propre maison familiale et l'écriture de sa vie, de son mythe personnel.

De même, nos quêtes évoluent. Quand nous sommes enfants, elles ont un caractère concret adapté à notre âge, puis deviennent plus abstraites. Une passion abandonnée se transforme et continue de développer un mythe intérieur personnel ; une sorte de force invisible nous guide et nous soutient, changeant seulement de forme quand nous grandissons. À chaque période de notre vie, nous avons quelque chose de différent à réaliser, même si cela renvoie toujours à un même mythe au fond de nous. En ce moment, il y a une quête que nous avons laissée derrière nous, et nous devons l'y laisser : ne pas essayer de vivre les besoins de l'adolescence si nous avons quarante ans, ni essayer de nous maintenir à un apogée physique si nous sommes à un âge avancé. Ce n'est pas dans l'ordre de la vie. Même la sagesse a besoin de venir graduellement, nous dit Campbell. De plus, nous sommes tous et de plus en plus polyvalents : des quêtes se superposent les unes aux autres, sur un plan privé (amour, amitié, développement personnel) ou social (travail ou familial) et politique (engagement, défense d'un idéal), mais l'une d'elles domine les autres et celle-là constitue vraiment notre mythe personnel, la musique de notre vie : « Ces personnes qui ont la sensation qu'elles doivent suivre la musique doivent rester avec cela. Cela peut vous donner une vie solitaire, mais c'est votre vie (...) je suis certain que dans notre monde où nous mettons l'accent sur le succès et tout ça, la chanson est entendue et oubliée aussitôt par les jeunes gens. C'est rater l'aventure » (*Open Life*, p. 27). **Toute la question est notre capacité à dire un grand oui à l'aventure.**

3.

Comment suivre la source de notre joie ?

Suivre son *bliss* ou sa joie

Follow your bliss, c'est ce que Joseph Campbell avait coutume de déclarer. Cette pensée a été traduite par « Suivez votre cœur », inspirée par un passage du roman *Babbitt* de Sinclair Lewis, publié aux États-Unis en 1922 : « Vous rappelez-vous la dernière ligne : "Je n'ai jamais fait ce que je voulais dans ma vie" ? Voilà un homme qui n'a jamais obéi à son cœur (...). Je dis toujours à mes étudiants de suivre leur cœur. Si vous vous sentez attiré par quelque chose ou quelqu'un, ne laissez personne vous en détacher » (PM, p. 202-203). Pour Campbell, l'important est de trouver ce qui nous rend heureux et de garder en tête ces moments, pas juste excités ou enthousiasmés, mais profondément heureux. En incitant ses étudiants, puis ses lecteurs par millions, à expérimenter leur voie sans suivre les grands mythes établis dans nos cultures, Campbell pense qu'ainsi notre vie devient vraiment personnelle même si le chemin est ingrat et risque de nous décevoir pendant de longues années : « Lorsque vous faites ce que vous désirez profondément faire, vous vous placez sur des rails qui vous attendent depuis toujours et vous menez la vie qui doit être la vôtre. À ce moment-là, vous rencontrez des gens qui vivent dans le domaine de votre choix et qui vous ouvrent les portes » (PM, p. 207). Il ajoute que des portes s'ouvriront là où il n'en existait auparavant aucune. À l'inverse, ne pas chercher cette voie du bonheur, c'est risquer l'effondrement psychologique.

Le conseil le plus important de Joseph Campbell est difficile à traduire : *follow your bliss*, c'est, littéralement, « suivre sa félicité ou béatitude ». Je choisis le terme de « joie » en raison de l'ancrage de ce mot dans nos romans arthuriens. La « joie », c'est surtout l'aventure suprême accomplie par le chevalier Érec dans le roman de Chrétien de Troyes *Érec et Énide*[1], l'épreuve absolue, quand il risque la plus terrible mort et reçoit la plus haute récompense, celle qui lui permet de régénérer la collectivité. Après maintes épreuves physiques et psychologiques, Érec et sa femme Énide parviennent à la cité de Brandigan où règne le roi Évrain. Le chevalier entend alors parler d'une tâche impossible à réaliser, celle de la « joie de la cour ». Comment l'obtient-on ? « Le nom de l'aventure est très beau à prononcer, mais elle est très difficile à accomplir » (*Érec*, p. 417). C'est donc une joie qui plonge dans la douleur, qui est un oxymore comme la vie. Derrière se lit un mythe du salut, une eschatologie, car celui qui réussira cette aventure sauvera toute la cité. Le roi Évrain, par bonté, tente de dissuader le chevalier de « renoncer à cette entreprise si difficile et dont vous ne viendrez jamais à bout » (*Érec,* p. 429), car

1. Chrétien de Troyes, *Érec et Énide*, édition critique et traduction de Jean-Marie Fritz, Le Livre de poche, 1992, désormais désigné par *Érec*. Précisons que Joseph Campbell parle de ce roman dans *Transformations of Myth Through Time*, New York, Harper and Row Publishers, 1990, p. 234, désormais abrégé *Transformations*.

« j'ai vu bien des vaillants chevaliers acculés à la défaite, alors qu'ils avaient demandé cette joie ». Érec n'a peur de rien ; il veut avec passion accomplir des prouesses : « Plus la merveille est grande et l'aventure périlleuse et plus il s'en met en peine ! » nous dit le narrateur (*Érec,* p. 431). Il est courageux et obstiné : « Jamais dans une aventure que j'aurai entreprise, je ne serai lâche au point de ne pas faire tout mon possible avant d'abandonner la partie » (*Érec,* p. 431). Tout le peuple, toute la cour le pleure comme s'il était déjà mort. Érec se rend alors dans un verger délimité par une clôture magique faite d'air. Il voit des piquets plantés devant l'entrée : au bout de ces pieux, les têtes des anciens chevaliers qui ont échoué. Un piquet vide attend la tête du suivant. Personne ne peut l'accompagner : c'est la règle. Il s'aventure donc seul dans le jardin fleuri. Il aperçoit une belle jeune femme endormie ; soudain surgit un chevalier armé qui le provoque en duel. Le combat est acharné, sanglant ; Érec finit par l'emporter. La joie peut éclater : il s'agissait de délivrer ce chevalier, nommé Mabonagrain, qui avait juré sans le savoir de rester dans le verger auprès de la jeune femme, sa bien-aimée, et de tuer tous les chevaliers qui y entraient à moins d'être vaincu en duel. Une fois le chevalier délivré, la joie éclate : celle du roi Évrain dont Mabonagrain est le neveu, celle de la cité tout entière, car le maléfice du verger s'arrête. La joie de la réouverture au monde triomphe contre l'isolement. L'élixir qu'Érec devait rapporter après bien des épreuves amoureuses et de violents combats, c'était l'émotion de la joie qui revitalise tout un royaume. Érec est alors le contraire de Tristan le triste, comme le souhaitent Chrétien de Troyes et sa commanditaire Marie de Champagne.

Suivre notre joie, c'est tenir fermement dans nos mains un élixir, ne pas le laisser se renverser en cours de route, comme si notre vie était une course d'obstacles, un verre de joie à la main. Cela n'exclut donc ni la souffrance physique et morale, ni l'effort, ni l'essoufflement, ni la possibilité de l'échec. Il ne s'agit pas de simplement agir selon son bon vouloir, sans règle aucune, dans le plaisir et la vie facile. Suivre sa joie, trouver ce héros en chacun de nous, c'est ce chemin hérissé de haies par-dessus lesquelles nous sautons pour parvenir à notre but qui n'est autre que la réalisation de nous-mêmes. Campbell refuse une philosophie du bonheur naïve qui consiste à croire en un état de perpétuelle félicité, une sorte d'hébétude prolongée. Le bonheur, le *bliss*, la joie, c'est de réaliser notre passion personnelle quoi qu'il en coûte. La pensée de Campbell nous évoque les paroles d'un chaman sioux, Lame Deer : « La vie d'un homme est courte. Fais-en sorte que la tienne soit remarquable[1]. »

Une quête solitaire du Graal

Cette voie du bonheur, nous nous consacrons à la rechercher, mais **personne d'autre ne peut l'accomplir à notre place**. C'est seuls, et uniquement seuls, que nous entrons dans la forêt sombre de l'aventure. Campbell situe au Moyen Âge, lors du passage à l'écrit des mythes courtois et du Graal, la naissance en Europe de l'épanouissement individuel. Il se réfère à un extrait du roman anonyme écrit aux

1. *Paroles de chamans*, textes recueillis par Henri Gougaud, Albin Michel, coll. « Carnets de sagesse », 1997. Gougaud est également l'auteur du roman *Les Sept Plumes de l'aigle*, Le Seuil, 1995, romançant la double initiation chamanique et catholique de Luis Ansa en Amérique du Sud.

environs de 1225-1230 *La Quête du saint Graal.* Le Graal est, dans cette histoire, ce calice ayant servi à recueillir le sang du Christ au moment de sa crucifixion ; il apparaît lors d'un banquet du roi Arthur et tous les chevaliers présents jurent de se lancer dans sa quête. Quand les chevaliers se retrouvent devant une forêt, « ils décidèrent de se séparer dès le lendemain, parce qu'il ne convenait pas de courir les aventures en si grande troupe. Demeuré seul, Galaad chevaucha trois ou quatre jours au hasard[1]. » Chacun décide d'y pénétrer seul courageusement en trouvant sa propre voie dans la forêt. Le Graal représente notre quête personnelle dans le monde extérieur.

Cet exemple littéraire et mythologique n'a pas seulement un impact sur notre psychologie. Il représente un passé idéalisé dans les romans de chevalerie qui a influencé notre imaginaire au cours des siècles. Ce mythe représente encore notre société actuelle : la forêt d'arbres inquiétants est devenue aujourd'hui une forêt de tours, des gratte-ciel des grandes villes d'Occident ou d'Orient aux barres d'immeubles dans les banlieues des villes. Le chemin inconnu à tracer reste le même pour parvenir à réaliser notre but individuel et collectif.

1. La traduction est d'Albert Pauphilet (1922), *La Queste del Saint Graal*, Honoré Champion, 1991.

Suivre sa joie, c'est donc :

• Partir en quête d'une source de vie : déterminer un but ou partir sans savoir encore ce qu'on cherche. Les chevaliers se dévouent à la quête d'un objet sacré, mais n'ont aucune idée du chemin pour s'y rendre.

• Réaliser cette quête pour des raisons personnelles (la quête de spiritualité guide ces chevaliers) et pour des raisons collectives (le Graal va guérir le roi pêcheur blessé et son royaume désolé, une terre infertile où le peuple est malheureux).

• Choisir seul, sans l'aide de la société ou d'un proche, le chemin sinueux à suivre pour se réaliser.

• Avoir le courage de s'enfoncer dans la forêt obscure, donc accepter de ne pas avoir de visibilité, d'avancer en aveugle, avec la sensation angoissante de se perdre et de ne plus jamais retrouver la sortie.

• Surmonter toutes les épreuves douloureuses, blessantes, et les échecs que la forêt ne manquera pas de faire éprouver à chacun.

Inventer des règles

Nous nous libérons de tous nos maîtres pour parvenir à créer un chemin inédit de vie. Si les mentors sont nécessaires comme les alliés surnaturels dans les mythes ou les figures de sage pour être initié à une pratique particulière, il est essentiel ensuite de s'en détacher. Bien qu'il s'inspire de certaines idées orientales, Campbell a pris de nettes distances avec celles-ci ou avec les enseignements de son mentor, Heinrich Zimmer ; il considère destructeur pour un Occidental de chercher à se libérer complètement de soi ou d'obéir à un gourou ou à une secte, car notre mythologie occidentale est fondée sur la quête d'un **épanouissement personnel** et sur l'**indépendance d'esprit**. L'idée d'un chef lui paraît inadaptée dans la mesure où elle peut maintenir un individu dans une relation infantile à un maître.

Que fait Perceval dans le roman[1] de Chrétien de Troyes alors qu'il est invité à manger en compagnie du roi pêcheur et voit défiler le Graal sous ses yeux ? Il ne dit rien. Or Perceval aussi, en trouvant le Graal, doit rendre la joie à tout un royaume, une joie fertile concrètement et surtout spirituellement. Il ne pose pas la question qui aurait sauvé le roi de sa douleur physique et le royaume tout entier. Il aurait suffi d'une simple question pour accomplir ce prodige. Perceval, si pur qu'il a été admis à ce dîner, échoue dans sa quête héroïque parce qu'il reste soumis à l'autorité de son maître. Un noble vavasseur lui a appris le maniement des armes et les règles courtoises, et lui a expliqué qu'il ne devait pas trop parler. Lorsque Perceval, dans le château du Graal, voit une lance dont la pointe verse du sang, il ne demande pas pourquoi elle saigne par peur « de se conduire grossièrement » (*Perceval*, p. 765), « car toujours il gardait en mémoire les paroles de son noble et sage maître » (*Perceval,* p. 766). Il ne demande pas davantage à qui le plat sacré du Graal est servi, il en a pourtant bien des occasions,

1. Chrétien de Troyes, *Perceval ou le conte du Graal*, Gallimard, « Bibliothèque de la Pléiade », 1994, désormais désigné par *Perceval.*

car chaque fois le Graal repasse devant lui : « C'est ainsi que la chose est remise à plus tard, et le jeune homme s'applique à boire et à manger » (*Perceval,* p. 767), pensant le demander à un serviteur le matin suivant au moment de repartir. Mais le lendemain, plus personne dans le château : dès que Perceval franchit le pont-levis, il manque de tomber car une main invisible le referme. Ensuite, il n'en trouve plus le chemin et erre plus de cinq ans avant d'obtenir une explication sur son échec. De plus, son silence n'entraînera que des calamités : « les terres seront dévastées », des filles deviendront orphelines, des chevaliers tués (*Perceval*, p. 800). Perceval l'infortuné engendre le malheur car « il est bien malchanceux celui qui, rencontrant la meilleure occasion possible, en attend une meilleure encore » (*Perceval,* p. 800). Campbell interprète ainsi ce passage : Perceval obéit à une autorité au lieu d'écouter le mouvement de son cœur dans la vivacité de l'instant.

Dans ses entretiens avec Bill Moyers, Campbell revient également sur un mythe de la transformation inventé par le philosophe Nietzsche dans *Ainsi parlait Zarathoustra* pour nous enseigner notre liberté créatrice. Notre esprit passe par trois transformations. La première est celle du chameau quand on accepte de porter des fardeaux donnés par les autres. Le chameau dit : « Pose un poids sur moi. » Pour Campbell, c'est le cas des petits enfants dans la saison de l'obéissance ; on reçoit des instructions et des informations sur ce que la société demande pour vivre une vie responsable. Mais quand le chameau est bien chargé, il se relève sur ses pieds, il s'enfuit dans le désert où il est transformé en lion : plus le poids a été lourd à porter, plus fort le lion sera. Maintenant la tâche du lion est de tuer un dragon. Partout sur la peau de cette bête est écrit : « Tu dois » ; mais le lion déclare : « Je veux ». Pour Campbell, il symbolise l'adolescent ou jeune adulte qui, contrairement à l'enfant, peut refuser les règles et accomplir sa propre réalisation. La période de la jeunesse est une période de découverte de soi-même. Cela bien sûr peut se faire à des âges différents, précise Campbell. Nous sentons où nous en sommes. Quand le dragon est mort, il n'y a plus de règles auxquelles obéir, plus de tâches sociales, mais il existe toujours en nous l'élan de vivre une vie épanouie. Alors, le lion peut enfin être transformé en un enfant sacré, symbolique, qui vit libre : « L'enfant est innocence et oubli, un recommencement, un jeu, une roue roulant d'elle-même, un premier mouvement, un "oui" sacré[1]. » L'adulte autonome se délivre des règles sociales ou des mythologies établies, parvient à cet état de réalisation personnelle, pour Campbell, qui nous éloigne de tous les radicalismes.

Notre créativité est possible en laissant derrière nous ce qui est fixé et normé, comme l'écrit également Maître Eckhart, souvent cité par Campbell[2], au sujet des règles religieuses : « Mais comment en est-il avec un pauvre laïc qui ne connaît et ne comprend que les usages extérieurs et qui se trouve avoir fait un vœu et s'être engagé par là, à des prières par exemple ou autres choses de ce genre ? Je dis : si tu trouves que cela te gêne et que cela te rapproche de Dieu d'en être libéré, libère-t'en hardiment, car c'est tou-

1. Friedrich Nietzsche, *Ainsi parlait Zarathoustra* (1892), traduction, préface et commentaires de Georges-Arthur Goldschmidt, Le Livre de poche, coll. « Classique de la philosophie », 1983, p. 41, désormais désigné par *Zarathoustra.*

2. Campbell cite davantage les mystiques que les textes revendiqués par les institutions religieuses en raison de leur quête visionnaire, de leur expérience intime de l'absolu, une expérience qui transcende toutes les religions. Maître Eckhart fut condamné pour hérésie, mais il disparut mystérieusement avant que le procès ne se termine.

jours la façon d'agir qui te rapproche de Dieu qui est de toutes la meilleure ! » (Eckhart, p. 60). Si nous remplaçons « Dieu » par « amour » ou par le mot le plus important pour nous, comme « art », « travail », « famille », etc., le conseil concerne toutes les dimensions de notre vie. C'est aussi la sagesse transmise par un conte soufi rempli d'humour. Un derviche à l'esprit conformiste se promène le long d'un fleuve, il entend un autre derviche situé sur une île, qui ne prononce pas une formule rituelle selon les règles. Le premier derviche prend un bateau, trouve l'homme et le corrige car celui qui prononce avec le plus de justesse cette formule sera capable de marcher sur l'eau. Puis il regagne son bateau et rame jusqu'à la rive, mais il entend que l'autre continue à prononcer la formule à sa manière. Il se désole alors de l'incapacité de certains hommes à rectifier leurs erreurs. Mais le derviche conformiste sort brusquement de ses pensées : il voit arriver près de lui l'homme qui marche sur l'eau et lui demande humblement : « Peux-tu me redire comment il faut prononcer la formule, je n'arrive pas à m'en souvenir[1] ? » Campbell nous demande d'être créatif, **d'inventer nos propres règles en suivant notre cœur ou notre joie, sans pour autant renier tout ce qui vient de la société** : l'équilibre à trouver est délicat, mais il se trouve. Il garantit notre liberté d'être.

1. Idries Shah, *Contes soufis*, Le Courrier du livre, 2008. Les écrits de cet auteur ont diffusé la sagesse du soufisme dans le monde entier et contribué à l'adapter au monde moderne. Idries Shah pensait que le soufisme avait précédé l'islam comme un savoir ésotérique oral et avait ainsi une portée universelle au-delà de la seule religion musulmane.

Le questionnement moral

Tout un questionnement moral est posé par la quête du héros. Nous avons vu dans le premier chapitre qu'au cours de toute quête le héros doit affronter un adversaire extérieur à lui ou peut-être à l'intérieur de lui-même. Reposant sur une structure antagonique, le scénario de la quête du héros fait triompher un héros sur un ennemi, et sa vérité risque de vouloir se présenter comme la vérité absolue. Faut-il accepter que notre quête puisse avoir des conséquences négatives pour quelqu'un d'autre, même si cet autre est à nos yeux un tyran ou un ennemi ? Et dans quelle mesure le héros au fond de nous est-il apte à porter de tels jugements sur son adversaire ? Le danger de tout discours héroïque est d'inciter un individu à en tuer ou à en blesser d'autres, physiquement ou affectivement, au nom de valeurs considérées comme supérieures. La réponse de Campbell n'est pas simple parce qu'il n'existe pas de réponse simple. L'action d'un homme est forcément négative pour quelqu'un d'autre : « Vous-même vous participez au mal puisque vous êtes vivant, affirme Campbell, sinon vous n'êtes pas vivant. Ce que vous faites est négatif pour quelqu'un d'autre, même si c'est positif pour vous et quelques autres » (PM, p. 124).

Il n'existe pas de réponse figée. Hannah Arendt[1] déclare que nous sommes tous capables de devenir des bourreaux en adhérant à une idéologie ou en cédant à ce qu'elle nomme la « banalité du mal » lorsque condamner un autre à mort devient une tâche administrative (notamment pendant la seconde guerre mondiale) ou quelque chose de si courant que cela ne suscite plus aucune réaction. La seule manière

1. Hannah Arendt, *Eichmann à Jérusalem. Rapport sur la banalité du mal*, traduction française A. Guérin, Gallimard, 1966 ; Folio, 1991.

d'éviter de nous transformer en bourreaux, c'est de toujours nous remettre en cause ou mettre en question ce qu'il nous est ordonné de faire. Pour éviter de devenir inhumains, nous devons penser et non agir de manière mécanique.

Paul Ricœur, de son côté, propose cette règle d'or, selon lui universelle : **ne fais pas à autrui ce que tu ne voudrais pas qu'il te soit fait**, et que Marc Hunyadi[1] a reformulée d'une manière qui accentue le respect de l'autre : **ne fais pas à autrui ce que lui ne voudrait pas qu'il lui soit fait**. Je cite ces penseurs parce qu'ils nous aident concrètement à questionner nos actes : « Suis-je en train de nuire à autrui ? Comment puis-je agir au mieux ? Quel choix vais-je faire ? » Si le héros accepte d'accomplir une quête qui engendre nécessairement du mal pour un autre, au nom de ce qui lui semble le plus juste, il accepte aussi sans cesse de se remettre en question. Surtout, il est capable aux yeux de Campbell de compassion pour autrui, c'est-à-dire de souffrir avec autrui. Peut-être la vie rétablit-elle une balance entre la joie et la peine, le bien et le mal, à une échelle qui nous échappe. Il existe toujours une incertitude. Mais la compassion pour Joseph Campbell est ce qui nous maintient – quoi qu'il arrive – humains.

Un équilibre nécessaire

Toute quête se réalise alors par un équilibre à trouver. Ajoutons ainsi que Perceval échoue parce qu'il ne sait pas trouver un juste milieu entre trop de paroles et trop de silence : « Je crains que ce ne soit dommage, car j'ai

1. Marc Hunyadi, « La règle d'or : l'effet-radar », *Revue de théologie et de philosophie*, 126, Lausanne, 1994, p. 215-222.

souvent entendu dire qu'on peut aussi bien trop se taire que trop parler », dit le narrateur (*Perceval*, p. 766). C'était le passage étroit entre lequel le héros devait aller directement, celui qui consiste pour nous tous à passer entre deux excès : la peur de ne pas se conformer aux usages et le désir de trop bien faire dans le cas de Perceval, qui finalement, au cours de ce dîner, se perd dans le plaisir des choses matérielles, le vin et les plats délicieux, au lieu d'accéder à une nourriture spirituelle, celle du Graal.

Souvenons-nous du mythe de Dédale et de son fils Icare. Dans le mythe grec, Dédale est l'inventeur du labyrinthe où était enfermé le Minotaure, sous les ordres du roi Minos. Mais il a aussi aidé le jeune Thésée par l'intermédiaire de la fille du roi, Ariane. Aussi est-il condamné à vivre prisonnier de ce labyrinthe, avec son fils Icare. Dédale fabrique alors des ailes de cire pour son fils et lui-même. Il les attache d'abord sur le dos d'Icare, puis lui demande de lui attacher les siennes. Le temps est compté. Minos frappe à la porte de leur prison avec ses gardes. Icare applique la colle de cire trop vite. Ils parviennent à la dernière seconde à s'envoler. Nous retrouvons le motif de la fuite magique, un moment de course-poursuite trépidant. Mais l'épreuve n'est pas terminée, les héros ne sont pas saufs. Icare, malgré les recommandations de son père, s'enthousiasme trop et vole si près du soleil que ses ailes fondent : il tombe dans la mer, et meurt. Sa quête héroïque a échoué. Dédale, malgré la fragilité de ses ailes, parvient à bon port. Pour Campbell, ce mythe signale que trop d'exaltation ruine l'entreprise héroïque. Le héros doit garder la tête froide, même si son cœur est ardent, sinon il risque d'échouer. Cette histoire nous apprend que pour trouver la liberté, nous avons besoin d'être ingénieux et de créer nos propres ailes de cire pour sortir de nos mauvaises périodes, notre « labyrinthe », et traverser un océan de dangers. Cependant, Campbell nous conseille d'agir comme Dédale : pour réussir notre quête, il est nécessaire de trouver une juste distance entre la mer et le soleil, de garder aussi le contrôle sur notre esprit. La liberté infinie n'existe pas : c'est le propre de la mort. Toute liberté humaine est limitée en raison de notre finitude, même si nous pouvons accéder aussi à la pensée de l'infini ou à des émotions si fortes que nous nous sentons en contact direct avec quelque chose qui nous dépasse. **Toute créativité r ,pose aussi sur des contraintes et une discipline.**

C'est alors que nous effectuons le chemin vers ce que les mythes nomment la « porte étroite » dans la Bible, ce que Mircea Eliade nomme une « symplégade » ou « passage paradoxal » « parce que impossible à réaliser sur le plan de l'expérience quotidienne » (*Initiations*, p. 117) : ce sont tous les passages sur un fil, une aiguille, une épée ou lame de rasoir ou entre deux rochers qui se heurtent à intervalles réguliers. C'est l'image d'un chemin que nous suivons grâce à notre esprit, et non avec notre corps comme les héros de ces mythes. Dans *Le Chevalier à la charrette* de Chrétien de Troyes, Lancelot rampe sur le pont de l'Épée, aussi fin et coupant qu'une lame de rasoir, pour sauver la femme qu'il aime, Guenièvre, enlevée par son ennemi. De l'autre côté du pont qui fait saigner ses mains et ses pieds, deux lions féroces menacent de le dévorer. Pourtant, lorsqu'il a enfin franchi le pont, les lions disparaissent : c'étaient des illusions créées par la peur de l'inconnu. Toutes ces images traduisent la difficulté du chemin à parcourir pour réaliser notre quête personnelle, la solitude de l'épreuve, mais indiquent aussi que la peur se dissipe au final. Campbell déclare : « C'est une décision courageuse de réaliser la chose qui est votre authentique source de joie » (*Open Life*, p. 108).

L'autre équilibre propre à la vie même est entre joie et souffrance. Même en réalisant notre mythe personnel, la souffrance des épreuves ne disparaît pas de ce monde. Jung écrit : « Nous ne voulons pas comprendre que le meilleur est toujours compensé par le plus mauvais. L'espérance d'une plus grande liberté est anéantie par un esclavage d'État accru ; sans parler des effroyables dangers auxquels nous exposent les brillantes découvertes de la science » (*Ma vie*, p. 376). Lorsque nous traversons une souffrance, nous pourrions nous dire par exemple : « C'est un équilibre nécessaire. » De plus, nous dit Campbell, « la vie et la mort doivent s'équilibrer car elles sont les deux faces d'un même être » (PM, p. 188).

Les mythes nous enseignent alors que nous ne sommes pas obligés de choisir en nous une qualité plutôt que son contraire ou de nier nos aspects que nous jugeons négatifs, sinon nous risquons de nier toute une partie de nous-mêmes. Dans la pensée chinoise du Tao, les symboles du yin et du yang, de l'obscurité et de la lumière, forment un seul cercle ; la partie noire contient un point blanc et la partie blanche un point noir. En reconnaissant nos dualités, nous transformons une bataille d'ennemis en **une danse de complémentarités en nous** ; un des principes des arts martiaux, dérivé de la pensée du Tao, est le suivant : quand vous combattez un ennemi, vous lui donnez votre énergie, vous la perdez ; mais si vous dansez avec votre adversaire, comme s'il était un complément de vous-même et non un opposant, vous absorbez son énergie au lieu de perdre la vôtre. Cette balance des contraires est alors source de fertilité. Qu'avons-nous besoin de rechercher comme équilibre dans notre vie ? Cela peut être entre l'amour et le travail, entre le travail et le repos, entre la société et la solitude, entre l'action et la patience… De même, dans l'amour et l'union sexuelle, homme et femme trouvent une forme androgyne ; un être nouveau est produit. Aussi la sexualité est-elle révérée en Inde comme un mystère sacré à travers les symboles du *lingam* (phallus) et du *yoni* (vagin). Ce moment d'union entre le dieu et la déesse suprêmes est symbolique de l'union d'un homme et d'une femme mais aussi de tous les aspects contraires dans notre vie.

De l'amour humain

Quand il s'agit d'amour, Campbell nous conseille de traverser les étapes de la quête héroïque jusqu'à l'accomplissement ultime. Sa vision de l'amour humain s'inspire des romanciers et poètes du XIIe siècle européen.

Sortir de la tradition

L'amour naît d'un choc : des yeux se rencontrent. Il concerne une expérience inédite entre deux personnes : c'est devenu un idéal purement personnel à l'époque des troubadours français ou des minnesingers allemands. L'individu répond à un appel foudroyant de l'amour, accepte de sortir du chemin traditionnel tracé alors par l'Église (le mariage religieux) et par la société (le mariage d'intérêt, sans amour). Il ne se reconnaît pas non plus dans la tradition mythologique antique héritée des Grecs et des Latins : le dieu Éros lance ses flèches et déclenche surtout une attirance érotique ou un amour impersonnel qui aurait pu naître pour n'importe quel autre. Après le choc des regards, la femme aimée devient, pour le troubadour ou chevalier, l'unique, son élue comme il est le sien. Ils deviennent en amour des jumeaux.

Le courage d'aimer devient le courage d'affirmer sa propre expérience amoureuse contre la tradition, déclare Campbell, un choix purement individuel. Tous les troubadours au Moyen Âge ont décidé que l'amour était la quête la plus noble. Ils ont cherché une sagesse dans leurs propres expériences et non dans le dogme imposé par la société, ou la politique, ou la morale. C'est alors un changement déterminant pour l'Occident qui « en garda le respect de l'individu, de l'importance d'une expérience personnelle et non de la soumission à celle d'autrui » (PM, p. 310).

Dès lors, l'amour entraîne dans un autre monde, où les repères habituels ne fonctionnent plus, un monde dangereux. Il est celui de l'adultère : puisque les unions étaient toutes arrangées à l'époque, l'amour naissait en dehors du mariage – du reste, le mariage n'immunise pas contre d'autres expériences amoureuses ou sensuelles. Même s'il n'est pas adultère, l'amour est une puissance asociale qui place les amoureux au-delà de toutes les lois. Aux yeux de l'Église, un tel amour est qualifié d'hérétique. Tous les systèmes en vigueur le condamnent donc car « l'amour est là pour enfreindre la morale » (PM, p. 334).

Suivre sa quête amoureuse

L'amoureux ou l'amoureuse s'en moque même si on lui promet des douleurs éternelles et la damnation, car « l'amour est plus fort que la mort, la souffrance, plus fort que tout » (PM, p. 314). Vivre l'amour, vivre sa vie d'amour, c'est être prêt « à tout sacrifier pour cela » (PM, p. 315).

C'est la justification alors de notre vie et de nos actes. Et nous prenons toutes les souffrances qui vont avec, quoi qu'il en coûte, car « la souffrance d'amour n'est pas semblable aux autres douleurs. Elle est la souffrance de la vie. Où est votre souffrance, là est votre vie, pourrait-on dire » (PM, p. 335). De même « plus fort est l'amour, plus profonde est la douleur » car « l'amour est lui-même une douleur (…), la douleur d'être bien vivant » (PM, p. 338).

Créer ses propres règles

Ce que les troubadours refusèrent pour Campbell, c'est que « cette merveilleuse expérience soit condamnée en tant que péché » car « l'amour est le sens de la vie, c'est l'essentiel » (PM, p. 315). Ils inventèrent alors leurs propres règles dont la femme aimée était la maîtresse : ce fut l'élaboration de l'amour courtois avec ses serments solennels, le service constant que l'homme rendait à la femme considérée volontairement comme un être supérieur, sa quête de raffinement des désirs érotiques et de l'âme. Parfois la femme aimée accordait sa main ou un baiser à celui qui se montrait digne de ces épreuves, et parfois la joie ultime d'une étreinte quand elle était certaine de sa loyauté. Les femmes fixaient alors les règles du jeu « pour savoir s'il était capable de souffrir par amour, s'il ne ressentait pas qu'un simple désir » (PM, p. 320).

Chercher l'équilibre

Campbell rappelle que les cinq vertus principales du chevalier étaient la tempérance, le courage, l'amour, la loyauté et la courtoisie. La courtoisie est le respect pour les convenances sociales, malgré l'amour brûlant du chevalier pour sa dame. C'est le propre de Lancelot qui respecte son roi et la cour, tout en aimant la femme du roi, Guenièvre. L'amoureux évite qu'une de ses vertus ne domine les autres et cherche l'équilibre. Même si ces personnages étaient en désaccord avec les autorités religieuses, ils gardaient un respect pour la société dont ils faisaient partie.

Bien que l'amour soit d'abord une puissance asociale, Campbell réaffirme la nécessité pour tout héros ou héroïne amoureux de revenir dans leur société – ici et maintenant – pour faire luire leur élixir d'amour en son sein, pas pour chercher à la détruire ou à se détruire à l'instar de Tristan et Iseult ; sinon l'issue de l'amour n'est plus que la mort ou la folie.

Accéder à une transcendance

Suivre son cœur ou sa joie, c'est aussi suivre son amour jusqu'à son point le plus ultime. C'est chercher cette transcendance où toutes les catégories connues disparaissent puisque « l'esprit doit s'avancer au-delà des choses et de la réalité, au-delà des apparences et de toute forme, même au-delà de l'essence dans sa particularité : alors se lèvera en lui la pleine réalité de la béatitude » (Eckhart, p. 157).

Les troubadours reconnaissaient l'amour comme expérience spirituelle la plus haute. On en retrouve l'influence ensuite dans la poésie amoureuse de la Renaissance européenne. Dans son célèbre sonnet du baiser, à travers le baiser physique ou l'étreinte des corps, la poétesse Louise Labé fait accéder les amants à l'état fusionnel le plus absolu : « Lors double vie à chacun s'en suivra / Chacun en soi et son ami vivra. »

Louise Labé chante cette expérience mystique de l'union sans pour autant que l'identité de l'un ou de l'autre ne soit annulée, sans que l'un dévore l'autre ou l'anéantisse, cette expérience d'être double, à la fois soi-même et recevant soudain en soi une part de celui ou de celle qu'on aime.

Il existe un mode de fusion à l'autre qui est destructeur, lorsque se donner entièrement conduit à perdre son identité au profit de l'autre ou à se soumettre à lui. Dans un premier temps, un juste équilibre doit être trouvé dans la relation, puis la relation peut devenir plus importante que l'un ou l'autre des amants. Enfin, dans des moments d'union du corps et de l'âme, des expériences d'extase où les deux ne font plus qu'un sont possibles : c'est une quête que l'on trouve dans le tantrisme par exemple. Mais le héros amoureux doit revenir ensuite dans le monde ordinaire, ne pas céder au désir de l'extinction de soi dans l'autre. Pour Campbell, le héros amoureux réalise au bout de sa quête, une fois revenu dans le monde ordinaire, qu'il a été transfiguré. Il garde l'extraordinaire amour de l'autre en lui : lui et l'autre sont par leur amour un seul et même être. Tout est déjà ici et maintenant : en plongeant au fond de son être, il retrouve l'expérience de cette union fantastique ; l'art peut devenir un moyen privilégié de l'exprimer. Cette union dépasse alors toutes les distinctions de sexe, de corps et d'âme, les dualités physiques ou psychologiques : **elle est l'accès – enfin – à la transcendance**.

Marcher dans la beauté

Certains Indiens d'Amérique du Nord se disent toujours au revoir au téléphone ou face à face par cette phrase : « Marche dans la beauté. » La phrase provient d'un chant navajo dont il existe plusieurs variantes en traduction : « Beauté devant moi/ Beauté derrière moi/ Beauté à ma droite/ Beauté à ma gauche/ Beauté au-dessus de moi/ Beauté en dessous de moi/ – Je marche dans la Beauté. » On peut l'interpréter comme un état de félicité, une expérience de bien-être ou comme la prise de conscience de la beauté du monde autour de soi, enfin de celle qui irradie à travers l'art et toutes choses. Suivre son cœur ou sa joie provoque cette expérience de marcher dans la beauté. L'idée même d'un but à atteindre disparaît pour céder la place à l'exaltation d'accomplir ce qui nous est cher et simplement de nous sentir en vie : « Nous sommes si occupés à agir pour atteindre un but extérieur que nous oublions la valeur intérieure, **ce ravissement d'être en vie et d'en avoir conscience**. Il n'y a rien d'autre à chercher » (PM, p. 28).

4.

Comment partager le fruit de notre quête ?

Quand le héros en nous devient pédagogue

Voilà, nous avons réussi. L'une de nos quêtes personnelles est accomplie. Après maintes épreuves, nous avons trouvé l'élixir que nous cherchions. D'abord, nous avons suivi notre cœur ; nous avons franchi le seuil vers un monde inconnu ; des guides sont venus nous apporter une aide, et nous ont accompagnés pour dépasser les dangers ; des ennemis ou obstacles ont tenté de nous barrer le chemin. Il y a eu ensuite toute une série d'épreuves : plus nous sommes allés loin, plus les résistances étaient nombreuses. Nous avons laissé derrière nous les maîtres et les alliés, nous avons douté, eu la sensation de mourir. Puis nous avons traversé cette mort et nous avons vécu une renaissance. Il existe bien des manières d'expérimenter ce chemin-là : quête de l'amour, d'un enfant, d'origines, quête professionnelle pour réussir sa carrière, quête du professeur pour éduquer ses élèves et de l'étudiant pour conquérir un savoir, voyages à travers le monde ou dans nos profondeurs sur le divan d'un psychanalyste, quête pour protéger la nature, d'une reconnaissance sociale ou artistique… Notre chemin a été dangereux – proprement héroïque. Nous pensions d'une certaine manière et maintenant nous pensons d'une autre manière. Nous avons été transformés.

Pourtant, notre mission n'est pas achevée : « Toute l'idée est que vous avez à rapporter ce que vous avez découvert au cours de votre quête héroïque, ce potentiel inutilisé et non réalisé de vous-même. Tout l'enjeu de votre voyage est l'introduction de ce potentiel dans la société ; autant dire de vous vivant à nouveau dans le monde (...). Cela va sans dire, c'est très difficile. Rapporter l'élixir peut même être encore plus difficile que d'aller le chercher dans vos profondeurs intimes en premier lieu » (PTB, p. 119). Nous revenons pour partager dans le monde réel ce trésor, « mais le monde réel est aussi le monde de la raison. Ce que vous devez rapporter dans le monde manque (...). Or le monde ne sait pas qu'il a besoin du cadeau que vous apportez, il n'en a aucune idée » (PTB, p. 120).

Campbell nous rappelle alors que les héros de l'humanité acceptent d'être désormais des pédagogues : Zarathoustra en Perse, Confucius en Chine, Moïse, Jésus, Mahomet ou Bouddha pour l'ensemble des hommes. Campbell nous recommande cette voie de la pédagogie pour apprendre au monde qu'il a besoin de notre élixir. Ce n'est en rien didactique : il ne s'agit pas d'imposer un savoir, mais d'expliquer l'intérêt de ce que nous avons à donner, d'en montrer le fonctionnement, la beauté. Ce n'est pas devenir un tyran qui impose ses vues à un pays, une nation, ou à un petit groupe d'étudiants et de disciples, au nom d'une vérité qu'il détiendrait.

Campbell prend l'exemple d'un jeune peintre de New York que nous pouvons transposer dans Paris. Il quitte le monde de la société ordinaire. Il s'installe dans une chambre de bonne et étudie dans une école d'art, entouré par des maîtres qui l'aident à développer son talent après maints efforts ; ou bien il explore son côté *underground*, peint dans les souterrains d'un métro ou se risque en haut d'un immeuble désaffecté contre les règles de la société. Il trouve aussi des alliés sur ce chemin qui l'aident à perfectionner son art.

La première épreuve est de réussir à se démarquer des autres et surtout de son maître pour que ce jeune peintre trouve son propre style, nous dit Campbell. Le maître peut d'ailleurs passer soudain du statut de mentor à celui d'ennemi : certains professeurs ne veulent en effet pas du tout que l'élève prenne son indépendance, et ils rejettent l'étudiant qui décide d'inventer son propre style. Ce sont des étapes nécessaires.

La seconde épreuve est de rencontrer un public. Le jeune peintre a quitté ses expériences de la rue ou de l'école d'art. Il fait des tableaux ou créations artistiques avec ses dessins et les propose à une galerie, un éditeur ou un vendeur d'art. Il souhaite d'une manière ou d'une autre montrer au monde l'importance de ce qu'il a trouvé au cours de sa quête artistique. Il y a alors trois réactions différentes possibles selon Campbell :

– « La première, c'est qu'il n'y a pas de réception du tout. Tout le monde ignore le trésor que vous rapportez. Qu'allez-vous faire ? » (PTB, p. 120). Le jeune peintre peut s'enfermer dans un endroit retiré, peindre pour lui-même et ne plus montrer ses œuvres ou les montrer seulement à un cercle d'amis privilégiés. La société n'aura pas reçu le cadeau de son talent ou le découvrira après sa mort. Le jeune homme blâme la société : elle n'a pas su le comprendre. Personne ne lui a donné sa chance. Du moins, il pensera ainsi.

– « La deuxième réaction est de se dire : “Que veulent-ils ?” Après tout, le jeune homme a rapporté un savoir-faire et il peut donner à la société ce qu'elle demande » (PTB,

p. 120). Il développe un « art commercial » pour vendre ou être aimé du public, il gâche ses talents. Le jeune peintre se dit : « Quand je serai assez aimé ou quand j'aurai assez d'argent, je vais arrêter ça et réaliser ma grande œuvre. » Cela n'arrive jamais, précise Campbell, car alors « vous avez développé toute une palette d'expressions qui ne vous autorise plus à exprimer votre talent personnel ; il se perd en cours de route. Mais vous avez une carrière publique, ce qui est toujours quelque chose » (PTB, p. 120).

– La troisième possibilité est d'« essayer de trouver un domaine qui peut recevoir une petite portion de ce que vous avez à donner » (PTB, p. 120). C'est l'attitude pédagogique. Cela peut consister pour le jeune peintre à accepter un métier d'enseignant en art et peu à peu à diffuser dans ses cours des notions sur son style, à préparer un public à accueillir son talent : « Il reçoit alors un revenu suffisant pour subvenir à ses besoins, continuer à développer sa peinture à côté et progressivement se constituer une galerie publique » (PTB, p. 121). Ajoutons que le jeune peintre peut susciter des événements collectifs autour de son art, rassembler autour de lui d'autres artistes méconnus, et réinscrire ainsi sa propre quête individuelle dans une œuvre plus large et tournée vers les autres, qui l'aidera à faire apprécier son talent propre.

Nous avons aussi besoin d'attendre la bonne occasion pour montrer notre talent. Elle viendra. Cela peut prendre des années, des dizaines même, avant que la société se rende compte de notre existence, de ce que nous avons à lui donner, et commence à le comprendre : « Cela demande beaucoup de compassion et de patience » (PTB, p. 120). Cet exemple du jeune peintre peut se transposer à n'importe quelle forme de projet artistique, de réalisation personnelle, sentimentale, sociale ou professionnelle…

C’est l’homme qui guide la société

C’est la menace que nous affrontons tous aujourd’hui dans nos vies : est-ce que le système social et économique va nous enlever notre humanité ou est-ce que nous allons puiser en lui de quoi nourrir notre humanité ? Le propos de Joseph Campbell est toujours de chercher un pont entre l’expérience individuelle – nécessairement asociale puisque la quête du héros consiste à refuser les traditions pour aller dans l’inconnu – et la vie en société : « Il est ridicule de refuser la société, car tant que nous la refusons, nous ne vivons pas, mais nous ne devons pas pour autant lui permettre de nous dicter sa loi en toutes choses » (PM, p. 326). En effet, vivre en dehors de la société tout au long de sa vie ou dans son rejet constant est une position intenable pour un être humain qui a besoin d’appartenir à un groupe, de se définir grâce à ce groupe. Ce serait vain puisque la quête du héros ne s’accomplit qu’en vue de rapporter un élixir aux autres, pas seulement pour soi-même. Si nous acceptons notre rôle de guider la société sans la laisser nous imposer des modes de vie souvent éloignés de l’essentiel, nous avons la capacité de la régénérer sans cesse.

De quoi avons-nous besoin pour parvenir à ce but ? On peut penser qu’avoir de l’argent, des soutiens et du temps libre est nécessaire pour réaliser son mythe personnel. C’est certainement une aide. Pourtant, Campbell a régulièrement observé le contraire. Parmi ses élèves, les plus courageux étaient les moins fortunés. Ses étudiants privilégiés devenaient souvent des dilettantes parce que rien ne les obligeait à suivre un chemin plutôt qu’un autre, à prendre une décision. À la moindre difficulté, ils changeaient d’orientation. En revanche, l’étudiant défavorisé savait prendre une décision intelligente et la réaliser quoi qu’il lui en coûte en termes d'efforts. Aussi l'argent n'est-il pas si fondamental dans notre culture occidentale : nous avons tous l'opportunité de chercher un destin, puis de le réaliser en ce monde. L'individu moderne qui ose entendre cet appel et chercher cette présence en lui ne doit pas attendre que la communauté l'aide à dépasser ses peurs. **Ce n'est pas la société qui guide le héros créatif, mais exactement le contraire**, selon Joseph Campbell. Chacun de nous porte cette mission suprême, dans les moments brillants, mais aussi dans ceux de désespoir : « Chacun dans sa vie rapporte un spécimen d'humanité qui n'a jamais été rendu visible dans le monde avant lui [1]. »

Être responsable de notre vie

Affronter en définitive la société, tout en devenant pédagogue, cela demande du courage et de se sentir vraiment le seul responsable de sa vie. Ce qui nous est donné, c'est une vie à réaliser pleinement. Joseph Campbell nous rappelle que nous sommes les seuls aux commandes. Il fustige les théories qui nous apprennent à blâmer la société actuelle pour nos souffrances, ou nos parents, l'univers, tel ennemi personnel ou politique, quel que soit notre milieu social. Nous nous donnons souvent des excuses pour nos échecs avec des phrases comme « Le monde est mal fait », « Je me suis fait avoir » ou bien nous réagissons en rejetant la faute sur les autres : « Ce n'est pas de ma faute, c'est parce qu'il ou elle a fait ceci que j'ai fait cela. » Devenir responsable de

---

1. *Myths, Dreams and Religion*, Joseph Campbell (éd.), New York, E.P. Dutton and Co, 1970 (avec la participation de Stanley Hopper, Igra Progoff et Rollo May), p. 147, désormais désigné par *Myths*.

sa vie, c'est ne pas relier notre erreur à autrui. Campbell ajoute : « Votre existence est le fruit de vos actes. Vous n'avez nul autre à blâmer que vous-même » (PM, p. 272).

Campbell déclare également : **« Nos démons, ce sont nos limitations »** (*Open Life*, p. 28), et non pas des figures extérieures qui nous voudraient du mal et dont nous serions les victimes ou les jouets. Même si nous avons été gravement meurtris ou atteints par des événements tragiques, et victimes d'actes ou de paroles inacceptables, nous pouvons reprendre en main notre destin. Nous sommes un vaste champ de virtualités que nous avons la possibilité de rendre concrètes dans notre réalité. Même dans des cas où un métier, une guerre, une situation tragique nous sont imposés de l'extérieur, il nous est possible de maîtriser notre vie. La solution pour Campbell, aussi dure soit-elle, est de « prendre tout ce qui se présente comme si on l'avait choisi » (PM, p. 272) et d'en extraire le positif. La quête du héros, c'est une possibilité qui nous est offerte de ne plus se sentir réduit à l'impuissance dans la société. C'est la chance d'exploiter tous nos dons particuliers. Chacun peut vivre sa vie dans le monde contemporain en tant qu'individu accompli à l'intérieur de la société, ici et maintenant. Nous réagissons souvent à ce qui est insupportable dans le réel par une réaction d'isolement, de repli sur soi, dans le groupe des gens qui pensent comme nous. C'est une réaction humaine : on a envie de ne pas constamment être confronté à ce qui est trop différent, trop inquiétant, parce que sinon on se sent remis en cause, ce qui est fragilisant. Pourtant il est bon de trouver un équilibre entre ce repli nécessaire et l'ouverture à l'autre. Si nous ne voyons pas le monde comme parfait, ce n'est pas la faute du monde, c'est imputable à chacun. Campbell nous recommande d'irradier, de faire rayonner à travers nous la lumière qui anime le monde, de **devenir un signal pour autrui**.

5.

Comment effectuer un voyage héroïque intérieur ?

L'autre grande quête héroïque est intérieure. Notre vie se révèle toujours double : elle est un voyage pour nous accomplir dans la réalité extérieure, mais aussi à l'intérieur de nous-mêmes pour trouver la sagesse. Nous pouvons tous réaliser une véritable aventure intérieure pour développer notre personnalité jusqu'à son plein épanouissement dans cette vie, et pour nous connaître nous-mêmes.

La quête du héros selon Freud, Jung puis Campbell

Tous les personnages du monomythe mis en lumière par Campbell se trouvent aussi dans notre esprit : le héros en nous cherche à descendre dans les profondeurs de l'inconscient pour en rapporter une partie dans le monde de la conscience, et développer alors notre humanité. Les images des mythes sont le plus souvent fantastiques et tout à fait éloignées du réel, car elles représentent en fait des luttes psychologiques, c'est-à-dire des combats qui ont lieu à l'intérieur de nous entre un héros et un ennemi intime : tous les personnages décrits précédemment sont alors des facettes de notre personnalité. Pour nous l'expliquer, la pensée de Campbell s'appuie sur les recherches en psychologie et ethnologie de la fin du XIXe siècle et de la première moitié du XXe siècle (Bastian, Boas, Frazer, Rank, Freud et Jung). Soucieux de toujours trouver des liens entre des cultures ou des penseurs en conflit, Campbell articula les idées de Freud et Jung.

Sigmund Freud travaillait surtout avec des patients névrosés. Ceux-ci peuvent toujours développer une vie en société, mais sont troublés par une relation douloureuse avec leurs parents et leurs instincts antisociaux réprimés dans l'inconscient individuel (meurtre, inceste, violences diverses) ; l'enjeu d'une psychanalyse est alors d'aider le patient à devenir un individu autonome, en bon accord avec sa famille et le groupe social, capable de travailler et d'aimer. Carl G. Jung était un collègue de Sigmund Freud mais il s'en est éloigné pour développer une théorie différente sur le rôle de la sexualité dans le développement du psychisme et l'inconscient. Il travaillait plutôt avec des patients schizophrènes, c'est-à-dire des psychotiques qui ont des problèmes de personnalité leur rendant impossible une vie professionnelle ou en société. L'enjeu pour Jung était alors d'aider le patient à équilibrer les éléments conflictuels à l'intérieur de son esprit : l'individu apprend à devenir plus conscient de lui-même et du monde qui l'entoure. Selon Jung, l'inconscient n'est pas seulement un ensemble d'instincts refoulés, c'est une partie essentielle de la nature humaine. Il contient bien davantage que des pulsions réprimées. Pour Jung, la quête d'un héros consiste à descendre dans les profondeurs de l'inconscient pour en rapporter un élixir inconnu jusqu'ici et faire ainsi grandir la conscience humaine : Jung a été un pionnier de la psychologie des profondeurs. La réalité ordinaire n'est abandonnée que temporairement pour effectuer cette connexion avec l'inconscient, mais le but est de **connaître et équilibrer deux**

mondes : l'invisible et le visible. Le but de Jung est aussi d'accomplir la pleine réalisation de notre propre inconscient, en le faisant venir entièrement à la conscience.

Jung envisage alors les rêves des êtres humains différemment de Freud, lequel considère nos rêves nocturnes comme un déguisement trompeur d'un désir inavoué et inassouvi. À l'inverse, Jung soutient que les rêves sont « un processus naturel dépourvu de toute mauvaise intention de nous duper en déguisant des pensées interdites » (*Ma vie*, p. 260). Il compare des ouvrages de mythologie et réalise que les images présentes dans les rêves de ses patients existent déjà dans les mythes. Jung observe qu'il en est de même pour les rêves des névrosés et des individus équilibrés : il l'étudie, nous l'avons vu, en lui-même. Jung développe sa nouvelle théorie dans ses ouvrages[1]. Elle signe sa rupture avec Freud. Selon Jung, et à sa suite Joseph Campbell, il ne faut donc pas seulement interpréter les rêves comme un ensemble de pulsions (notamment sexuelles), mais comme l'**expression d'une mythologie personnelle reliée aux grandes légendes du monde entier**.

Comme le signale le psychologue américain Ira Progoff[2],

1. Carl Gustav Jung, *L'Âme et le Soi*, Albin Michel, 1990 ; *Métamorphoses de l'âme et ses symboles*, Le Livre de poche, 1996 ; *Les Racines de la conscience, Études sur l'archétype*, Le Livre de poche, 2009.

2. Ira Progoff était un psychothérapeuthe américain, fondateur de la méthode du « journal intensif » qui cherche à relier la psychologie des profondeurs de Jung avec la vie ordinaire, méthode fondée sur l'écriture d'un journal quotidien selon des exercices qui conduisent l'individu à faire émerger les grands traits de son histoire intime, à dialoguer avec des aspects ignorés de soi, et à chercher à transformer ses conditions de vie. Il était un collègue et ami de Joseph Campbell. Voir *At a Journal Workshop : The Basic Text and Guide for Using the Intensive Journal Process*, New York, Dialogue House, 1975 ; en français : *Le Journal intime intensif*, Montréal, Éd. de l'Homme, 1992.

l'inconscient n'est plus alors le lieu d'expériences traumatisantes ou réprimées qui se sont déroulées dans notre passé, mais il devient le réservoir d'expériences qui ne se sont pas encore réalisées et de potentialités que nous n'avons pas encore exploitées et que nous sommes appelés à développer dans la réalité. C'est le lieu d'un conditionnel que chacun a le pouvoir de transformer en futur, puis en présent. La psyché est dès lors organique : elle contient des graines plongées dans l'obscurité de l'inconscient, qui grandissent comme des plantes à la lumière de la conscience. L'inconscient est l'aspect « graine » de notre personnalité : « C'est inconscient parce que cela n'a pas encore été spécifiquement vécu » (*Myths*, p. 181). Alors, si certains de nos rêves expriment nos expériences passées refoulées ou niées sous un déguisement acceptable, beaucoup de nos rêves « sont l'expression d'expériences qui demandent à être accomplies » (*Myths*, p. 182).

Sans considérer sa théorie comme absolue, Joseph Campbell pense en effet que Jung est allé le plus loin dans la découverte de l'esprit humain. Il déclare que « Jung donne des clefs pour comprendre comment laisser le mythe nous parler dans son propre langage, sans poser une formule dessus » (*Open Life*, p. 121). Jung met en lumière le fonctionnement individuel de notre inconscient, et signale son lien invisible avec les autres esprits humains puisque nous vivons en groupe dans une société donnée : c'est l'inconscient collectif. « Le terme "inconscient collectif", ou "inconscient général", est utilisé pour reconnaître le fait qu'il y a une humanité commune dans notre système nerveux qui fait fonctionner notre imaginaire » (*Ma vie*, p. 122). Autrement dit, les archétypes ou images universelles présentes dans les mythes sont « des formes de l'instinct » (*Ma vie,* p. 260), dont nous héritons en naissant comme les gènes de nos ancêtres. L'inconscient collectif provient de la biologie plus que de la biographie. Son contenu est inscrit dans l'anatomie de l'*Homo sapiens* et est donc commun à toute l'espèce humaine. Plus nous connaîtrons notre fonctionnement et les différents éléments de notre personnalité, nommés « archétypes », plus nous pourrons en développer le scénario intime pour réaliser pleinement notre vie. Cette lecture psychologique des mythes n'est pas la seule possible, mais elle ouvre de nouvelles portes pour le développement de l'esprit humain. On peut également choisir de conserver un sens métaphysique ou spirituel aux mythes, et même considérer que l'accès à une transcendance se fait en plongeant dans les profondeurs de l'inconscient humain. Pour Campbell, les mythes sont « les rêves du monde. Des archétypes qui contiennent les grands problèmes de l'humanité » (PM, p. 47) : ils ont alors une fonction autant psychologique que métaphysique.

Les polarités de notre personnalité

Dans *Pathways to Bliss*, Campbell résume les théories majeures de Jung qui permettent de nous indiquer un chemin vers l'équilibre et la sagesse. Selon Jung, la personnalité humaine est animée par une énergie fondamentale qui nous tire dans deux directions différentes : l'une est dominée par l'énergie sexuelle et l'autre par un désir de pouvoir. L'être humain accentue en lui l'une ou l'autre de ces énergies. Par exemple, si une personne rencontre dans son enfance des problèmes d'infériorité pour une raison ou pour une autre et a besoin d'affirmer son pouvoir individuel face aux autres, l'énergie sexuelle passera en seconde position. Jung appelle cette personne un « introverti », mais ce terme renvoie à sa définition particulière, pas à la personne timide ou refermée sur elle-même. L'introverti a besoin de contrôler un pouvoir et d'imposer sa vision de la manière dont les choses doivent être. La personne qui met au contraire l'accent sur son énergie sexuelle et amoureuse est tournée davantage vers les autres, donc vers l'extérieur : elle est « extravertie ». Chaque être humain posséderait ces deux forces en lui avec des dosages différents : il est possible d'être à soixante pour cent extraverti et, dans ce cas, à quarante pour cent introverti. La force dominante est notre personnalité supérieure, la force dominée notre personnalité inférieure. Cette dernière est toujours moins développée, plus primitive, que notre personnalité supérieure. Aussi, quand notre force dominante se retrouve dans une situation où elle ne fonctionne pas, c'est notre personnalité inférieure qui revient sur le devant de la scène : nous rougissons, perdons notre assurance, notre voix tremble, nous explosons de colère… nous ne nous contrôlons plus.

L'un des enjeux de notre vie psychique est de trouver un équilibre entre ces deux polarités : ce que Jung nomme l'« intégration » (PTB, p. 80). Cela permet d'éviter que l'une des polarités vive trop au détriment de l'autre, ce qui peut engendrer de graves crises d'identité, ce que Jung appelle *enantiodromia* (énantiodromie), « se tourner dans la direction inverse » (PTB, p. 64). Tout l'enjeu d'un esprit équilibré est justement d'essayer à chaque époque de la vie de mettre en balance les deux aspects de sa personnalité. Cela demande un peu d'observation personnelle : quel est en ce moment l'aspect dominant de notre personnalité ? N'avons-nous pas l'impression de nous interdire pour une raison ou une autre l'autre aspect de celle-ci ? Quelle qu'elle soit, il est bon de penser à vivre les expériences attachées à notre personnalité inférieure et de n'avoir rien à regretter quand l'âge sera passé de les réaliser. Chaque fois que nous mettons l'accent sur un seul aspect, l'autre est perdant et risque de se manifester violemment sans nous apporter en définitive la vie que nous désirions.

Les archétypes collectifs

Nous ne les apprenons pas. Selon Jung, ils sont là depuis notre naissance. Ils évoluent dans l'esprit humain comme l'œil ou la main pour le corps. Nous avons tous un œil et une main en commun. De même, nous partageons des éléments psychologiques communs. Ce sont les archétypes de l'inconscient collectif.

Le soi

C'est l'ensemble de notre personnalité. « Le soi représente la totalité des possibilités de notre vie, ses énergies : tout ce que nous sommes capables de devenir » (PTB, p. 68). Jung représente le soi par un cercle dont le centre nous est inconnu. Il est au fond de l'inconscient mais il est la source de nos capacités, talents, instincts, et nous anime de plus en plus au cours de notre vie avant de décliner lors de notre vieillissement. Dans les contes ou les mythes, le soi inconscient serait la part mystérieuse de l'univers, ce qui nous est le plus inconnu comme un dieu ou une transcendance. La part consciente du soi est le mentor qui nous initie et nous guide de ses conseils les plus sages. Plus le soi fait dominer la conscience sur l'inconscient, plus l'individu parvient à se réaliser : l'élixir de toute quête humaine pour Jung est alors cet **accroissement de la conscience de tout être qui participe par répercussion à celle du monde**.

L'ego

L'ego est la partie consciente du soi. Il correspond au personnage du héros dans les contes et les mythes. Il grandit au fur et à mesure de notre éveil à la conscience. Il représente notre identification avec notre corps, nos expériences, nos souvenirs. C'est aussi l'image positive que nous avons de nous, ce que nous pensons connaître, ce dont nous nous croyons capables. Il est en général limité par tous ces doutes, interdictions ou culpabilités réprimées dans notre inconscient individuel. L'ego est ce qui nous permet de dire « je ». Il ne regarde pas du tout du côté de l'inconscient. Campbell utilise cette image : « Le soi, c'est le grand cercle, le bateau, et l'ego est le petit capitaine sur le pont du navire » (PTB, p. 70). Il conseille alors de ne pas chercher à supprimer son ego totalement, comme le prônent certaines théories spirituelles. L'ego est ce qui nous maintient conscients et nous aide à développer une **personnalité individuelle originale**.

La persona *(le masque social)*

L'ego est aussi cette part de nous qui apprend à respecter les règles parentales et celles de la société où on évolue, mais il ne s'identifie pas avec ces règles, il apprend à porter un masque en société. Le héros aussi dans les contes et les mythes est amené à porter des masques, à laisser de côté ses intentions ou sentiments véritables pour respecter la société où il se trouve. La *persona*, c'est ce masque que nous jouons à porter pour satisfaire aux exigences de notre culture. Il est important de distinguer notre personnalité de notre rôle social. Campbell conseille de ne pas prendre celui-ci trop au sérieux parce qu'il s'agit juste d'un masque. Nous n'avons pas à devenir ce rôle. Il décrit ce masque comme un simple costume : par exemple, si vous êtes professeur, la journée, vous mettez le costume du professeur et, quand vous rentrez le soir chez vous, vous remettez ce costume au placard, car qui voudrait d'un professeur dans sa vie intime ? Donc « vous devez jouer ce rôle en sachant que ce n'est pas vous » (PTB, p. 72).

La *persona* inclut des principes moraux. Il nous faut les prendre aussi avec distance. Joseph Campbell évoque le mythe de la Genèse pour l'expliquer : « Souvenez-vous qu'Adam et Ève ont chuté quand ils ont appris la différence entre le bien et le mal » (PTB, p. 72), alors qu'ils étaient très heureux quand ils ne connaissaient pas cette dualité, juste avant de manger le fruit de l'arbre du bien et du mal. Campbell nous conseille de regarder au-delà de notre *persona* et de celle de l'autre : au-delà de ce qui est bon selon notre culture, car être complètement humain, c'est accepter cette démarche pour **ne pas être qu'une marionnette de l'ordre social**.

Campbell recommande également de disposer d'un ensemble de masques différents, sans que ces derniers soient en désaccord avec notre image positive de nous-mêmes. Si nous pensons par exemple qu'il faut dire la vérité à tout prix en toute circonstance, parce que cela nous donne une bonne image de nous-mêmes, nous risquons d'avoir des problèmes en société où des règles de politesse et de retenue existent : c'est le cas d'Alceste dans *Le Misanthrope* de Molière qui préfère s'écarter de la société plutôt que d'obéir à ses règles de courtoisie qu'il trouve hypocrites. Il est donc préférable de suivre dans ce cas une authenticité interne, et d'accepter d'avoir un masque de politesse à certains moments en société, en gardant de l'humour par rapport à ce masque.

L'ombre

La société nous dit ce que nous devrions faire, mais aussi ce qui est interdit. Il existe un ensemble d'actions que nous désirons faire mais qui ne sont pas recommandables : elles sombrent dans notre inconscient individuel et forment progressivement notre ombre. L'ombre est le champ inexploré en nous : elle correspond pour Campbell à la définition de l'inconscient freudien, c'est-à-dire ce lieu formé par les traumas de notre vie et par nos pulsions refoulées. Cependant, Jung nous explique que ce champ inexploité contient des possibilités non réalisées de nous. L'ombre n'est donc pas seulement négative.

L'ombre correspond au personnage de l'ennemi dans la quête du héros ou de l'adversaire : « Dans les mythes, elle est représentée par le monstre qui doit être battu, le dragon. C'est la chose noire qui vient du plus profond de l'abysse et se confronte à vous à la minute même où vous commencez à descendre dans votre inconscient » (PTB, p. 72). Dans nos rêves personnels, la nuit, elle est souvent l'ennemi récurrent qui nous attaque. C'est ce qui nous fait peur et ce qui fait que nous ne voulons pas aller plus loin dans notre esprit. Régulièrement, Campbell précise que cette ombre très mystérieuse et effrayante frappe à notre porte. Il appelle cela avec humour le « principe du toc-toc » : « Qui est là au fond de moi ? Qui est derrière cette porte ? » (PTB, p. 72).

La nature de l'ombre dépend de notre ego. C'est l'arrière-plan de notre côté lumineux, le double négatif du héros. Campbell explique alors : « Si vous avez enterré trop de vous-même avec elle, vous allez vous assécher. La plupart de vos énergies ne sont plus disponibles. Beaucoup de vous peut être enfermé dans de telles profondeurs. Et éventuellement ce démon inconnu, que vous ne reconnaissez pas, va venir soudainement se manifester dans votre vie » (PTB, p. 73). Ou bien c'est l'*énantiodromie* qui nous guette, le retour en puissance de la polarité négligée de notre personnalité.

L'ombre représente un double négatif : « L'ombre est

cette part de vous que vous ne connaissez pas. Vos amis peuvent la voir cependant et c'est parfois pour cela que certaines personnes ne vous aiment pas sans même vous connaître » (PTB, p. 73). La société ne reconnaît pas assez cet aspect ; elle nous incite à le réprimer. Nous ne souhaitons pas le reconnaître non plus d'ailleurs et c'est là la raison d'être de l'ombre : « Parce que ça ne convient pas à la manière dont vous vous percevez vous-même » (PTB, p. 74). Elle rassemble les choses qui seraient dangereuses si nous les exprimions, comme des intentions de meurtre, de voler, de tricher, de trahir ou de détruire.

L'ombre est souvent de notre propre sexe. Elle est toujours vue comme une grande menace. Campbell dit alors : « Je ne sais pas si vous avez déjà eu cette expérience dans votre vie, mais il y a des gens que je déteste à la minute même où je les vois. Ils représentent des aspects de moi, une existence que je refuse d'admettre en moi. On cherche à s'identifier avec ce qu'il y a de meilleur ou avec la société en oubliant son ombre » (PTB, p. 74).

À la suite de Jung, Campbell nous recommande d'essayer de trouver un chemin pour réaliser une part de notre ombre dans notre vie, car elle contient aussi de bonnes potentialités que notre personne ne veut simplement pas accepter pour des raisons morales par exemple, à cause de notre éducation, de la société. Pour revenir sur *Le Petit Poucet*, le héros a « absorbé » une partie de son ennemi, l'Ogre, en chaussant les bottes de sept lieues : il a alors compris que l'Ogre possédait un élément positif qu'il pouvait exploiter, mais il a refusé le reste, la part monstrueuse cannibale de l'Ogre. Il est de toutes façons important de voir notre part inavouable, qui est présente en tout être humain, mais que nous choisissons de ne pas développer. Moins elle est reconnue, plus nous risquons justement de devenir cette part monstrueuse, ce dragon, alors que nous avions toujours cru dur comme fer être un noble chevalier ou une gentille princesse. Celui qui voit le dragon en son sein est à même d'en faire jaillir l'élément positif, tel Siegfried dans l'opéra de Richard Wagner. Siegfried tue le dragon Fafner mais il est brûlé par le sang bouillant du dragon. Tel Gwyon suçant ses doigts brûlés par la potion de Cerridwen, Siegfried a le réflexe de lécher le sang du dragon sur sa main pour apaiser la brûlure. Subitement, il comprend le langage des oiseaux qui lui délivrent un message essentiel sur l'anneau du Nibelungen, et cela l'aide à retrouver sa bien-aimée. Campbell voit dans cette scène mythique le symbole même de notre capacité à **absorber une part de notre ombre pour mieux communier avec le monde**.

Anima-animus

L'*animus* représente le masculin et l'*anima* le féminin en chacun de nous. Nous ne développerons pas ici les subtilités de ces notions. Dans les contes ou les mythes, l'*anima* est souvent représentée par la femme ou princesse idéale et l'*animus* par le prince ou héros doué de toutes les qualités. Un homme veut être viril dans notre société patriarcale et il n'a pas beaucoup le droit de développer son côté féminin. La femme est elle-même tenue de développer sa féminité. Pourtant il est important pour un homme de développer son *anima*, sa part de féminin. C'est la même chose pour la femme qui porte un *animus* dans son inconscient : le côté masculin d'elle-même. Mais la société actuelle lui demande de tenir un certain rôle : tout ce qui en elle est associé avec le côté masculin est réprimé. Biologiquement, lorsque l'embryon se forme dans le ventre de la mère, il a les deux sexes avant que l'un d'entre eux ne se développe à la place de l'autre. Psychologiquement, notre esprit garde des potentialités aussi bien masculines que féminines. Selon Jung et à sa suite Campbell, il est important de **développer ces deux aspects** en chacun de nous, à nouveau dans une perspective d'équilibre.

L'individuation : équilibrer ces archétypes en nous

L'individuation, c'est notre capacité de permettre à tous ces éléments de notre être d'exister individuellement à l'intérieur de notre soi : l'ego, la *persona*, l'ombre, l'*anima*, l'*animus*. Si nous nous identifions à la *persona*, notre ego disparaît, il n'est plus individualisé : nous sommes uniquement ce que la société veut que nous soyons. Campbell l'appelle « un tee-shirt empaillé, la personne qui n'est rien d'autre que le rôle qu'elle joue » (PTB, p. 80). Si nous nous identifions à notre ombre, nous devenons un monstre dangereux pour la société. Il est sain de reconnaître notre ombre, mais nous n'avons pas besoin d'agir en fonction d'elle. Nous n'avons pas besoin non plus de nous réduire à notre *anima* ou à notre *animus*, au côté uniquement féminin ou masculin de nous-mêmes, mais nous pouvons être en relation avec l'un et l'autre.

Il en va de même dans nos relations aux autres. Le plus souvent, nous projetons un idéal féminin ou masculin sur l'autre : dans nos amours, dans nos amitiés ou relations professionnelles et familiales. Jung recommande de rejeter toutes les projections pour ne pas risquer des échecs relationnels. Si nous projetons ou, pour le dire autrement, si nous posons sur le visage de l'autre un masque, nous n'apprenons pas à l'aimer et nous sommes à un moment ou à un autre déçus par cette personne, car le masque finit tôt ou tard par ne plus « coller » ; sa véritable personnalité, complexe, apparaît. **L'individuation, c'est aussi voir les autres de la façon la plus juste** : voir les autres avec leurs différents masques sociaux, leur ego, leur ombre aussi, leurs aspects masculin et féminin, leur personnalité introvertie ou extravertie, soit directive, soit plus sensuelle.

Quelques crises d'identité possibles

Campbell pense que les mythes nous donnent des conseils surtout dans le cas des crises les plus graves de notre vie : « J'ai une théorie. Je crois que lorsqu'on découvre un blocage chez un individu, il est possible de lui fournir l'équivalent mythologique qui lui permettra de résoudre son problème » (PM, p. 239).

La déception amoureuse

Pour faire face aux déceptions amoureuses, Campbell cite côte à côte la théorie de Jung et l'image mythologique de l'union avec l'être aimé. Selon Jung, dans la rencontre amoureuse, il existe une part de projection. C'est souvent une première étape de l'amour. L'autre semble l'élu qui pourrait combler nos plus grandes attentes et apaiser nos plus grandes blessures. Si nous engageons une relation avec quelqu'un en croyant qu'il représente cet idéal masculin ou féminin, un prince ou une princesse charmants, la relation risque de déboucher sur un échec. Et ce type de projection puis de désillusion peut se poursuivre une vie entière, de relation en relation. Or, c'est inévitable, si l'on a posé un masque sur le visage de l'autre, il finit par se morceler. Alors l'amour véritable peut commencer, celui qui repose sur la reconnaissance de l'autre tel qu'il est. L'autre n'est pas cette figure idéale, il est terriblement imparfait, comme nous. Si nous nous mettons en tête de vouloir le changer, nous nous heurterons à une déception encore plus douloureuse, car il ne va pas changer ou peu, et seulement s'il le décide par lui-même. Jung préconise donc d'accomplir une individuation : ce processus tend à éviter d'identifier l'homme ou la femme aimés à nos attentes, et à ne pas nous identifier uniquement avec l'image positive de nous-mêmes. C'est un effort pour nous délivrer de nos fixations.

Campbell ajoute qu'une fois les projections idéales tombées, l'amour se révèle véritable : « L'être parfait ne présente aucun intérêt : c'est Bouddha qui abandonne le monde. Seules les imperfections suscitent l'amour » (PM, p. 26). De plus, l'union amoureuse « consiste à sacrifier son ego à une relation qui transforme deux individus en un seul » (PM, p. 31). C'est l'union à l'autre dont nous avons parlé dans la quête du héros. Si celle-ci dure assez longtemps, chacun commence à reconnaître que son individualité n'est plus ce qui compte, qu'il ressemble à l'autre, car l'union, c'est quand « nous sommes un seul et même être sous deux aspects » (PM, p. 331). Dans un engagement à long terme, le sentiment amoureux ou passionnel des débuts ne va cesser de mourir et de renaître sous une forme différente et approfondie au cours du temps. Dans ce cas, la relation devient l'essentiel de la vie : l'autre est celui sans qui l'on ne pourrait vivre. Si l'on peut vivre sans lui, c'est que cet amour n'est pas voué à durer, que l'union des deux n'a pas été pleinement réalisée, sinon ce serait s'arracher une moitié de soi-même. Campbell recommande alors de considérer la relation comme plus importante que tout le reste : « Quand je dois faire un sacrifice, je ne le fais pas pour l'autre. Je le fais pour notre relation. Toute rancune envers l'autre est déplacée. Ma vie actuellement se confond avec cette relation » (PM, p. 330-331).

La crise de la vieillesse

Jung compare la vie à un mythe solaire, c'est-à-dire à la course du soleil dans le ciel. De la naissance à notre entrée dans la vie adulte, le soleil ne cesse de monter. Puis nos carrière et vie personnelle atteignent leur zénith. Enfin le soleil redescend : nous nous retirons peu à peu de la vie en société et nos forces déclinent. Campbell ajoute avec poésie : « Et tandis que la menace qui pesait sur la première moitié de notre vie était la vie, la menace qui pèse sur la seconde moitié est la mort : tous les symboles changent de sens » (PTB, p. 80). C'est particulièrement pendant cette seconde moitié qu'il est important d'équilibrer nos personnalités supérieure et inférieure, nos polarités, c'est-à-dire de tenter d'unir les contraires en nous. C'est aussi un passage difficile où il est nécessaire d'accepter son âge, de ne pas courir après un fantasme d'éternelle jeunesse. Avoir pleinement conscience de ce passage peut éviter une crise psychologique violente. Il y a d'autres plaisirs intéressants, nous dit Campbell, même dans le temps du déclin, car la vie par essence est mouvement. Essayer de figer sa course, c'est détruire sa nature même. D'autres quêtes personnelles héroïques sont possibles dans cette période de la vie si l'on a le courage de s'y consacrer : Campbell évoque avec humour une tendance de certains hommes à la retraite qui se mettent à aller pêcher ; or « un homme dans la fin de sa soixantaine devrait faire autre chose que pêcher des truites… au moins une sirène ou deux. Et il le sait » (PTB, p. 99).

La perte de ses idéaux

Autre crise possible, la perte de confiance en ses idéaux et en ses valeurs. Campbell raconte qu'il l'a souvent observée à la fin de l'adolescence chez ses étudiants quand il enseignait à l'université près de New York. Un adolescent se retrouve sur un campus avec d'autres jeunes, issus de milieux sociaux, religieux et culturels différents. Il se rend compte que ces gens sont finalement très sympathiques, même s'ils sont très différents de lui et de son éducation. Cela peut le conduire à critiquer ses propres valeurs. Et « comme ces principes moraux – reliés au masque de la *persona* – tiennent l'ego en place, quand ils se relâchent, tout le reste fiche le camp » (PTB, p. 81). L'adolescent développe de la culpabilité et a peur de devenir quelqu'un de mauvais en abandonnant ses valeurs : « C'est ce que j'appelle le "principe du toc-toc", lorsque l'ombre vient frapper à la porte d'en dessous. C'est votre personnalité ignorée qui parle (...) : "Viens, mon garçon, c'est intéressant là-bas. Il y a des filles comme tu n'en as jamais vu" » (PTB, p. 81-82).

Campbell recommande de laisser ce questionnement avoir lieu et même de vivre toutes les expériences qui s'offrent à nous à ce moment-là. Mais il demande aussi d'être prudent : ne pas tomber dans l'excès de telle manière qu'on brise son ego, au risque de basculer dans des comportements dangereux ou de voir s'effondrer sa personnalité. Campbell raconte le cas d'une de ses étudiantes, élevée dans une famille socialement privilégiée. Elle suit un cours de sociologie à l'université et réalise que la fortune de son père a été bâtie sur la souffrance des ouvriers et leur exploitation. Elle développe alors un refus complet de sa famille, et se rend à des manifestations contre le capitalisme : « C'est juste aussi extrême que d'être du côté où elle se trouvait auparavant, dans son ignorance bienheureuse » (PTB, p. 82). Ce n'est pas une mauvaise chose d'expérimenter ce qui est de l'autre côté de nous, ce qui est différent de nous. L'enjeu est cependant d'intégrer les deux aspects en nous, pas de basculer radicalement de l'un vers l'autre.

La crise éthique ou l'impossible choix

Cette crise peut intervenir à toutes les périodes de notre vie. Ce sont des moments déchirants où nous prenons une décision intolérable. Souvent il s'agit d'une situation que nous jugeons immorale, en dessous de notre dignité, quelque chose dont nous avons une honte extrême. L'exemple mythologique le plus célèbre est celui d'Abraham dans la Genèse. Dieu lui demande de sacrifier son fils unique pour prouver son obéissance. Abraham est dans une impasse : soit il tue son propre fils et se rend coupable d'infanticide, soit il désobéit à Dieu. C'est un choix atroce. Si nous regardons bien dans notre vie, nous avons été, à un moment précis, cet Abraham, face à des grandes questions humaines : l'avortement, les situations de guerre ou les conflits sociaux, affectifs violents.

Dans certaines situations, nous n'avons que deux options : la pire et la « moins » pire. Par cette idée, Paul Ricœur[1] rejoint Joseph Campbell. Nous nous trouvons en conflit avec nos règles morales habituellement reconnues, sociales ou religieuses : nous sommes dans une impasse. Il est alors important de distinguer morale et éthique, la morale étant selon Paul Ricœur un ensemble de normes et l'éthique ce qui est estimé bon et juste par le sujet. Les choix singuliers et librement assumés sont du ressort de l'éthique : agir au mieux pour soi et autrui. Dans certains cas, comme celui de l'avortement ou celui de l'euthanasie, il se pose un dilemme éthique : aucun choix n'est le meilleur, on doit se fier à une forme d'intuition éthique et on la met en pratique. C'est ce que Ricœur nomme la « sagesse pratique ». Ce qui permet de choisir entre le pire et

1. Paul Ricœur, *Soi-même comme un autre*, Le Seuil, coll. « L'ordre philosophique », 1990, dorénavant abrégé SMCA.

le « moins » pire, c'est « une méditation sur le rapport entre bonheur et souffrance » : la solution, c'est de choisir ce qui apporte concrètement le plus de bonheur (SMCA, p. 313).

Pour Campbell, la solution est de prendre les règles avec plus de légèreté, car en ces moments où notre ego, notre image positive de nous-mêmes, est brisé, tout l'inconscient risque de remonter à la surface, de provoquer en nous une crise d'identité insoluble et une culpabilité infinie. Nous agissons en fonction d'un système moral accordé à notre époque, car nous vivons tous dans une société qui demande de suivre des lois pour que la vie ensemble soit respectueuse. Campbell prend alors l'exemple d'une déclaration de guerre entre le pays où nous vivons et un autre : « Cette situation va vous obliger à prendre une décision très grave. Dans quelle mesure allez-vous consentir à ce que la société exige de vous ? À savoir tuer des hommes que vous ne connaissez pas. Pour quoi ? Pour qui ? Etc. » (PM, p. 326). L'individu est libre de refuser cette situation. Si les lois de la société ne nous conviennent pas tout le temps, ce n'est pas grave. Nous pouvons aussi expérimenter d'autres choses, suivre nos désirs, et fonctionner autrement dans notre vie personnelle ou avec nos proches.

Une réponse mythologique aux crises : la compassion

Comment faire face à toutes les crises personnelles possibles au cours d'une vie ? Campbell propose de faire acte de compassion : « La vie, c'est la souffrance, mais la compassion lui permet de continuer » (PM, p. 194). La compassion est à distinguer de la pitié qui a un sens culpabilisé au XXe siècle et souvent ambigu : la pitié, c'est sympathiser avec les souffrances d'autrui, ou bien éprouver une forme de mépris supérieur comme dans l'expression « Quelle pitié ! ». Compatir, « pâtir avec » étymologiquement, c'est prendre part à la souffrance de l'autre au lieu de rester centrés sur la nôtre, c'est « l'éveil du cœur à l'humanité de notre condition, bien au-dessus de tout intérêt personnel » (PM, p. 270). La compassion est une forme de l'empathie, cette capacité de ressentir les émotions de l'autre. C'est le sentiment qui représente pour Campbell la qualité la plus haute du héros en nous, et qui lui permet aussi d'intégrer tous les autres éléments de sa personnalité, surtout en temps de crise. Quand nous cessons d'idéaliser les autres et de projeter sur eux des attentes, de sorte qu'ils apparaissent tels qu'ils sont avec leurs imperfections, c'est « un défi à ma compassion » (PTB, p. 76). Si l'on s'efforce d'être compatissant, on peut abandonner des idées préconçues sur les gens, en acceptant leurs défauts sans chercher à tout prix à les changer et sans leur demander à tout prix de changer pour que la relation puisse continuer à exister selon nos attentes. Si l'on n'y parvient pas, il est alors préférable de ne pas continuer cette relation ou bien elle s'interrompra d'elle-même.

Cette individuation ne concerne pas que les individus mais la vie elle-même. Pour mieux nous épanouir, nous avons besoin d'**apprendre à ne pas projeter sur la vie nos attentes**. Ce n'est pas facile. Campbell montre que la mode, c'est de se plaindre du monde et surtout de la société. Le monde aurait dû être conforme à ses désirs : « Quoi, je suis né et c'est tout ce qui a été prévu pour moi ? » (PTB, p. 77). Campbell conseille de mettre cela à la poubelle et d'avoir de la compassion pour le monde tel qu'il est et pour ceux qui l'habitent.

Nous avons tous à faire face à la désillusion. C'est une

manière d'accéder à une nouvelle profondeur : « La seule manière de devenir un être humain est de se relier à d'autres êtres humains » (PTB, p. 80). L'une des voies pour s'épanouir, c'est vraiment « la compassion. Ce n'est pas le désir. Ce n'est pas la peur » (PTB, p. 80). Le pouvoir de la compassion, « c'est de **convertir la désillusion en un compagnonnage**. Donc, quand la réalité ressurgit (...), ce que vous devez rendre, c'est de la compassion » (PTB, p. 78), quand l'autre apparaît tel qu'il est, et que le monde extérieur est une suite de sollicitations éprouvantes. La principale difficulté de l'individuation est de trouver des relations harmonieuses avec le monde : c'est bien une quête héroïque en soi, un **voyage intérieur pour mieux vivre avec l'extérieur**.

Nos problèmes sont des opportunités

À son tour, Joseph Campbell, à la suite de Jung, a influencé aux États-Unis de nombreuses théories et thérapies qui conseillent à chacun de voir les problèmes dans sa vie comme des opportunités pour changer. Citons par exemple les ouvrages de ces docteurs en psychologie qui ont été traduits en français : Carol S. Pearson avec *Le Héros intérieur : six archétypes qui régissent notre vie*[1] ou Maureen Murdock, *Le Parcours de l'héroïne ou la féminité retrouvée*[2]. Ces pratiques de soin font prendre conscience à l'individu de son pouvoir dans sa propre vie. Elles utilisent les grandes images de la mythologie pour aider le patient à

1. Carol S. Pearson, *Awakening the Heroes Within*, Harper, SanFrancisco, 1991 ; en français : Éd. de Mortagne, 1990.
2. Maureen Murdock, *The Heroine's Journey : Woman's Quest for Wholeness*, Boston, Shambhala, 1990 ; en français : Dangles, 1999.

identifier les étapes de son cheminement, trouver des modèles de vie, enfin expérimenter une transformation intime. Pour le psychologue Rollo May[1], la thérapie est le chemin qui peut devenir le plus extraordinaire dans une aventure humaine car il consiste à convoquer puis à faire face à nos « démons » au lieu de les fuir ou de chercher à les détruire. Si la thérapie permet de donner un nom à nos processus internes, et à nos démons, à mettre des mots, souvent techniques, sur un ressenti, la thérapie a surtout pour but la transformation du patient. Celle-ci, comme l'a développé Rollo May, se fait par un changement profond du mythe personnel du patient. Toute guérison est un « mythe », « une manière de se voir et de voir le monde en relation avec soi et son propre corps », et nous changeons de mythe pour passer de la souffrance à une guérison (*Myths*, p. 210). Rollo May croyait que le mythe est le langage profond de l'esprit humain ; nous créons un mythe personnel en tissant ensemble notre culture familiale, nos expériences scolaires, nos aspirations, nos relations. Nous faisons de notre vie une histoire qui fait sens pour nous. Et ces mythes personnels sont des variations de grands mythes classiques universels.

De même, le détachement prôné par de nombreux mythes est adapté à notre quotidien par les psychologues : ne pas donner trop d'importance à nos carrières, à l'argent, à nos possessions, à nos échecs, à nos succès ou à nos relations humaines. L'attachement nous mène à la souffrance en rai-

1. Rollo May était un psychologue américain existentialiste. Il a côtoyé Campbell en tant que membre de l'ARC et participé à l'ouvrage collectif déjà cité *Myths*. Il est l'auteur d'ouvrages célèbres dont : *Love and Will*, New York, W.W. Norton, 1969, et *The Cry for Myth*, New York, W.W. Norton, 1991, salué par le psychothérapeute Irvin D. Yalom.

son de la perte inévitable de tout cela. De même, nous consacrons une part immense de notre temps et de notre énergie à émettre des jugements sur les autres, le monde et nous-mêmes. Alors nous oublions la beauté qui nous entoure. Précisons que ce chemin est recommandé par le bouddhisme, considéré comme un contrôle psychologique pour ne plus souffrir : suivre la voie du milieu, entre les extrêmes, une voie du détachement. Le mystique chrétien Maître Eckhart considère également ce détachement comme la vertu suprême d'un homme, supérieure même à l'amour et à la compassion. Des critiques ont pu reprocher à Campbell de suggérer que le mythe allait résoudre tous nos problèmes. Heinrich Zimmer, le maître spirituel de Campbell, affirmait que la méditation sur les images mythologiques est une source de réalisation personnelle plus grande qu'une psychanalyse. Campbell, en s'inspirant de Jung et de Zimmer, conçoit de son côté les images issues des mythes comme des guides psychologiques essentiels à condition de les expérimenter dans notre vie sous forme d'une quête accomplie. **Ce n'est pas le mythe qui est guérisseur, c'est ce que nous avons le courage de changer dans notre vie.**

Du voyage intérieur

Les archétypes définis par Jung apparaissent dans les mythes déjà existants. Le mystère de l'univers intérieur, du soi, est représenté par un ou plusieurs dieux. L'ego symbolise la figure du héros ou de l'héroïne, et la part individualiste qui doit être sacrifiée au cours de l'initiation pour renaître à une dimension plus collective. L'*anima* et l'*animus* se distribuent entre des personnages idéaux féminins et masculins. Notre soi devient souvent l'homme ou la femme sage qui nous guide. L'ombre s'incarne dans la figure diabolique ou l'obstacle à vaincre. Campbell explique aussi les moments de course-poursuite ou de fuite magique en des termes jungiens : c'est une « condition psychotique. Vous avez saisi une connaissance dans les plus profonds abysses de votre soi inconnu, et maintenant les démons ont été libérés pour obtenir vengeance » (PTB, p. 118). Les victoires miraculeuses du héros, après un démembrement, représentent des victoires psychologiques. Il est possible de reconnaître les archétypes définis par Jung comme autant de facettes en nous, mais aussi dans le cours de notre vie personnelle. Nous en sommes les héros, nous rencontrons des personnages sages qui deviennent nos mentors, des idéaux féminins et masculins, et des ennemis ou un grand adversaire qui est soit un démon intérieur, soit un obstacle extérieur, sur lequel nous avons projeté tout ce que nous détestons ou jugeons mauvais. À différentes périodes de nos vies, et selon les situations, nous endossons le rôle du mentor pour les autres, de l'allié ou de l'ennemi. Être en relation avec tous ces archétypes nous aide à développer notre personnalité

Le labyrinthe où le Minotaure puis Dédale et son fils sont enfermés, nous dit Campbell, est l'image exacte de notre monde extérieur lorsque nous n'avons pas répondu à l'appel de l'aventure, mais c'est aussi l'image du monde intérieur dans lequel nous voyageons pour devenir plus humains : « Hélas, où est le guide, où est Ariane, la douce vierge, pour nous tendre le fil secret qui nous donnera le courage d'affronter le Minotaure, puis, une fois le monstre mis à mort, nous permettra de retrouver le chemin de la liberté ? » (*Héros*, p. 31). Il suffit de ce simple fil qu'elle offre à Thésée pour retrouver la sortie : « Il nous suffit de suivre le fil sur les pas du héros. Et là où nous pensions trouver un monstre, nous trouverons un dieu ; là où nous pensions tuer l'autre, c'est notre propre ego que nous sacrifierons ; **là où nous pensions cheminer vers un monde extérieur, nous atteindrons le centre de notre propre existence ; là où nous pensions être seuls, nous serons avec le monde tout entier** » (*Héros*, p. 32).

II

Se connecter à des images pour mieux vivre

6.

À quoi nous servent concrètement les mythes ?

Le mythe a un rôle déterminant à notre époque : il nous indique comment grandir ou passer des caps difficiles dans notre vie d'un point de vue psychologique. Il ne donne aucun sens à la vie ; seul notre esprit cherche du sens. Le mythe est une quête de « l'expérience de la vie » (PM, p. 28). Et, si nous le souhaitons, le mythe nous entraîne encore plus loin : il ouvre des portes métaphysiques sur les mystères de l'univers, ceux d'une possible transcendance.

Le mythe comme réseau de connexion

On monte à bord d'un mythe comme à bord d'un train. Nous vivons la plupart du temps dans le monde ordinaire, avec notre quotidien, nos problèmes personnels, sociaux, professionnels. En écoutant, étudiant un mythe, nous montons soudainement dans la rame d'une image essentielle, nous empruntons le train des héros qui traverse un pont au-dessus d'un ravin et nous ressortons sur le quai d'une histoire extraordinaire, riche d'apprentissages pour réaliser avec succès notre vie. Pourquoi ? Parce qu'un mythe pour Campbell, c'est une métaphore, c'est-à-dire « une image qui suggère autre chose » (PM, p. 107). Et la métaphore consiste à accomplir un voyage dont nous reviendrons transformés par ce que nous aurons vu. Étymologiquement, « métaphore » vient du grec *meta* et *phoros* : c'est « ce qui porte » ou littéralement « ce qui transporte en changeant ». Techniquement, la métaphore est une figure d'analogie entre diverses réalités, surtout lorsqu'il s'agit de relier de l'inconnu à du connu ou, inversement, d'ouvrir du trop connu à l'inconnu. Le mythe, c'est donc un récit imagé pour représenter ce qui ne peut pas s'expliquer rationnellement. Ce n'est donc pas, comme on le lit parfois, un récit qui cherche à expliquer le monde. Le philosophe Paul Ricœur précise aussi que le mythe ne possède aucune fonction étiologique[1] : il raconte ce qui sans lui ne pourrait pas se dire, des expériences inexplicables.

De plus, le temps du mythe ne peut pas être relié à un temps historique propre à la vie réelle. Le mythe « transporte » dans un autre monde, un univers spirituel, « en changeant » l'histoire réelle, pour **raconter avec des images ce dont on ne possédera jamais le sens**, parce que justement le mystère de nos origines, de la vie et de nos fins reste entier : « Essentiellement, les mythologies sont un énorme poème qui rend compte de visions, donnant un peu de sens au mystère, à la merveille, au miracle de la vie, mais seulement sous forme d'éclairages (...). C'est moins une recherche de compréhension qu'une soudaine révélation (...). Nous sommes mentalement orientés à notre époque, donc nous pensons toujours que (le mythe) c'est une quête d'explications » (*Open Life*, p. 22). Or le poème

1. Paul Ricœur, *La Symbolique du mal*, in *Philosophie de la volonté. II. Finitude et culpabilité*, Aubier, coll. « Philosophie de l'esprit », 1960, désormais désigné par PV2.

n'explique rien ; le mythe non plus : ils n'ont pas de sens. Et peut-être même nos vies n'en ont-elles pas en dehors de celui que nous leur donnons : « Il n'y a pas de sens de la vie – il y a des sens différents, beaucoup, pour des vies différentes, et vous devez décider ce que vous voulez pour la vôtre » (*Open Life*, p. 110).

Le mythe est aussi un ensemble de symboles qui représente l'invisible avec des personnages concrets. L'étymologie de « symbole » est remarquable : du grec *sumbolon*, « signe de reconnaissance », le symbole était un objet cassé en deux ; deux personnes pouvaient se reconnaître parce qu'elles possédaient chacune une moitié de l'objet. Un des symboles du christianisme par exemple était le poisson. Lorsque les chrétiens se réunissaient dans des lieux secrets au temps des persécutions, ils traçaient le signe d'un poisson pour se reconnaître entre eux. Le symbole « poisson » est relié par toute une série d'images riches comme celle du « pêcheur des âmes » qu'était à leurs yeux Jésus, celui qui attrape et sauve les âmes égarées dans le vaste océan du monde et du mal. Pour avoir une idée de la polysémie des symboles, c'est-à-dire de leur richesse, pensons également au « roi pêcheur » dans les mythes du Graal et surtout dans le *Perceval* de Chrétien de Troyes au XIIe siècle. Ce roi blessé, castré même, occupe ses journées en allant pêcher à la ligne des poissons dans le lac près de son château : est-il simple pêcheur du dimanche ou a-t-il lui-même péché au sens catholique du terme, commis une faute irréparable qui a plongé son royaume dans le chaos ? Le texte reste ambigu. Dans le mythe grec, et dès le VIe siècle avant J.-C., Orphée est aussi considéré comme un pêcheur : « Nous sommes perdus dans les eaux de l'ignorance, et Orphée le pêcheur viendra nous repêcher » (*Transformations*, p. 200) pour aller dans le monde de la lumière : c'est le thème de l'initiation. C'est un exemple de transformation d'un symbole à travers les époques et les pays selon les besoins de chaque culture.

Aussi est-il important de distinguer la mythologie de la vérité historique selon Campbell. Un mythe n'est pas un récit reposant sur des faits réels : « Le mythe ne pointe pas un fait ; le mythe pointe au-delà des faits vers quelque chose qui informe les faits. Quand vous pensez par exemple : "Dieu est notre père", le pensez-vous réellement ? Non, c'est une métaphore, et la métaphore a deux finalités : l'une est psychologique – c'est pour ça que le rêve est métaphorique ; l'autre est métaphysique. (…) Et la métaphysique indique un point au-delà de toutes les conceptualisations, de toute chose, vers les profondeurs ultimes » (*Open Life*, p. 21). La trace réelle, à l'origine du mythe, n'est pas importante même s'il peut en exister une, si des mythes renvoient peut-être à une catastrophe naturelle ou historique réelle, et à l'existence d'un homme ou d'une femme bons. **Ainsi le mythe n'est-il pas un mensonge, mais une série de métaphores poétiques.**

Première fonction : nous réconcilier avec la vie

Toute vie existe uniquement en mangeant la vie d'un autre, animal et végétal : selon Campbell, la fonction d'une mythologie vivante est de nous réconcilier d'abord avec ce principe. Nous pouvons le trouver insupportable. Il existe alors trois attitudes possibles que nous allons observer.

Refuser la vie

Devant l'horreur quotidienne de la vie, nous sommes tentés de la refuser. Dans ce cas, une mythologie de la retraite émerge : le désir de sortir du monde ; on ne veut plus vivre dans cette réalité où tant de violences se déroulent. Soit nous choisissons alors l'isolement radical, soit nous nous contentons de vivre dans la sphère très privilégiée du groupe qui pense comme nous. Joseph Campbell évoque le mode de vie du jaïnisme en Inde sous sa forme extrémiste pour nous montrer ce qu'est selon lui un refus de la vie : cette religion indienne considère la vie comme une « erreur cosmique fondamentale » (PTB, p. 4). Heinrich Zimmer a également beaucoup étudié le jaïnisme qui fleurit vers le VIe siècle avant J.-C. environ. C'est une philosophie pessimiste : le cycle des morts et des réincarnations est sans fin ; tour à tour on renaît plante, animal, homme, même dieu ou démon. Lorsqu'on a vécu dans la plus haute vertu, on renaît dans le corps d'un dieu ; quand on a vécu dans le mal, on revient dans les enfers. Aucun salut hors de ce cycle de souffrances à moins d'observer une austérité qui va jusqu'à l'abnégation. Celui qui y parvient est alors capable de sauver les dieux et les démons eux-mêmes s'ils suivent son exemple. Les adeptes les plus extrémistes du jaïnisme sont des renégats qui se considèrent comme des « déserteurs héroïques » (Zimmer, p. 239). Plus nous agissons, plus nous resserrons les nœuds des cordes qui nous ligotent. Le poids des actes accomplis dans des existences antérieures entraînent des conséquences inévitables dans le futur, comme une graine qui invariablement produira un fruit. Le karma, c'est une infection qui nous maintient dans le cycle des morts et des vies. La pire offense pour le jaïnisme est de tuer ou de blesser un être vivant. Le principe fondamental est la non-violence radicale. L'adepte balaye le sol devant lui pour marcher, collecte la nourriture tombée des arbres ou mendie uniquement des végétaux, met un voile devant sa bouche pour ne pas déranger l'air avec son souffle ou fait sécher l'eau sur sa peau sans brusquer ses molécules. Puis il cesse de manger des racines, d'agir, et, finalement, de bouger. Alors « même le danger de devenir un être divin a été dépassé » (Zimmer, p. 257). Aucune nouvelle expérience ne peut être engrangée. C'est une doctrine de la suppression de soi. Elle conduit à nier le caractère même de la vie, qui par nature est fondée sur la violence.

Pour prolonger la pensée de Campbell, particulièrement sur le continent européen, on peut affirmer qu'une pensée moderne propre au refus de la vie, c'est l'attitude pessimiste ou plus encore cynique, qui consiste à regarder le monde avec une distance critique sombre, blasée, désenchantée face à ses violences continuelles, ou pire à les justifier au nom d'une lucidité considérée comme supérieure. Tout un discours littéraire et philosophique[1] s'est ingénié à réduire la vie humaine à une réalité sans âme, à un commerce économique excessif, au matériel ou au corps obscènes, enfin à un ego surdimensionné. La vie ne peut alors apporter que du désenchantement ; les sentiments sont dévalorisés, les symboles aussi au bénéfice d'une réalité prosaïque uniforme et horizontale : tout se vaut et rien n'en vaut la peine. Or **le mythe rend au contraire notre vie verticale** en nous reliant à des profondeurs en nous et à des réalités plus grandes que l'individu. Pour Campbell, la mythologie n'a rien à voir avec la mystification qui correspond à la volonté de duper autrui en lui ôtant son pouvoir critique. La dévaloriser en la traitant de mensonge, c'est nous appauvrir, c'est couper nous-mêmes un membre de notre corps, nous priver de sang. Le mythe irrigue en vie la société et l'individu : « La mythologie est symbolique de pouvoirs spirituels à

1. Nous renvoyons au bel essai de Nancy Huston, *Professeurs de désespoir*, Actes Sud, 2004, qui analyse et dénonce cet état de fait.

l'intérieur de nous (…). Les mythes ne viennent pas d'un système de concepts ; ils viennent d'un système de vie ; ils proviennent d'un centre profond. Nous ne devons pas confondre mythologie et idéologie. Les mythes viennent du cœur, et de l'expérience, même si l'esprit peut se demander pourquoi des gens croient à des choses pareilles » (*Open Life*, p. 22).

Vouloir changer la nature de la vie

Une autre mythologie prône la capacité de l'homme à améliorer le monde. Nous pensons qu'à travers certaines activités comme la prière ou les bonnes actions, nous transformons la marche du monde, ou plus exactement nos conditions de la vie. Pour Campbell, elle est apparue avec le zoroastrisme, un millénaire environ avant J.-C., dans l'actuel Iran, puis elle est devenue religion officielle en Perse au VIIe siècle avant J.-C. C'est une doctrine dualiste encore reconnue dans certains groupes, au Moyen-Orient principalement : un dieu bienveillant, nommé Ahura Mazda, a créé un monde parfait, mais un dieu de la destruction, séducteur et trompeur, Angra Mainyu, détruit cette perfection. Le prophète perse nommé Zoroastre ou Zarathoustra enseigne alors aux hommes une voie vertueuse qui permettra la restauration du monde parfait. Le jour de la fin du monde, dans la plaine d'*Armageddon*, sera le jour où les esprits seront rappelés à la vie. Alors Zarathoustra apparaîtra, réincarné, et le mal sera définitivement éradiqué : un monde de paix, de bonté, de lumière pourra de nouveau exister. Cette mythologie se retrouve quelques siècles plus tard développée par les grandes religions bibliques et la théologie de la chute, celles de la résurrection et de l'apocalypse. Elle enseigne qu'en luttant contre le mal dans nos propres vies, nous aiderons graduellement à retrouver ce paradis perdu.

Campbell pense cependant que, dans ces mythologies, nous n'acceptons pas la vie telle qu'elle est, mais uniquement selon la manière dont nous voudrions qu'elle soit. Il donne cet exemple avec humour : « C'est comme épouser quelqu'un dans le but de le changer : ce n'est pas un mariage véritable » (PTB, p. 6). Cette croyance nourrit notre monde occidental, particulièrement les défenseurs du progrès et d'une attitude réformiste mondiale. Elle peut engendrer les meilleures et plus nobles initiatives, mais aussi les plus terribles, et jeter le monde dans des massacres idéologiques. Campbell note qu'une telle pensée nous incite à nous croire supérieurs, comme si nous pensions : « Si Dieu ou l'univers m'avait demandé mon avis, j'aurais fait ceci ou cela beaucoup mieux. » De plus, ces mythologies sont souvent reliées à une vision de la vie et de la nature comme étant mauvaises, corrompues de l'intérieur. Dans la Bible, on retrouve cette notion d'un monde mal conçu qui incite alors à lutter contre la nature : les espèces végétales et animales sont considérées comme inférieures ; la nature humaine est perçue comme faible, tendue vers le mal.

Dire oui à la vie

Acceptons la nature de la vie telle qu'elle est : c'est ce que Campbell recommande plutôt. Si nous l'affirmons ainsi, avec sa part de violence et de sublime, alors nous sortons d'un discours formaté en termes de bien et de mal, et nous accomplissons pleinement ce en quoi nous croyons, ce qui nous donne le plus fort sentiment d'être vivants. Campbell se réfère à des mythologies qui enseignent à l'homme la beauté de la nature telle qu'elle est. On retrouve cette pensée dans le panthéisme ou la philosophie orientale, dans les mythologies celtes et généralement celles des sociétés agricoles ou matriarcales, où l'univers est représenté par l'image d'une grande déesse mère : les mondes naissent de son ventre divin. Le corps de l'homme est alors un double en miniature de cet ordre universel du macrocosme. À travers tout cela règne une harmonie secrète. Le mythe et ses rites correspondants mettent l'homme en communion avec ce macrocosme. Dans une telle mythologie, la nature terrestre et celle de l'homme sont complexes, perçues à la fois comme bonnes et mauvaises, créatrices et destructrices.

Dire oui à la vie signifie agir en pleine conscience de ce qu'elle est véritablement, avec sa part de joies et de souffrances. Nous reconnaissons dans ces propos de Campbell une grande influence du philosophe Nietzsche qui affirme cette nécessité de dire un grand oui à la vie traversée par ce qu'il nomme une « force dionysiaque ». Dionysos est ce dieu grec qui inclut dans un même jeu, celui de la vie, des formes qui « peuvent ici-bas croître et périr, construire et détruire en dehors de toutes catégories morales, dans une innocence éternellement égale à elle-même[1] ». C'est alors ce qui provoque pour le philosophe le sentiment véritable de la joie. **Affirmer la vie, c'est affirmer tous ses aspects aussi bien monstrueux que magnifiques, sans effectuer de tri.** C'est ne pas baisser les bras devant ce que Paul Ricœur appelle un « gigantesque pourquoi au centre de l'épreuve d'exister » (PV2, p. 157). Nous mangeons ou nous sommes mangés. Nous vivons grâce à la mort d'autres espèces qui deviennent notre nourriture : animaux et végétaux. Nous possédons en nous-mêmes un spectre d'émotions de la plus sauvage ou agressive à la plus délicate et respectueuse : chacune mérite d'être reconnue. Pour vivre

1. Friedrich Nietzsche, *Œuvres, La Naissance de la philosophie* (1872), Robert Laffont, 1993, p. 67 ; voir aussi *Œuvres, Le Crépuscule des idoles* (1888), traduction d'Henri Albert, Robert Laffont, 1993.

pleinement en expérimentant toutes les dimensions de l'existence, en lui donnant du sens, nous avons besoin d'éprouver de la reconnaissance pour la beauté de cette vie-là, pas du ressentiment devant la souffrance de vivre. À travers cette affirmation, nous expérimentons cette merveille qui est l'expérience d'être humains. Pour Campbell, une mythologie vivante donne à l'individu ce « sens de l'affirmation devant le mystère monstrueux de l'existence » (PTB, p. 6). Il nous pose ainsi cette question : et si nous acceptions d'abord de nous émerveiller du monde tel qu'il nous est donné pour apprécier davantage notre propre vie ?

Ce mode de pensée ne prône en aucun cas la passivité de l'homme devant la vie ou l'acceptation des injustices humaines. Elle nous incite plutôt au respect de la nature, et à l'humilité. Elle nous permet d'utiliser notre énergie pour réaliser ce en quoi nous croyons, plutôt que de critiquer continuellement ce qui est « mal fait » dans la vie. Le propre du héros est d'avoir d'abord de la reconnaissance pour la vie et l'univers tel qu'il est, même si au départ il se trouve dans une société imparfaite ou une situation de malaise ; puis de s'engager dans une quête pour apporter à ce monde ce dont il manque à ses yeux. C'est une démarche finalement assez paradoxale, mais qui permet sans doute pour Joseph Campbell de se délivrer de ses colères envers la vie.

Dans ses entretiens télévisés avec Bill Moyers, Campbell ajoute : « "Toute vie est souffrance", ce sont les premières paroles de Bouddha et c'est la vérité. La vie ne serait pas la vie si le chagrin n'y était pas indissolublement mêlé » (PM, p. 124). Mais nous avons du mal à l'accepter car nous posons toujours des conditions : « J'accepte le monde à condition qu'il fonctionne selon la version que le Père Noël m'en a donnée (...) » (PM, p. 124). **L'héroïsme, c'est alors d'agir sans ressentiment envers la vie et sa part de vio-**

lence inaliénable : « Le héros est celui qui vient participer à cet acte, avec courage et probité, avec naturel » (PM, p. 125). C'est agir en toute connaissance de cause : la vie est dure, mais il nous est possible de participer à sa mystérieuse beauté en accomplissant ce qui a de la valeur à nos yeux sans jugement, sans amertume. Pour nous réconcilier avec cette nature violente de la vie, des rites sont pratiqués quand notre culture en offre encore : « Le rite est la participation collective à l'acte le plus hideux qui soit, c'est-à-dire l'acte de vivre, autrement dit l'acte de tuer et de dévorer une créature vivante. Nous l'accomplissons ensemble. C'est cela, la vie » (PM, p. 125).

Telles sont pour Campbell, les trois grandes mythologies de toutes les cultures mondiales : l'une est totalement négative ; l'autre dit : « J'affirmerai la vie quand elle sera telle que je veux qu'elle soit » ; la troisième l'accepte pleinement.

Deuxième fonction : représenter l'univers

La deuxième fonction de la mythologie est cosmologique : elle forge pour nous une représentation de l'univers et de sa formation jusqu'à la naissance de nos conditions actuelles de vie. Tous les mythes de la création racontent le passage inexpliqué des origines, hors du temps, lorsque rien n'était créé, à l'apparition soudaine de l'univers et des hommes. Beaucoup racontent également le passage d'un état idéal d'innocence bienheureuse à un temps de souffrances et de difficultés. Le passage par le mythe permet de mettre en récit des symboles qui correspondent à une expérience personnelle complexe que nous avons éprouvée dans notre vie : celle de passer d'un bonheur à un malheur soudain, sans explication. C'est une expérience qui n'obéit pas à des lois claires et rationnelles. Nous sommes familiers en Occident du mythe de la chute dans la Bible, qui se fonde sur une théologie de la faute : l'homme est coupable de désobéissance et cela entraîne son malheur. Une autre tradition mythologique impute le mal à l'existence d'un ou de plusieurs dieux mauvais, nous venons de le voir avec le zoroastrisme.

Dans son étude sur le chamanisme, Mircea Eliade rapporte un mythe de la création qui nous est moins connu, raconté parmi le peuple des Bouriates en Sibérie. Ce mythe reprend les motifs traditionnels de l'apparition soudaine du mal, mais dont l'homme est seulement la victime. Des animaux puis des hommes sont apparus sur terre, créés par les dieux. De mauvais esprits ont décidé de s'en prendre à eux : ils décident de répandre la maladie et la mort. Certains d'entre eux s'installent même dans les créatures vivantes, un peu comme des passagers clandestins. Les êtres vivants ne sont pas faits pour loger d'autres esprits en eux, ils finissent par dépérir. Dans le monde invisible, les dieux se révoltent contre ce comportement. Ils envoient un grand aigle sur la terre pour aider ses habitants, mais quand les hommes le voient fondre sur leur ville, ils lui jettent des pierres et toutes les armes à portée de main. Ils ne comprennent pas le langage de l'aigle. Ce dernier retourne dans la réalité invisible et se plaint à ses maîtres : « Donnez-moi le don de la parole pour que les hommes me comprennent, demande-t-il. – Nous t'accordons à la place le don de transformer en chaman l'un d'entre eux pour qu'il aide les autres humains », répondent les dieux.

Les dieux le renvoient sur terre en lui faisant jurer de transformer en chaman le premier humain qu'il rencontrera. L'aigle ne veut pas retourner dans le village de ceux qui lui ont jeté des pierres, alors il vole longtemps. Il aperçoit une femme magnifique endormie sous un arbre. L'aigle s'unit à elle et, neuf mois plus tard, elle donne naissance à un fils qui devient le premier chaman de l'humanité, un homme-médecine. Elle-même a reçu un pouvoir et peut aider son fils à soigner tout ce qui vit et à dialoguer avec les esprits.

Ce mythe sibérien est à la fois un mythe de la création et un mythe de la rédemption. Tout d'abord apparaît le motif de la chute mais sans notion de péché : les hommes sont heureux, puis victimes de mauvais esprits qui les rendent malades et les tuent. Ensuite vient le motif du salut : des dieux bons envoient sur la terre un allié magique, un aigle, semblable à un archange dans les textes de trois grandes religions (judaïsme, christianisme, islam). Celui-ci s'unit de manière surnaturelle à une femme qui enfante un sauveur, le premier chaman. En termes contemporains, le chaman est un technicien qui sait reconnecter le corps et l'âme tout en maintenant un réseau social avec les esprits de la nature et d'un monde invisible.

Il existe des mythes qui racontent la création sans inclure l'existence d'une entité maléfique ou imputer la souffrance à une faute humaine. C'est le cas dans le premier récit de la Genèse : Dieu crée le monde en sept jours, grâce à la puissance de son verbe. Il crée le premier homme puis une femme issue de sa côte pour lui tenir compagnie. À eux deux, ils engendrent l'humanité. Campbell, lui, aimait raconter la création selon le texte sacré des *Upanishads*[1]. « Cela », c'est-à-dire une transcendance au-delà de toute

1. C'est un mythe raconté dans le texte sacré du VIIIe siècle avant J.-C. : *Brihadâranyaka Upanishad, Upanishad du Grand Traité de la vie en forêt*, traduite et annotée par M. Buttex d'après la version anglaise du Swami Madhavananda, Brahmana IV, Instruction IV : « La Création et ses causes ».

forme, prend un jour conscience de son existence. « Cela » s'exclame dans la plus grande joie : « Je suis. » Aussitôt, la peur et l'angoisse le saisissent. Mais il pense : « De quoi devrais-je avoir peur ? Je suis tout seul ici. » Alors l'angoisse de sa propre solitude l'étreint. « Je fais le vœu de ne plus être seul. » Cette transcendance se divise : elle devient homme et femme, puis se métamorphose pour créer les animaux, les plantes et tout ce qui vit jusqu'à l'espèce humaine tout entière. Alors, la conscience déclare : « J'ai créé tout cela, le monde est divin[1]. »

Campbell met surtout l'accent sur les similitudes entre ces mythes de la création : tous racontent qu'il existait **un temps de l'unité avant le temps de la dualité**. « C'est comme si vous passiez d'une pièce où tout est un à une pièce où soudainement, une fois la porte franchie, tout est deux[2]. » Mais il relève la différence de vision entre l'Occident et l'Asie, privilégiant la quête asiatique ; il synthétise ainsi les deux grands courants spirituels du monde : en Occident, les religions sont fondées d'abord sur la relation de l'homme à Dieu, mais Dieu et l'homme sont radicalement différents ; en Asie, les religions sont une quête d'union entre l'homme et Dieu, car ils partagent la même substance. Dans le modèle oriental, le divin est donc immanent (à l'intérieur de tout, et donc de soi-même) et en même temps transcendant (au-delà de tout). La conception que Campbell donne du divin dans ses aspects psychologiques et métaphysiques rejoint ce modèle oriental.

---

1. *Ibid.*, I-IV-5 : « Il eut une certitude subite : "Vraiment, c'est Moi qui suis la création, car Je les ai tous projetés de Moi !" Et c'est pourquoi on l'appela la Création. Qui possède cette connaissance devient lui-même un créateur au sein de cette création. »

2. Joseph Campbell, *Thou Art That, Transforming Religious Metaphor*, Eugene Kennedy (éd.), Californie, New World Library, 2001, p. 51, désormais désigné par *Art*.

Ces trois variantes de mythe originel, du Moyen-Orient, de l'Inde et de la Sibérie, représentent trois visions du mystère de l'être humain. Dans le mythe indien, c'est Dieu lui-même qui se divise en deux, puis se morcelle pour engendrer le monde ; aussi la substance divine se trouve-t-elle en toutes les choses et formes de vie, pas seulement dans l'âme humaine ; la plus haute réalisation spirituelle est donc de s'unir à cette forme divine en soi. Les religions de la Bible sont bâties sur le principe d'une relation entre la créature et son créateur qui lui impose une certaine loi ; la créature peut se rapprocher de Dieu mais pas s'unir à lui. Dans le mythe sibérien, les relations sont également hiérarchiques, même si une fécondation divine est possible entre l'aigle et une femme humaine. La mythologie grecque et romaine repose également sur cette distinction radicale entre les dieux dans leur panthéon et les hommes, sauf dans certains cas où des héros sont élevés au rang des dieux.

Néanmoins, tout un courant spirituel traverse les religions occidentales, prônant l'union possible avec le divin : dans la pensée gnostique ou celle des mystiques. Nous l'avons déjà signalé à propos du mystique chrétien Maître Eckhart, qui fut d'ailleurs jugé pour ses théories, ou des mystiques soufis. L'Occident est divisé entre ces deux modes de pensée, le relationnel d'un côté et l'identification à une transcendance de l'autre. Or, quand on pense à Dieu comme à un dynamisme de vie, chacun peut s'identifier à lui au terme d'une quête spirituelle.

Troisième fonction : donner des règles et des valeurs

La troisième fonction du mythe est de justifier l'existence d'un système social et politique : un ensemble de droits et de devoirs. Ce sont des lois contingentes, le plus souvent écrites, auxquelles s'ajoutent les usages d'un groupe culturel donné. Ces règles varient selon les pays, les cultures et surtout selon les époques. Nous ne cessons, en effet, de génération en génération, de les voir évoluer. L'ensemble des grandes religions et des mythes propose un système de lois : ce sont les dix commandements transmis par Yahvé à Moïse sur le mont Sinaï pour la religion juive, ou bien c'est la loi coranique fondée par le messager Mahomet au VIIe siècle après J.-C. qui couvre l'étendue des règles sociales, morales, politiques et les rapports entre l'homme et Allah. Au VIe siècle avant J.-C., Confucius élabore un recueil de conseils pour gouverner le peuple avec sagesse, transmettre la tradition et le culte des ancêtres. Ces codes ont pour enjeu de former un Junzi, c'est-à-dire un homme honorable.

Au sujet de ces règles, Campbell conseille de « les respecter, mais de ne pas vivre par elles. Les respecter plus ou moins comme vous respectez les lumières des feux rouges ou verts sur la route » (*Open Life*, p. 76). De plus, il est important de les faire évoluer en fonction de notre respect croissant pour la vie humaine. Toute loi envisagée de manière extrême et intégriste engendre des tyrannies, des exclusions, des injustices et des violences meurtrières. Elle ne doit pas non plus générer une angoisse constante du châtiment. Campbell se souvenait dans son enfance des confessions à l'église catholique tous les dimanches. Le prêtre lui demandait : « Quels péchés as-tu commis cette semaine ? » Il regrettait que le prêtre ne lui ait pas plutôt demandé : « Quelles belles actions as-tu accomplies cette semaine ? » Nous pourrions insister davantage sur nos actes généreux plutôt que sur une crainte de mal faire qui engendre trop de culpabilité.

Aux lois sociales, civiques et morales s'ajoute l'ensemble

des valeurs humaines. En Occident, nous valorisons la Déclaration universelle des droits de l'homme ou de l'enfance et ceux des femmes. À nouveau, cette sagesse nous est transmise par des mythes dont le message s'adresse à tous les êtres humains sans distinction. Nous considérons les valeurs éthiques plus importantes que les lois. On peut citer parmi ces valeurs le refus de l'esclavage, l'égalité des hommes, le refus de la vengeance ou de la justice personnelle, l'amour du prochain même s'il est un ennemi, la compassion. Ces valeurs sont vécues sur un plan très intime par chaque individu qui choisit d'y adhérer. De telles valeurs peuvent pousser un homme à faire le sacrifice de sa propre vie pour en sauver une autre, à dépasser sa propre peur d'un châtiment. Elles surpassent donc notre quête de sécurité et de confort ; elles revêtent un caractère existentiel.

Quatrième fonction : franchir des seuils psychologiques

Le ventre mythologique

La quatrième fonction du mythe est psychologique. C'est la plus actuelle selon Joseph Campbell. Le mythe nous aide à traverser les différentes périodes de notre vie, de la naissance à la maturité, de la vieillesse à la mort : aller dans un autre monde pour le héros, c'est aussi franchir le seuil d'une période de sa vie à une autre. Pour rendre cela possible, le mythe doit être en accord avec l'ordre social du groupe auquel nous appartenons et avec nos connaissances sur l'univers. La société peut évoluer et les lois également en quelques années. Mais les seuils psychologiques fondamentaux comme le passage de la jeunesse à la maturité restent inchangés quelle que soit l'époque : ils concernent les sociétés du monde entier. Aussi est-ce essentiellement à partir du point de vue psychologique, selon Campbell, que l'on peut réinterpréter les grands mythes traditionnels que la science et les conditions de la vie moderne ont rendus caducs pour la plupart.

Joseph Campbell compare l'être humain au bébé kangourou qui a besoin de rester accroché au ventre de sa mère à l'intérieur d'une poche parce qu'il est prématuré. Il se trouve alors dans un second ventre formé par cette poche dont il peut sortir la tête pour regarder le monde, « un ventre avec vue », comme dit avec humour Campbell (PTB, p. 18). La mythologie est l'équivalent de ce second ventre pour les êtres humains. C'est cette poche mythologique qui nous permet d'arriver à un point où nous existons de manière indépendante : « Une mythologie n'a pas besoin d'être raisonnable, ni d'être rationnelle, ni d'être historiquement vraie ; elle doit être confortable, comme une poche » (PTB, p. 19). Sans ce second ventre, nous sommes des personnes mal nées, jetées directement du ventre de nos mères dans le monde : notre esprit peut en être complètement détérioré.

Devenir adulte

Être adulte, c'est avoir « le courage de ses propres croyances et laisser à quelqu'un d'autre le soin de vérifier ce que vous affirmez » (PTB, p. 11). Par rapport à d'autres espèces, l'être humain reste longtemps dépendant de ses parents : pendant plus de dix-huit ans, nous obéissons à des figures adultes qui prennent soin de nous et nous apprennent à vivre par nous-mêmes. Cependant, au-delà de la majorité, certains adultes se conduisent comme des enfants, car ils continuent à rechercher cette dépendance envers l'autorité et à avoir peur de lui désobéir. Ils n'ont pas passé le seuil critique vers l'autonomie. Campbell ajoute qu'un individu déchiré entre son désir de rester dépendant et celui de s'affirmer comme le seul responsable de sa vie devient névrosé. Nous avons un besoin psychologique vital d'expérimenter un rite de passage, c'est-à-dire un moment solennel marquant où nous prenons conscience que notre enfance est derrière nous, que désormais nous nous conduirons en adultes qui n'ont pas besoin de rechercher l'approbation d'un autre pour agir. **Toute la quête du héros correspond à une amplification des rites de passage** qui se caractérisent par une séparation douloureuse d'avec le monde ordinaire, généralement une période de retraite et d'épreuves austères, puis un retour à la collectivité mais avec un statut nouveau.

Les sociétés primitives avaient développé des rites dont la violence peut aujourd'hui nous choquer lorsque nous en lisons le récit. Prenons, par exemple, les Aborigènes Aranda d'Australie. Campbell raconte comment les petits garçons étaient placés derrière un buisson le jour de leur initiation avec ordre de ne pas regarder ce qui se passait de l'autre côté. Toute la nuit, les adultes dansaient. Si l'un des garçons enfreignait la règle et regardait, il était aussitôt tué et mangé. Cette violence radicale était certainement, dit Campbell, une manière efficace pour ces tribus d'éviter la désobéissance au groupe, mais elle la privait de talents originaux. Car ces sociétés-là, dont la survie était précaire dans la nature, ne pouvaient tolérer aucun écart et se perpétuaient par la reproduction à l'identique des règles d'une génération à l'autre. Puis les jeunes garçons subissaient d'autres épreuves physiques éprouvantes tout en découvrant l'histoire mythologique de leur peuple, avant d'être circoncis et ensuite de recevoir une épouse déjà choisie pour eux : ces rites d'initiation avaient donc définitivement transformé l'adolescent en un homme intégré à sa société. Il n'allait plus vers sa mère, ne recherchait plus les consolations de son enfance : il était devenu un adulte.

Notre société contemporaine est différente : à l'inverse des initiations anciennes des garçons, nous valorisons l'épanouissement de l'individu et de son originalité tout en lui demandant de respecter le système social. Nous ne prônons pas des rites d'initiation qui puissent blesser physiquement le corps d'un adolescent. Mais nous manquons de rites de passage pour nous aider à grandir et à devenir un membre actif de la société. Pour nous aider à franchir de telles étapes, Campbell rappelle l'importance fondamentale des rites. Il constate dans les années 1980 – et c'est toujours d'actualité – que les adolescents se trouvent désorientés et s'inventent par eux-mêmes des rites de passage pour compenser leur manque d'initiation et l'absence de mythes fondateurs : ils passent par l'alcool, les drogues douces ou dures, les prises de risque à travers maintes performances, y compris celle de la vitesse ou toutes les transgressions des lois offertes par des groupes de culture avec leurs propres codes vestimentaires et des marquages corporels (tatouages, scarifications…). Plus tragiquement, ils dérivent vers des formes de criminalité. La connaissance des grands mythes aide les adolescents à trouver leur place dans leur culture et des repères avant de suivre un chemin qui leur est propre.

À notre époque, nous sommes censés devenir des adultes dès que l'âge de la majorité est atteint. L'aspect psychologique est rarement pris en charge par des rites assez puissants pour aider l'adolescent à effectuer ce passage initiatique en transformant sa vision de lui-même et de la vie. Au pire, cela peut prendre trente ou quarante ans désormais pour finalement devenir autonome, déclare Campbell. L'essentiel est d'y parvenir, que nous assumions la responsabilité de nos propres pensées et de nous-mêmes. Quelle que soit l'existence que nous choisissons, **nous sommes les seuls garants de notre vie**, les seuls à diriger notre pensée.

Accéder à un mieux-être

Une fois adultes, notre vie n'en est pas moins difficile à accomplir et, dans les périodes de bilan, nous sommes soudain saisis par le doute, la douleur d'avoir échoué : « Toute existence se révèle, à un certain moment, comme une existence ratée », car nous ressentons ce « sentiment confus d'avoir manqué (notre) vocation, d'avoir trahi le meilleur de soi-même » (*Initiations*, p. 281). Alors un « seul espoir semble salutaire : celui de pouvoir recommencer sa vie » (*Initiations*, p. 282). En effet, il existe deux types de rites d'initiation, comme le précise Mircea Eliade : les rites de puberté ou de passage à un état d'adulte indépendant, et les rites de renaissance qui nous font passer à un mode d'être plus spirituel, plus sage, et nous apportent un véritable mieux-être. Dans la pratique du yoga, beaucoup d'Occidentaux cherchent de plus en plus une transformation efficace de leur corps face à des problèmes de santé : il s'agit de fixer sa pensée sur un seul point, de se mouvoir lentement pour faire circuler une énergie dans son corps, de ralentir son souffle. Le yoga nous retire dans un « autre monde », contraire à nos activités ordinaires, pour nous déconditionner et nous faire renaître dans un corps sain avec un esprit libre. Dans l'univers de la psychanalyse, des techniques variées de soins empruntent leur structure aux rites d'initiation et de renaissance.

L'initiation reste une démarche présente dans certaines professions : on parle encore d'apprendre les secrets du métier dans des corporations professionnelles d'artisans ou dans l'art. Le serment solennel qui est un serment du secret garde son importance, ainsi qu'une série d'épreuves et une instruction spéciale. À l'inverse, une perturbation profonde peut avoir lieu lors de crises professionnelles liées au chômage, lorsque l'individu forcé de quitter son travail sc sent exclu ou empêché d'utiliser son savoir-faire : c'est alors l'interruption brutale d'une quête qui nécessite aussitôt de chercher à en accomplir une autre, quitte à reprendre une formation.

À un degré ultime, ces rites d'initiation ont pour enjeu de nous faire mourir à la vie pour atteindre l'illumination, c'est-à-dire pour transcender la condition humaine, et s'unir à une transcendance : « Le *vrai homme* – l'homme spirituel – n'est pas donné, n'est pas le résultat d'un processus naturel. » Ces rites sont pris en charge par des maîtres : « Eux savent, eux connaissent le monde de l'esprit, le monde véritablement humain. Leur fonction est de révéler aux nouvelles générations le sens profond de l'existence et de les aider à assumer la responsabilité d'être un "homme véritable" et, par conséquent, de participer à la culture » (*Initiations*, p. 277). Le but de la quête est d'« obtenir un renouvellement définitif et total » propre à toute spiritualité authentique. À notre époque, de tels rites manquent. Eliade note qu'à côté des grandes religions, des groupuscules religieux ou sectes se sont multipliés, proposant leurs propres rites ; certains groupes se présentant comme « thérapeutiques » partagent des similitudes avec ces sectes en proposant un rapide mieux-être. Leur succès, parfois dangereux pour la liberté individuelle, « prouve aussi le besoin profond d'être "initié", c'est-à-dire d'être régénéré, de participer à la vie de l'esprit » (*Initiations*, p. 279). Eliade regrette que les grands symboles perdent leur sens quand ils sont transposés dans des démarches laïques. Joseph Campbell ne voit pas d'un œil pessimiste ces transpositions multiples : c'est un renouvellement positif des symboles. Plus nous avons conscience de leur présence dans notre quotidien, plus nous pouvons activer leur puissance, nous en servir pour améliorer notre vie, sans avoir besoin de nous soumettre à une autorité.

Entrer dans le troisième âge

L'autre passage inévitable dans toute vie est le départ à la retraite et le début de la vieillesse. « Les anciennes mythologies avaient aussi pris ce genre de problème en charge (...). Elles avaient eu une idée merveilleuse : les vieilles personnes sont sages » (PTB, p. 16). Dans ce cas, les gens âgés gardaient un rôle à jouer, car les générations suivantes se tournaient vers eux pour glaner des conseils. Joseph Campbell montre que notre société moderne ne donne plus assez de place aux retraités : elle considère qu'elle n'a plus besoin d'eux passé un certain âge. Lorsque le monde changeait lentement, les personnes âgées transmettaient une vision de la vie utile ; aujourd'hui, nos sociétés évoluent à toute allure : les conseils d'une personne qui part à la retraite ne semblent plus applicables d'une génération à une autre. Pourtant, la vieillesse peut être aussi une période fertile, tournée vers les autres, d'une manière différente : par la transmission d'un savoir aux plus jeunes ou l'élaboration de nouveaux projets. Dans certaines pratiques qui exigent l'enseignement d'un maître, l'âge continue à conférer à ce dernier une aura de sagesse. Un mythe personnel nous aide alors à accepter l'inévitable déclin physique qui accompagne le retrait de la société, et surtout redonne du sens à cette dernière période de la vie : il nous est toujours possible d'accomplir une nouvelle quête dans cette période, d'y trouver un temps privilégié pour réaliser ce que nous avons laissé en jachère toute notre vie.

Campbell déclare que toute l'énergie d'un individu risque de lui rester sur les bras quand il quitte son travail et qu'il sent son corps perdre sa vitalité : qu'est-ce qu'il va faire de cela ? Beaucoup de personnes se tournent alors de nouveau vers les traditions religieuses ou les grands mythes pour être guidés. De fait, Campbell précise que certaines quêtes héroïques prennent sens en fonction de notre âge, comme la pensée indienne que toute vie est illusion par exemple, c'est-à-dire qu'elle est Mâyâ et que nous devrons nous dissoudre avec elle : « Quand on a atteint un certain âge, que tous ceux qu'on a connus et aimés ont disparu, que le monde lui-même s'efface, le mythe de Mâyâ nous touche, mais pour les jeunes, le monde reste encore à découvrir, à affronter, à aimer, à combattre, à apprendre » (PM, p. 231). « Comme les rêves, les mythes sont le produit de l'imagination humaine[1]. » Leurs images sont le reflet des désirs, des peurs, des potentialités et sont générés par les organes du corps, sous forme d'énergies qui s'affrontent ou s'harmonisent en nous.

Joseph Campbell aimait se référer au mythe de Vishnou : ce dieu hindou est représenté flottant au-dessus de l'océan cosmique, un océan laiteux comme nos galaxies, allongé sur le serpent géant nommé Ananta ; il est en train de dormir. Son activité divine consiste à rêver dans son sommeil, car ses rêves produisent les formes de notre monde, et nous sommes tous alors issus de son rêve. Le monde est le rêve de Vishnou. Et comme dans nos rêves, la nuit, tous les personnages et toutes les situations sont des émanations de nous-mêmes, de même nous sommes tous des aspects de Vishnou, nous partageons tous la même substance divine, nous sommes tous UN. Nous sommes tous reliés car rêvés par la même force originelle. Et du nombril de Vishnou, pendant que son rêve se déroule avec ses grandes merveilles et ses grandes catastrophes, on voit pousser un lotus immense, et ce lotus est l'image de Shakti, la déesse suprême. Notre univers est ce lotus, il est comme l'épouse d'un dieu qui nous rêve à l'infini.

---

1. Joseph Campbell, *The Inner Reaches of Outer Spaces, Metaphor as Myth and as Religion*, Californie, New World Library, 2002, p. 27, désormais abrégé *Inner Reaches*.

Alors tout ce qui nous entoure est semblable aux formes des songes, et aux images des mythes, tout est évanescent, éphémère, destiné à se dissiper, et tout a peut-être émergé d'une sorte de vaste fonds universel dont les mythes nous parlent encore et encore. De ce point de vue, si nos rêves viennent de notre inconscient, tout ce qui existe sur terre et dans l'univers proviendrait d'un vaste inconscient collectif qui produirait les formes avant de les absorber à nouveau en lui, ou d'une énergie primitive rêvant les formes du monde, comme dans le mythe de Vishnou, avant de les dissoudre à nouveau en elle. Vishnou lui-même n'est pas le dieu originel dans la mythologie hindouiste. Il est également la manifestation d'une énergie créatrice antérieure, inatteignable, dont l'un des noms est Brahma le Créateur : il est assis sur le lotus du monde poussant du nombril de Vishnou, « il ouvre les yeux, et un monde naît (...) il ferme les yeux et ce monde disparaît » (PM, p. 120) : cette métaphore évoque alors les galaxies qui s'étendent à la suite d'autres galaxies dans un univers en continuelle expansion, mais aussi l'instant où nous fermerons les yeux et qu'un monde avec nous disparaîtra pour mieux se fondre avec l'énergie originelle.

Se préparer à la mort

Toute mythologie nous prépare à ce passage ultime : celui de la vie à la mort. Qu'est-ce qui se trouve au-delà ? Comment accepter notre mort ? Les traditions religieuses proposent des réponses à ces questions et un cheminement spirituel. La mort est présentée comme un au-delà heureux ou le passage nécessaire vers une autre vie, celle de l'âme, ou dans un nouveau corps dans les conceptions orientales jusqu'à la dissolution dans un grand « Tout » ou un grand « Vide ». Ces mythologies sont toujours valides et apportent une aide profonde à celui qui les embrasse.

Quand ce n'est pas le cas, comment un individu peut-il apprendre à accepter sa mort ? Joseph Campbell propose de penser la « vie dans un autre monde » d'abord comme une « vie dans notre monde intérieur » (PTB, p. 17). La « deuxième vie », nous l'avons en nous : c'est notre imaginaire où la morale courante n'a pas lieu, où toutes les expériences sont possibles. Nourrir, développer notre imaginaire, et surtout explorer notre propre mythologie personnelle peut nous aider à traverser ce stade ultime de notre vie si nous avons le sentiment de l'avoir pleinement vécue. Plutôt que de penser à un futur, après la mort, nous nous concentrons alors sur notre présent et les richesses d'une exploration de notre vie imaginaire, comme nous le faisions si spontanément enfants. **L'autre vie est déjà là, présente au fond de nous-mêmes.** Regardons.

7.

Quelle sagesse nous enseignent les mythologies ?

Voir en l'homme un mystère infini

Si un symbole n'est plus relié à notre vie de tous les jours, il perd son pouvoir et disparaît pour notre plus grand drame ; mais si nous nous tournons vers les mythes anciens, nous pouvons y retrouver des images susceptibles de nous aider encore aujourd'hui. Selon Campbell, si un individu a la foi, alors s'intéresser aux autres mythes peut approfondir celle-ci ou bien l'aider à recevoir les symboles de sa religion d'une façon plus personnelle sans prendre tout au pied de la lettre. Si un individu n'a pas de foi particulière, l'étude des symboles mythologiques l'aide quoi qu'il arrive à s'orienter dans sa vie intime et quotidienne ; il peut trouver tous les mystères dans sa propre psychologie.

De nos ancêtres chasseurs vénérant les animaux à notre époque contemporaine anthropocentrique, où nous sommes en quête de réalisation, les mythes n'ont cessé d'évoluer pour s'adapter à nos besoins, tout en nous parlant de notre quotidien immédiat. Joseph Campbell était un remarquable conteur oral ; à l'écrit, il a commenté les mythes des sociétés primitives fondées sur la chasse et sur l'agriculture principalement dans un *Historical Atlas of World Mythology* qui devait remonter de la préhistoire à nos jours. Cet atlas, composé de quatre volumes illustrés de nombreuses reproductions de peintures et objets sacrés, est resté inachevé, interrompu par la mort de Campbell. Les deux premiers volumes seulement ont été publiés[1]. Cette série reposait sur l'idée que les mythes avaient évolué en traversant quatre étapes ou voies :

– *The Way of the Animal Powers* (La voie des animaux de pouvoir). Cet ouvrage rassemble les mythes datant surtout du paléolithique, caractéristiques des tribus nomades préhistoriques de chasseurs et pêcheurs, pratiquant aussi la cueillette, dont on observe les traces par exemple dans le sud de la France et autour de la Méditerranée. Il fait une large place au chamanisme et aux animaux totémiques, propre aux cultures nomades de la Sibérie et de la Russie.

– *The Way of the Seeded Earth* (La voie de la terre fertile). L'ouvrage rassemble les mythes de la période néolithique surtout, vers 6000 et 5000 avant J.-C., caractérisée par des populations sédentaires au sud-est de l'Europe ou en Mésopotamie, en Égypte où l'agriculture et l'élevage deviennent les sources d'alimentation majeures, et vers 4500 à 2500 avant J.-C. pour l'Europe de l'Ouest. Ces mythes valorisent une Grande Déesse assimilée à la terre : des rites de fertilité et de sacrifices lui sont associés. Elle est représentée dans les Vénus callipyges ou statues primitives de femmes-animaux dont certaines ont plus de vingt-cinq mille ans. Le culte de cette déesse ou d'un ensemble de déesses s'est étendu sur plus de quatre mille ans avant d'être assimilé par les mythes patriarcaux de la période suivante, et de survivre sous des formes atténuées mais toujours importantes.

1. Voir la bibliographie.

– *The Way of the Celestial Lights* (La voie des lueurs célestes). Cet ouvrage devait réunir les mythes nés à l'âge de bronze, lorsque des cités-États apparaissent ou que des tribus nomades comme les Hébreux par exemple ont besoin d'un sentiment puissant d'identité qui les unit. Les mythes organisent alors un panthéon de divinités régnant sur les hommes depuis leur trône dans les cieux, comme dans les mythes égyptiens, grecs ou romains, ou valorisent l'existence d'un seul Dieu, protecteur d'un peuple de croyants en particulier ou d'une nation élue. C'est une mythologie nettement patriarcale, dominée par un Dieu créateur, propre aujourd'hui aux trois grandes religions monothéistes : le judaïsme, le christianisme et l'islam. Campbell désigne l'avènement de ces mythologies par « le Grand Retournement », comme si elles disaient : « Regardez, la vie terrestre est faite de violences et d'injustices, ne cherchons le bonheur que dans le ciel, hors de ce monde ou de cette vie », par opposition aux mythologies de la Terre-Mère qui valorisent une harmonie avec nos sensations et la vie sur terre.

– *The Way of Man* (La voie de l'homme). À partir du VIe siècle avant J.-C., Campbell situait l'apparition de religions plus intériorisées. À ses yeux, les images des mythes propres aux époques antérieures n'étaient plus interprétées littéralement mais considérées désormais comme des métaphores. Il trouvait cette transition évidente dans les pensées orientales comme le bouddhisme ou le taoïsme ou dans les philosophies occidentales platoniciennes et gnostiques. À notre époque, c'est l'homme, et son épanouissement, qui est au cœur de nos préoccupations.

Respecter la nature : les mythes de la chasse et de la plantation

Les animaux sont la source de notre vie

Même si nos conditions de vie ont changé, notre rapport au monde animal devrait rester aussi respectueux que dans les sociétés antiques. C'est ce que nous enseignent les mythes des tribus de chasseurs ou pêcheurs dont la survie était extrêmement précaire : un **sentiment de reconnaissance** de l'homme envers celui qui meurt pour lui permettre de vivre. Que nous le voulions ou non, cette réalité est inévitable : quand nous sommes à table, nous consommons des organismes vivants, animaux ou végétaux. Et les animaux sont toujours une source d'approvisionnement pour nos vêtements et meubles, nos biens de consommation ordinaires.

Avant l'invention de l'écriture, de l'aube de l'humanité jusqu'à environ 3500 avant J.-C., se sont développées des sociétés de chasse par exemple dans les plaines du Grand Nord, au Canada, au nord des États-Unis, en Sibérie, en Europe du Nord. Ces tribus primitives vivaient grâce au talent des héros chasseurs, en tuant des animaux qui fournissaient leur nourriture, leur peau pour les vêtements ou des os pour les outils. Selon Campbell, cette proximité constante avec la mort de l'animal et l'horreur de devoir vivre en tuant ont engendré le développement d'une mythologie particulière fondée sur l'idée que la mort n'existe pas : « Cet animal que vous avez tué va revenir à la vie si vous accomplissez un certain rite » (PTB, p. 27). Reverser le sang de l'animal sur le sol, après l'avoir tué, était une manière pour ces tribus de le rendre à la terre pour qu'il puisse renaître plus tard et permettre ainsi aux chasseurs de trouver davantage de nourriture la saison suivante.

De plus, l'animal était considéré comme un être vivant qui se sacrifiait pour assurer la survie de l'homme : il était « une victime volontaire qui s'offrait elle-même aux coups du chasseur selon un accord tacite : qu'un certain rite serait réalisé ensuite qui lui permettrait de revenir à la vie » (PTB, p. 27). Cet animisme qui prêtait à l'animal des pensées, paroles, actes propres aux êtres humains engendrait un mode de pensée différent de notre époque contemporaine : la nourriture n'était pas un dû qu'on obtient en échange d'argent, c'était un cadeau et, comme tout cadeau, il était suivi de remerciements. Campbell explique que « ces sociétés de chasse avaient un tel respect pour la nature qu'elles n'auraient pas tué d'animaux en dehors de ceux qu'elles comptaient manger. Si elles faisaient quelque chose de si inutile et gratuit, elles pensaient que les animaux ne reviendraient certainement pas l'année suivante pour la saison de la chasse. Donc elles remerciaient les animaux en pratiquant un rituel afin que la source de nourriture revienne » (PTB, p. 27).

La croyance en un « animal pensant » et en son sacrifice, l'ensemble des règles et des rites qui présidaient aux séances de chasse assuraient alors au chasseur qu'il ne commettait pas un crime en tuant des êtres vivants, mais qu'il protégeait sa tribu en rapportant une nourriture pour l'ensemble de ses membres : alors « le mythe a effacé la culpabilité. Tuer un animal n'est pas une action individuelle. Le chasseur tue comme tue la nature » (PM, p. 139). Campbell note combien notre monde occidental a perdu au XXe siècle ce sens du respect de l'animal qui le nourrit et de la nature en général. Dès les années 1970, il conseille ainsi de respecter à nouveau la terre et les espèces animales, surtout sauvages, dans nos habitudes les plus quotidiennes, car c'est seulement ainsi que nous changeons l'ensemble de notre mode de pensée. Nous rendons hommage à celui qui nous permet de vivre, en respectant la nature, sans pour autant nous interdire ce dont notre corps a biologiquement besoin.

Les sociétés de chasse valorisaient un certain type de héros : le guerrier essentiel à la survie de la tribu, mais aussi le chaman comme en Sibérie, en Amérique du Nord ou au Canada. Ce dernier possédait à leurs yeux le pouvoir de localiser les troupeaux et d'effectuer les rituels de purification après la mort d'un animal, puis les rituels pour assurer sa renaissance. Sans les relier nécessairement au chamanisme, ce qui n'est pas attesté par les découvertes anthropologiques et scientifiques, il est possible d'analyser les peintures situées dans les grottes de Lascaux, celle des Trois Frères ou la grotte du Gabillou en Dordogne en termes proches. Dans le premier volume de son atlas mythologique[1], Campbell choisit de décrire la réalisation de peintures rupestres d'animaux et de personnages fantastiques comme des expériences initiatiques. L'artiste et ceux qui vont bénéficier de ses visions doivent quitter le monde ordinaire de la lumière caractérisé par des conflits et des dualités : moi contre toi, toi contre moi, être dévoré ou dévorer, tuer ou être tué. Puis l'homme descend dans un canal de terre et de pierre et suit un chemin dangereux qui mène à une vaste grotte, symbolique du ventre maternel de la terre dont les hommes s'estiment peut-être issus. Enfin, l'homme réalise ou découvre ces peintures d'animaux nés pour être tués par le chasseur et assurer sa propre survie, mais qui appartiennent dans ce lieu à une forme d'éternité. Les animaux au cours de cette chasse magique deviennent l'emblème d'un pouvoir invisible qui les traverse et auquel une figure mythologique préside, un sorcier maître des animaux

1. Joseph Campbell, *Historical Atlas of World Mythology, I. The Way of Animal Powers*, Part 1 : *Mythologies of the Primitive Hunters and Gatherers*, New York, Harper and Row, 1988, p. 73-79.

qui possède le corps d'un homme, des pattes de lion, une tête animale portant des bois de cerf, une queue de loup ou de cheval dans la grotte des Trois Frères ou un homme à tête de bison dans la grotte du Gabillou. Ce sorcier emmène les animaux vers le chasseur en une danse sacrée avant qu'ils soient tués pour assurer la survie de la tribu. Un intense sentiment spirituel doit s'emparer alors des chasseurs qui divinisent dans ces peintures les animaux dont ils dépendent pour vivre. L'animal est à la fois leur égal et une créature supérieure puisqu'elle est capable de se sacrifier volontairement pour eux. Alors, comme dans toute expérience mystique, les dualités n'existent plus en ce lieu sacré : à travers la figure de l'homme-bison, le chasseur s'identifie à la créature animale, à celui qui est chassé et qui par sa mort lui donne sa vie. Les deux ne font plus qu'un. Campbell considère ce cheminement sous la terre ponctué par cette vision finale comme un sacrement comparable à ceux des institutions religieuses contemporaines : celui d'**unir les contraires** (l'homme et l'animal) pour parvenir à une révélation qui dépasse la seule condition humaine, à une **transformation de notre conscience** à l'œuvre dans le monde ordinaire. De ce point de vue métaphysique, Campbell met l'accent à nouveau sur la quête d'un chasseur héros qui s'unit à l'autre dans la reconnaissance mutuelle, au lieu de l'éliminer pour son intérêt personnel.

La terre produit la vie

Dans les sociétés primitives appartenant plutôt au monde tropical, en Amérique du Sud ou dans les sociétés sédentaires agricoles de la période néolithique en Europe, en Mésopotamie, en Égypte ou en Inde, dans l'ancienne vallée de l'Indus trois mille ans avant J.-C., des mythes et des rites différents naissent, car la nourriture provient essentiellement de la cueillette et de l'agriculture. Pour Campbell, la mythologie du chasseur est plutôt extérieure : comme sa vie dépend des animaux, il a tendance à diviniser ces derniers. Elle est violente : on tue ou l'on est tué. La mythologie de l'agriculteur est plus intérieure : une graine est plantée, la terre ensemencée, la germination a lieu sous terre pendant l'hiver puis les céréales sortent au printemps et grandissent l'été avant de mourir en automne. La vie finit d'une manière naturelle, sans violence. La source de la nourriture est moins visible aux yeux des hommes et leur demande d'utiliser leur imaginaire. Lorsque des sociétés de nomades vivant de la chasse se sont sédentarisées, ont découvert l'agriculture et l'élevage des animaux, leurs mythes ont également évolué car l'esprit a été modifié : « Un animal est une entité sous une peau. En tuant l'animal, vous tuez l'entité. Rien de semblable ne survient dans le monde végétal où la plante n'abrite aucune entité. Coupez une plante, et la tige repoussera » (PM, p. 179). Néanmoins, dans son souci d'unification, Campbell a tendance à atténuer aussi les distinctions entre les mythes des chasseurs et planteurs : tous recherchent à ses yeux une communion saine avec la nature.

On observe alors que la femme est assimilée d'un point de vue mythologique à l'univers : « Quand une déesse représente le pouvoir créateur, l'univers est considéré comme son corps » (PM, p. 282). C'est le cas de la déesse Nout en Égypte qui représente la voûte céleste à l'intérieur de laquelle la vie peut exister. Ou bien le ventre de la déesse, c'est la terre. La femme donne la vie à d'autres êtres comme la terre produit de la nourriture pour les humains. De telles mythologies se référaient à un culte d'une Grande Déesse dont la terre serait le ventre d'où la vie peut naître. Pour Campbell, même dans la Genèse, Dieu prend l'argile de la terre pour modeler l'homme, ce qui est une autre manière de signaler que l'homme est né de la Terre-Mère, conformément à nos découvertes scientifiques. Dans un ouvrage préfacé par Joseph Campbell, *Le Langage de la déesse*[1], l'archéologue Marija Gimbutas défend l'hypothèse de rites matriarcaux ayant précédé les religions patriarcales, en étudiant les nombreuses formes féminines qui représentaient la Grande Déesse[2]. Selon Gimbutas, les fonctions de celle-ci ne se limitaient pas à une symbolique maternelle mais comprenaient l'ensemble des actes réservés par la suite aux dieux masculins : la création du monde, des saisons, des animaux, plantes, êtres humains, leur épanouissement et

1. Marija Gimbutas, *The Language of the Goddess*, Harper, San-Francisco, postface de Joseph Campbell, 1989 ; en français : *Le Langage de la déesse*, Éd. Des femmes-Antoinette Fouque, 2006, avec une préface de Jean Guilaine et un extrait de l'ancienne préface de Campbell. Marija Gimbutas (1921-1994), professeur d'archéologie à l'université de Los Angeles, critique les théories du chercheur français Georges Dumézil, le célèbre spécialiste des mythes indo-européens, car ce dernier limite le culte des déesses à des Vénus fertiles, des symboles uniquement maternels. Elle se consacre de son côté à l'ensemble des mythes et rites qui auraient précédé les invasions de nomades venus de l'est de l'Europe et l'établissement de la culture indo-européenne à dominante patriarcale. Marija Gimbutas montre alors que la plus ancienne culture européenne a rendu un culte à des déesses qu'elle rassemble sous la dénomination de « Grande Déesse ». Apparue dans les premières sculptures datant de vingt-cinq mille ans avant J.-C. au Paléolithique, elle est surtout vénérée sous ses différentes manifestations dans les sociétés européennes agricoles à partir de 9000 avant J.-C. Marija Gimbutas a analysé plus de deux mille statues et objets des sites néolithiques entre 7000 et 3500 avant J.-C.

2. La déesse était représentée essentiellement par un corps de femme qui accentuait les grands yeux, la bouche, et la vulve, d'énormes ventres et seins. Ce sont à la fois des seins qui nourrissaient les vivants et qui régénéraient les morts. Toutes ces parties du corps devaient être associées à la création de la vie. La déesse était également représentée avec une tête d'oiseau, ou associée aux animaux tels la biche, le bélier, l'ours, le serpent et l'oiseau.

leur mort afin d'assurer un renouveau de la vie. Elle assurait un triple rôle qui s'observait dans le cycle des saisons : la Créatrice, la Destructrice et la Régénératrice. C'était une forme de trinité ancienne : donner la vie, donner la mort, la transformer ; élever, abaisser et renouveler. Au printemps, cette déesse est la jeune fille vierge en lien avec la jeunesse des bourgeons sur les arbres, et la sortie des premières plantes ; en été, elle est la femme épanouie et sexuelle, la reine couronnée, comme la nature resplendissante ; en automne, elle est la vieille femme qui fauche les plantes et la vie des hommes[1] ; durant l'hiver, elle prend le visage de la Régénératrice, celle qui garde dans son ventre les graines qui germeront au printemps suivant. La création de la vie semble dans ces mythes matriarcaux avoir lieu sans l'intervention d'un dieu masculin. La déesse est une vierge qui enfante. De même, quand on enterre les morts, symboliquement on pensait les rendre au ventre de la terre, c'est-à-dire à celui de la déesse mère pour qu'elle les reprenne en elle et leur redonne une forme de vie.

Mais on voit émerger également dans ces sociétés un aspect terrifiant pour nous aujourd'hui : l'observation de la nature et du cycle végétal conduit à cette idée que la vie naît de la mort. Parce que des feuilles et des fruits tombent sur la terre, pourrissent et se décomposent, d'autres peuvent se former. Si l'on veut faire croître la vie, il faut donc faire croître la mort : tout un système de meurtres rituels est alors

1. Marija Gimbutas insiste sur la nécessité de penser cette Grande Déesse sans séparer ces trois éléments. Par la suite, les mythes patriarcaux ont créé des images d'une bonne déesse mère qui protège la vie et d'une mauvaise mère qui donne la mort. Les aspects destructeurs de la déesse ont été démonisés et associés au mal. La mort est devenue négative, alors qu'elle était inséparable de la transformation indispensable pour engendrer une vie nouvelle.

mis en place, un système brutal fondé sur l'idée qu'un sacrifice humain apportera une vie nouvelle pour tout le groupe. Au fur et à mesure de l'évolution des sociétés, ces rites du sacrifice ont été effectués sur des animaux, puis sont devenus symboliques, spiritualisés.

Comment ces sociétés expliquent-elles alors la naissance du monde et des êtres humains ? Les mythes de la plantation renvoient « à un temps où il n'y avait pas de temps et à une époque où les êtres humains n'étaient ni hommes, ni femmes, ni animaux. Soudainement, une de ces créatures a été tuée et son corps a été démembré. Chaque partie de ce corps a été plantée. De chaque pièce ont alors poussé toutes les plantes qui ont permis aux gens de vivre » (PTB, p. 31). Le héros mythologique tue un dieu qui volontairement s'offre en nourriture aux hommes. En mangeant le dieu, les humains s'unissent pleinement à lui. Pour Joseph Campbell, manger le dieu dans ces mythes est un acte d'amour : le dieu se donne aux hommes et les hommes s'unissent à lui[1].

« Dans les sociétés de chasseurs, un sacrifice est considéré comme un don » pour obtenir les faveurs d'un dieu-animal, alors que dans « les sociétés d'agriculteurs, c'est la divinité elle-même qui est sacrifiée. Celui qui meurt est enseveli puis il se transforme en nourriture » réelle ou

---

1. Nous voyons l'originalité de cette analyse par rapport aux recherches du fondateur de la psychanalyse, Freud, qui voyait dans l'acte de tuer un dieu la vengeance d'un fils envers le père et le seul moyen de prendre sa place ; chaque petit garçon souhaiterait dans son esprit tuer son père avant d'apprendre en grandissant à établir une relation harmonieuse avec lui une fois dépassé ce désir de meurtre antisocial. Pour Freud, manger le père est un acte cannibale qui vient de la haine contre sa tyrannie, souvent sexuelle, et un moyen de s'approprier ses pouvoirs. Robert A. Segal, *Joseph Campbell*, *op. cit.*, p. 14.

spirituelle (PM, p. 180). On retrouve ces dieux de la végétation sacrifiés dans la figure grecque d'Adonis qui symbolise la mort puis la renaissance de la nature ou de Déméter, déesse de l'agriculture et des moissons dont la fille Perséphone est enlevée par le dieu des morts, Hadès : tant que sa fille demeure auprès de son époux, chaque automne et chaque hiver, la déesse mère entre en deuil comme la nature, puis elle rend la vie à la terre quand sa fille lui revient au printemps et en été. Ces mythes agricoles ont réapparu également dans les Évangiles, dans l'histoire du Christ. Le rite de la communion catholique qui consiste à manger le corps du Christ en est une réactivation. Tous les mythes nous montrent une idée essentielle : **manger est une communion avec l'univers** ; nous sommes redevables à la nature et à ceux qui la cultivent, aux planteurs et agriculteurs. Notre vie se perpétue en mangeant la vie et, selon la pensée mythologique, une vie nous est offerte pour permettre la nôtre. Cela devrait nous inspirer encore de la reconnaissance quand nous prenons place à table aujourd'hui. Comme envers la vie animale, le même respect pour la végétation est nécessaire : la terre nourrit les hommes, possède le mystérieux pouvoir de donner la vie.

La nature façonne aussi notre image de la spiritualité : « À travers l'histoire de la Chute, la nature apparaît comme corrompue », alors « toute action spontanée est un péché. Dans les mythes valorisant une déesse mère, c'est le contraire : la nature est un reflet de la divinité » (PM, p. 173), aussi la terre autour de nous prend-elle une dimension sacrée car la déesse fait partie de tout ce qui vit ; elle ne se trouve pas hors de la terre, dans un ciel au-dessus des hommes comme dans les spiritualités où un dieu masculin règne, mais « votre corps fait partie du sien » (PM, p. 305). La terre peut redevenir par endroits ou tout entière un **corps sacré**, y compris à l'intérieur de nos mégapoles : « Nous devrions trouver dans tout paysage le symbole du pouvoir divin, comme dans les vieilles traditions » (PM, p. 168). La nature est aussi présente dans nos grandes villes ou tout autour. Nous pouvons de nouveau faire des lieux où nous habitons des endroits animés de vie. Car la vie se trouve d'abord en nous : dans notre manière de voir les choses. Saluer la nature, prendre le temps de marcher autour des villes ou dans un parc, de ressentir de la révérence pour son existence mystérieuse et fertile nous reconnecte à ces symboles anciens porteurs d'un rapport positif au monde. « Les Indiens vouvoyaient tous les éléments naturels : les arbres, les pierres, tout ce qui vit. Si vous faites comme eux, vous changez de psychologie. L'ego qui voit une créature vivante en toutes choses n'est pas le même que celui qui y voit des objets » (PM, p. 146-147). Ainsi Campbell déclare-t-il : « Nous devons apprendre aujourd'hui à rétablir l'harmonie entre la sagesse de la nature et nous, à retrouver le sens de la fraternité avec le monde animal, aquatique et marin » (PM, p. 72).

La déesse est enfin le guide suprême vers la transcendance dans ces mythologies : dans les religions hindouistes où elle a repris une place importante au VIIe siècle après J.-C., et malgré l'installation de religions à dominante masculine, la déesse représente l'univers entier : le monde et les dieux sont ses enfants. Dans la *Kena Upanishad*, la déesse est nommée Uma, « mère de toutes les formes » : c'est elle qui instruit les dieux sur l'origine de leurs pouvoirs, une force suprême neutre qui peut aussi les leur retirer. Son rôle est d'emmener les êtres vers « le mystère (qui) se situe au-delà de toutes les contradictions », au-delà du masculin et du féminin, de l'être et du non-être, de toutes les catégories (PM, p. 283). Il ne s'agit pas d'avoir des croyances animistes ou panthéistes, car, pour Campbell, le panthéisme consiste à voir une divinité en toutes choses, une divinité surtout personnelle, pointant notre tendance à humaniser la nature plutôt qu'à la considérer comme un ensemble de forces impersonnelles. Le mystère de la vie est au-delà de tous les mots et visages ; il « échappe à toutes les théologies » (PM, p. 72). Même parler d'une force impersonnelle n'est pas encore exact : ce mystère est « indéfinissable, inconcevable (...), à la fois l'origine et la fin, duquel dépendent toute vie et toute conscience » (PM, p. 72).

S'identifier à la lumière, pas à la lampe

Toutes ces mythologies nous indiquent que nous ne nous identifions pas seulement avec le corps et la matière, mais que notre énergie provient d'une source de vie mystérieuse au-delà des formes connues. Garder la conscience de ce mystère est pour Campbell une nécessité, ce qui nous permet d'éprouver une expérience de la transcendance. La voie des « mythologies célestes », comme les nommait Campbell, s'est développée dans les grandes religions monothéistes qui existent toujours aujourd'hui. Elle a dominé aussi les anciennes cultures égyptienne, grecque et romaine sous la forme de panthéons de dieux et déesses tombés en désuétude. À l'inverse, la religion hindouiste garde aujourd'hui un panthéon complexe de divinités. Heinrich Zimmer précise en effet que le culte des dieux grecs, puissant au VIIIe siècle avant J.-C., fut progressivement abandonné en Occident, même s'ils restent aujourd'hui des symboles véhiculés par les livres et des sujets de fascination très forts jusque dans notre cinéma hollywoodien. Dès le Ve siècle avant J.-C., Zimmer raconte que les dieux et déesses grecs, fascinants dans l'épopée d'Homère, sont devenus des sujets de moquerie, ridiculisés par les artistes et les philosophes (Démocrite, Aristophane, Socrate et Platon, Aristote), à cause de leurs histoires d'amour, d'adultère et de vengeances bien trop humaines. Mais les personnages de la guerre de Troie, la belle Hélène, son amoureux Pâris ou Aphrodite, la déesse de l'amour à l'origine de cette guerre, sont des figures vivantes appartenant à notre imaginaire, car ces héros ou dieux parlent encore à nos travers humains et à nos tragédies. Nous n'avons simplement pas besoin de croire en leur réalité historique. Ils sont uniquement des métaphores. Tous les symboles issus de ces religions célestes peuvent être compris de cette manière-là, pour Campbell.

À l'inverse, le panthéon des dieux indiens n'a pas subi de modifications parce qu'ils étaient compris uniquement comme des masques d'une force invisible et première qui les traverse de la même manière qu'elle traverse les hommes, nous précise Zimmer. Dans la religion hindouiste, les êtres humains ayant besoin de s'adresser à des personnes, masculines ou féminines, les dieux leur servent de visages intermédiaires pour prier cette force invisible et lui donner des aspects différents, parfois bienveillants et remplis d'amour, parfois terrifiants et destructeurs. Nous avons besoin de séparer en de multiples facettes ce qui est en fait uni. La variété des saints patrons des conducteurs, cheminots, artisans, guérisseurs dans la chrétienté ou l'importance de la figure maternelle suprême qu'est la Vierge Marie répondent à ce besoin de s'adresser à des figures aux visages humains, plutôt que de communiquer directement avec un Dieu unique, sans nom et sans visage.

Une force de vie qui traverse toute chose peut prendre toutes les formes existantes dans le monde. La philosophie hindouiste prône l'existence d'une présence spirituelle sacrée, le « Soi », nommée Atman, et qu'une pensée plus tardive nommera Brahma ou Brahma-Atman. C'est un non-dualisme transcendantal, c'est-à-dire que toutes les oppositions sont uniquement des phénomènes, des apparences perceptibles par notre regard humain. Voici l'exemple donné dans la *Chandogya Upanishad.*

Un sage, nommé Aruni, demande à son fils de verser du sel dans de l'eau. Puis il lui demande de lui redonner le sel. Le fils ne peut pas obéir : le sel s'est entièrement dissous dans l'eau. « Goûte l'eau de ce côté du verre, dit-il, comment est-elle ? – Salée, répond le fils. – Goûte-la au milieu du verre, comment est-elle ? – Salée. – Goûte-la de l'autre côté du verre, comment est-elle ? – Salée. – En vérité, mon fils, tu ne perçois pas l'Être, et pourtant il est dans le verre. Ce qui est la plus pure essence, le monde entier la possède à l'intérieur des formes. C'est la Réalité. C'est Atman. Tu es cela, mon fils. »

Une force invisible pénètre toute chose comme le sel pénètre l'eau au point de rendre l'eau entièrement salée et ne plus être visible : impossible de retrouver des grains de sel dans la mer ou dans un verre. De même que l'eau et le sel sont devenus inséparables, de même les contraires s'unissent. Si nous prenons de la pâte à modeler, on peut en faire des formes différentes, avec des couleurs différentes, des animaux, plantes, humains, des villes ou des paysages, mais c'est une seule pâte que nous utilisons. Toutes les formes et les apparences sont accidentelles, tout se transforme. L'essentiel est de chercher la force à l'origine de ces transformations. La philosophie des *Upanishads* est donc, comme l'exprime Heinrich Zimmer, une « recherche de l'unité basique qui sous-tend la manifestation de l'univers » (Zimmer, p. 338).

L'individu essaie de **s'unir à cette force unique** afin de se situer hors du changement et de la peur, hors du temps et au-delà des contradictions, grâce à la sagesse : celle-ci ne peut être atteinte par la raison ou la logique qui rejette comme absurde l'union des contraires. Zimmer déclare : « Les règles de la Vie ne sont pas celles de la logique mais celles de la dialectique » car la nature raisonne davantage comme un « ventre illogique ». Dans « la sphère illogique de la nature et des forces de vie, un plus un ne donne pas comme résultat deux pour très longtemps » (Zimmer, p. 352). Zimmer prend l'exemple d'un couple d'amoureux : un homme et une femme se rencontrent ; quand ils tombent amoureux l'un de l'autre et s'unissent, ils ont la sensation de ne plus former qu'un seul être, alors un plus un égale un. Quelque chose d'autre existe que la seule logique mathématique, même si par ailleurs elle nous est nécessaire pour comprendre le monde, structurer le quotidien de nos vies, la moindre de nos pensées. Les pays occidentaux ont trop mis l'accent sur l'usage d'une petite part de notre cerveau.

Ainsi la pensée orientale refuse-t-elle notre dualisme occidental : l'homme n'est pas seulement une âme ou un esprit contre un corps dont il faudrait se délivrer pour n'être plus qu'esprit ; tous les deux sont fondus dans une force plus grande encore, qui n'a pas de nom et pas de forme, car « l'œil ne peut L'atteindre, ni la parole, ni le mental, et nous ne connaissons pas Sa nature. De ce fait, nous ne savons pas comment délivrer un enseignement à Son sujet. Car Cela est différent du connu, mais aussi de l'inconnu [1] ». C'est l'expérience d'une union entre la réalité physique et l'immatériel. **Cette force nous traverse** : nul besoin de chercher à quitter ce corps pour la trouver. Heinrich Zimmer écrit également :

1. *Kena Upanishad*, I-3 traduite et annotée par M. Buttex, d'après la version anglaise de Vidyavachaspati V. Panoli.

« Il y a beaucoup de lampes et pourtant leur lumière est une » (Zimmer, p. 532). En descendant chercher l'origine de cette lumière en nous, nous pouvons alors atteindre un réseau souterrain lumineux qui relie les êtres humains, et nous touchons à quelque chose qui était là avant nous et sera là après nous, qui court seulement à travers nous, dont nous sommes les véhicules. La question issue de cette mythologie pour nous est alors : allons-nous nous identifier à l'ampoule ou à la lumière qui est en elle ? À l'approche de la mort, Campbell explique combien les mythes l'ont aidé à ne plus s'identifier uniquement à son corps déclinant, mais plutôt à « la conscience qui l'anime » (PM, p. 134).

Trouver une vérité sous mille noms

La période des comparaisons

Qu'en est-il aujourd'hui ? Quels sont les mythes qui nous soutiennent ? La voie des mythologies célestes se poursuit à travers les grandes religions monothéistes. Cependant, elles n'occupent plus la même place dans nos sociétés. Le problème de ces religions est d'avoir interprété des symboles mythologiques comme si c'étaient des faits historiques au lieu d'en extraire un message de sagesse. Et ce problème est crucial dans notre tradition occidentale où il est très facile de montrer que ces religions ne reposent pas sur des faits démontrables. L'attitude rationaliste refuse alors les mythes, s'en privant dangereusement pour l'équilibre de l'esprit humain, au nom des découvertes scientifiques prouvant par exemple que l'histoire d'Adam et Ève dans la Bible pour expliquer l'origine de l'humanité est inexacte. Alors tout le monde s'arrange plus ou moins avec sa religion : « Nous avons des gens qui se considèrent comme des croyants parce qu'ils prennent les métaphores pour des faits, et nous en avons d'autres qui se classifient comme athées parce qu'ils pensent que les métaphores religieuses sont des mensonges » (*Art*, p. 2).

De plus, la philosophie du XXe siècle a détrôné les dieux : quand Nietzsche réécrit le mythe de Zarathoustra, il fait déclarer au sage que tous les dieux sont morts. L'homme moderne est celui qui rejette les forces célestes qu'il avait lui-même placées au-dessus de sa tête, et celui qui héroïquement assume son destin. C'est la voie de l'homme, qui devient le centre des préoccupations, la voie qui le mène à un accomplissement de toutes ses possibilités, sans le secours de divinités animales, végétales, anthropomorphes ou célestes.

Enfin, nous avons pris connaissance des mythologies du monde entier, indienne, orientale, sibérienne ou inuit : « Nous sommes dans une période que Nietzsche a appelée la période des comparaisons. Il n'y a donc plus d'horizon culturel grâce auquel chacun peut croire la même chose » (PTB, p. 19). Aucune vérité ne nous est présentée de telle manière que nous pouvons l'accepter aujourd'hui les yeux fermés. C'est donc une erreur de penser en termes de vrai ou faux : « Ma définition favorite d'une religion est "une mauvaise interprétation de la mythologie" » (PTB, p. 19). Et cette mauvaise interprétation consiste précisément à attribuer des références historiques à des symboles qui sont en fait spirituels. C'est en insistant sur l'aspect historique que la religion chrétienne s'est imposée, comme l'explique aussi Mircea Eliade : « Pour les premières communautés chrétiennes, la résurrection de Jésus ne pouvait pas être homologuée à la mort et à la résurrection périodiques des dieux » de la végétation, car elle « avait également eu lieu dans l'histoire, au temps de Ponce Pilate ». Puis le christianisme s'est développé en s'éloignant de cette référence historique, en utilisant les symboles présents dans les autres mythes et cultes, car « le seul langage religieux universel est celui des symboles » (*Initiations*, p. 255).

Ces comparaisons sont-elles négatives ? Campbell pense tout le contraire : « Vous voyez, quand il y a un motif comme celui de la vierge qui enfante, qui apparaît dans les mythologies des Indiens d'Amérique, dans la mythologie grecque, et d'autres, cela devient évident que la vierge qui enfante n'est pas reliée à un événement historique en particulier. C'est à un événement spirituel que cela se réfère – même dans la tradition chrétienne. L'un après l'autre, ces motifs deviennent spiritualisés au lieu d'être historiques. Et la chose intéressante, c'est qu'au lieu de perdre sa foi, une personne la regagne » (*Open Life*, p. 82). En effet, Campbell, qui enseignait à des étudiants de toutes confessions religieuses, avait remarqué que la comparaison des mythes les rendait à leur religion au lieu de les en éloigner car ils l'interprétaient autrement sans plus tenir compte des incohérences, ni chercher à l'imposer à autrui puisque tous les motifs étaient les mêmes simplement exprimés avec d'autres histoires selon l'identité culturelle. Ces comparaisons devenaient donc un **rempart contre l'intégrisme et l'extrémisme religieux, sans pour autant détruire la spiritualité de chacun**.

De plus, si un individu ne souhaite pas s'inscrire dans la religion dominante de son groupe, il est libre de passer d'une mythologie à une autre. Campbell compare avec humour les différents logiciels qui font fonctionner un ordinateur et les différents mythes qui font vivre les peuples dans le monde : « Chaque religion est une sorte de logiciel qui a son propre jeu de signaux, son code » (PM, p. 54). Si un homme construit sa vie en fonction d'un certain type de logiciel, il n'aura besoin de rien d'autre et s'épanouira grâce à cela. Mais Campbell se décrivait comme quelqu'un « qui aime jouer avec les logiciels », alors « il pourra passer d'un code à l'autre » (PM, p. 54).

Les « masques de Dieu »

Une seule vérité, mais inconnaissable : c'est la manière dont Campbell réunit les différentes spiritualités ; telle est sa quête. L'enjeu semble impossible en ce qui concerne les grandes religions surtout, et paraîtra irrecevable si l'on refuse le principe des comparaisons. En raison de la guerre en Afghanistan et des conflits au Proche-Orient, cette question est d'autant plus cruciale : comment réunir des religions engagées dans des conflits ? Des guerres sanglantes entre juifs, chrétiens, musulmans font toujours rage dans certaines régions du monde ; le dalaï-lama, chef spirituel des bouddhistes tibétains, est toujours exilé en Inde et le Tibet est contrôlé par le gouvernement chinois. Campbell pense que toutes les spiritualités sont une à un niveau profond. Aussi chaque groupe devrait-il vivre sa religion sans chercher à lui donner la préséance sur celle des autres. Les idées de Campbell furent souvent considérées par beaucoup de croyants comme blasphématoires. Dans sa série de livres *The Masks of God*, Campbell s'intéressa aux différents « masques » donnés à Dieu aussi bien en Occident qu'en Orient. Le masque est ce nom particulier que chaque peuple donne à l'invisible : représentation animale ou végétale ou humaine. Ce sont des métaphores, car nous passons par une série d'images pour approcher l'inconnaissable. Il est donc fondamental pour Campbell de ne pas prendre à la lettre les textes religieux. Chaque peuple peut se nourrir au contraire des images des autres pour élargir la spiritualité humaine. « La vérité est unique, mais les sages la nomment de bien des façons» est une phrase tirée des *Védas* que Campbell citait régulièrement. Que les religions soient occidentales ou orientales, toutes reposent sur cette même vérité insaisissable et toutes n'en donnent à connaître que d'infimes aspects. Elles sont animées par la même quête et ne peuvent se considérer plus avancées les unes que les autres, même si elles possèdent chacune leur spécificité. Campbell croit en **un mythe universel qui se manifeste de manière imparfaite à travers toutes les religions, rendant chaque religion incomplète**.

Campbell défend l'existence d'une transcendance à condition de s'entendre sur la définition du mot. Il en donne deux. Le transcendant, c'est une force extérieure à l'homme, un dieu quel qu'il soit, un être surnaturel avec lequel l'homme entretient une relation le plus souvent fondée sur l'obéissance à des devoirs, le mérite pour obtenir la grâce ou le paradis ; en cas de désobéissance, l'homme subit une punition qui dans la religion catholique peut aller jusqu'à l'enfer éternel. Ou bien l'on comprend la transcendance dans le sens du philosophe Kant dans la *Critique de la raison pure* : est transcendant ce qui dépasse les catégories de pensée (le bien/le mal, le beau/le laid, etc.). C'est un lieu au-delà des lieux, un point au-delà des dualités de ce monde, un invisible au-delà du visible. Lorsque Nietzsche écrit que « l'homme est quelque chose qui doit être surmonté » en devenant un « surhomme », il ne se réfère pas à une évolution génétique ou à un idéalisme, mais à un désir pour l'homme d'atteindre quelque chose au-delà de lui-même (*Zarathoustra*, p. 21-22), sans définition ni catégorie, en anéantissant par sa seule volonté les valeurs imposées par la société dans lesquelles il vivait jusqu'ici. Le surhomme n'a donc rien à voir avec un idéal de domination, mais c'est plutôt une façon de **tendre sa pensée vers un point au-delà de tout**. Campbell reconnaît uniquement cette définition-là de la transcendance car elle lui semble la plus juste pour les hommes. On ne peut que la postuler : c'est à la fois sa force et sa fragilité. Tout homme peut faire ce choix ; c'est une liberté qui lui est donnée. Elle n'est jamais démontrable même si des systèmes philosophiques ou spirituels s'y essaient, parce qu'elle se trouve en dehors de la logique.

Devenir un héros spirituel

Le héros spirituel en chacun de nous est en quête de ce transcendant. « Dieu est un symbole », déclare Campbell (*Art*, p. 48). Lui attribuer un sexe (homme ou femme ?), une identité (est-il un ou plusieurs ?), toutes ces étiquettes n'ont pas de sens dans la mesure où Dieu est une image pour représenter quelque chose qui se situe au-delà de nos catégories de pensée. Pour Campbell, même l'enclore dans des institutions, des temples ou des églises risque de déconnecter les croyants de sa force vive en lui imposant des théories quand la spiritualité ne peut qu'être de l'ordre de l'expérience intime. **Les mythes présentent les symboles aux individus sans les accompagner de dogmes** : ensuite, c'est une affaire d'interprétation individuelle. Vivre en faisant semblant de croire en telle spiritualité, c'est vivre de manière inauthentique. Une vie authentique recherche d'abord l'expérience intérieure, avant de chercher à l'interpréter et de la communiquer aux autres. C'est le propre de l'artiste et de tous ceux qui choisissent d'être les créateurs de leur propre vie, d'en être les héros spirituels, tandis que l'institution religieuse va imposer d'abord des dogmes, puis demander aux individus de les expérimenter selon la manière autorisée. La meilleure chose à faire avec la Bible est de la lire spirituellement et non pas historiquement, en fonction de son expérience. Mais cette interprétation personnelle n'a pas à être imposée à autrui car c'est certainement une grande impudence de penser que « la manière dont vous comprenez Dieu est la manière dont Dieu est » ! (*Art*, p. 60).

L'homme rencontre l'image vivante du transcendant en lui-même : il peut alors s'identifier à ce qui est plus noble que lui-même, et de l'ordre de l'indicible. Nous avons dit que les grandes religions occidentales ont tendance, pour Campbell, à établir une relation entre l'homme et un dieu qui est radicalement autre, à qui il faut obéir, alors que les religions orientales considèrent que l'homme peut devenir divin en suivant un chemin spirituel, quoique cette pensée existe aussi en Occident dans certains textes. Campbell cite ainsi dans *Puissance du mythe* cette parole attribuée au Christ dans l'évangile apocryphe de Thomas[1] : « Celui qui s'abreuvera à ma bouche deviendra comme moi, et moi je serai lui » (Logion 108)[2].

Le pas le plus grand vers une réalisation spirituelle est donc de se détacher de toute idée définie de Dieu pour s'ouvrir à une expérience de la transcendance, de laisser

---

1. C'est un évangile qui ne fut pas retenu par l'Église chrétienne après sa découverte en 1945 dans le désert de Nag-Hammadi en Haute-Égypte. Il est relié à la pensée gnostique, qu'il convient de distinguer du gnosticisme, ce mouvement religieux des pays environnant la Méditerranée qui connut un apogée au IIe siècle après J.-C. *Gnosis* signifie en grec « connaissance » : celle-ci ne peut s'atteindre que par une expérience intime directe ; seule la connaissance mène au salut et à l'union avec le divin. On retrouve des idées gnostiques dans la philosophie, de Platon à Hegel, et également dans les textes de la quête alchimique dans laquelle l'essentiel n'est pas de transformer le plomb en or, mais de parvenir à transformer sa propre matière humaine en une source de connaissance pure.

2. *Évangile de Thomas*, traduit et commenté par Jean-Yves Leloup, Albin Michel, 1986.

de côté les manifestations locales de la divinité (un Christ sur la croix, un Bouddha éveillé, un Shiva dansant ou les définitions non visuelles présentes dans le judaïsme, l'islam ou le protestantisme, etc.). Il ne s'agit pas d'abandonner la mythologie qui nous correspond ; Campbell recommande au contraire de l'approfondir une fois qu'on est certain de trouver son accomplissement grâce à elle. Mais il nous demande d'effectuer un saut supplémentaire en reconnaissant que cette mythologie est une parmi d'autres : en essayant de soulever son masque particulier, on peut apercevoir une partie d'une transcendance absolue et, au terme de la quête la plus spirituelle, son ensemble peut-être. De même que nous sommes tous imparfaits, de même nos mythologies le sont. La forme du divin est telle que nous nous la figurons, véhiculée par notre culture. Les catholiques ne voient pas des apparitions miraculeuses du Bouddha, et les bouddhistes ne voient pas apparaître le Christ. C'est une vision locale dépendant de l'histoire d'un peuple. Si l'on ne croit qu'à cette image en particulier, on reste enfermé dans une apparence. Si on la voit comme une métaphore ou un masque, on peut accéder à ce qui se trouve au-delà.

Chaque personne doit ainsi nourrir sa propre vision intime du cosmos et ne pas se soucier des voies institutionnelles. Commentant le *Livre des morts tibétain*, Campbell évoque « Pancaksara, la patronne des livres », car elle « donne l'illumination à travers la lecture des livres. Quand les écrits vous ont appris à ne plus craindre la mort, ce monde qui semble être une telle horreur est transformé en un monde de la conscience bouddhique – Bouddha est partout » (*Transformations,* p. 187-188). Cette figure est une divinité choisie. Une telle divinité n'a pas d'existence, c'est une image, elle nous permet de nous accrocher à une représentation spirituelle. Peu à peu, elle devient véritablement notre divinité ; elle nous guide tout au long de notre vie. Pancaksara est celle que Campbell a choisie, il déclare : « Tout ce que je sais, je l'ai reçu de la lecture. (…) c'est ce qui me soutient », car il interprète le monde et ceux qu'il y rencontre dans les termes de ses lectures. C'est donc la divinité des livres qui l'accompagne. Il existe bien des divinités que l'on peut choisir. « Quand vous avez trouvé la vôtre, restez accroché à elle », conseille Campbell. Le monde prendra forme et sens en fonction de celle-ci. Peu importe quelle est notre divinité, si elle a le nom de Yahvé ou de Bouddha, ou un autre système de pensée, l'essentiel est de se souvenir qu'elle est « seconde. Elle n'est pas la divinité au top, elle est seconde » (*Transformations*, p. 173). Elle est **un guide pour nous emmener vers ce qui est au-delà**, la transcendance qui n'a aucun nom ni visage.

8.

Comment l'individu peut-il expérimenter l'humanité des mythes ?

L'expérience intime

Nous avons besoin de vivre les symboles au fond de nous et dans notre quotidien. Quand nous connaissons différents mythes, nous voyons aussitôt le rapport entre tel événement qui arrive à un héros et nos problèmes personnels. Face à la diversité des visages de la vérité, Campbell nous recommande de vivre les symboles à un niveau personnel, en trouvant leur résonance dans notre intimité : « On peut, sans danger, interpréter les symboles d'une pensée religieuse comme des métaphores, non comme des faits. Résultat : ils deviennent des messages qui vous éclairent sur votre vie et votre expérience intérieure » (PM, p. 359). Les images sont toujours là, dans les mythes ; nous en avons un réel besoin : « Une image mythique ne parle pas de quelque chose qui est arrivé quelque part ou qui va arriver quelque part à tel moment. Elle se réfère à ce qui est maintenant, et était hier, et sera demain, et pour toujours » (*Open Life*, p. 78-79). Notre expérience des symboles est de l'ordre de l'émotion vive : « Les mythes ne comptent pas s'ils touchent juste votre esprit. Ils doivent heurter votre cœur. Vous devez **les absorber et les ajuster à vous et en faire votre vie** »

(*Open Life*, p. 35) ; c'est comme si nous avions besoin de métaboliser un mythe, c'est-à-dire de le transformer en une nourriture énergétique pour notre vie quotidienne.

Les mythes sont ainsi comme des panneaux indicateurs sur notre chemin : « Ces thèmes mythiques peuvent être regardés comme des contes de fées ou ils peuvent devenir des illuminations pour toute votre vie » (*Art,* p. 53). Chacun peut résonner en nous, nous indiquer comment poursuivre notre route personnelle, comment prendre des décisions. Une image mythologique peut se trouver dans un texte de chanson, un poème, une sculpture ou les accords d'une musique classique ou d'un chant d'opéra : quand nous trouvons vraiment une image évocatrice qui nous parle, et nous éveille, cela peut forger notre vie tout entière.

Comment vivons-nous de tels symboles tous les jours ? Qu'est-ce qui fait émerger cet aspect de notre conscience qui est le meilleur ? Certains rôles mythologiques sont évidents : le juge en tenue officielle, le président ou la famille royale, le religieux ou le soldat qui endosse son uniforme, le médecin en blouse blanche, tous effacent leur individualité derrière une fonction qui existait avant eux et existera ensuite, et qui exige d'eux des sacrifices pour autrui. Campbell prend le symbole du héros crucifié en déclarant qu'il est toujours aussi puissant et vivant. C'est la figure du Christ ou de Prométhée enchaîné au rocher : celle du héros qui a donné sa vie pour les autres. Exister, c'est ressentir de la gratitude pour l'être qui a volontairement abandonné sa propre vie pour assurer la nôtre, pour devenir symboliquement notre nourriture et notre boisson spirituelles : nos parents sans doute, un professeur peut-être, des proches, un pompier, un policier ou un soldat, un journaliste au service d'une vérité, une figure politique ou une rencontre unique dans notre vie. De même, « tous les jours, à travers le monde, des hommes agissent de façon désintéressée pour venir en aide à leurs semblables» (PM, p. 193). Un père qui se trouve écrasé par les rouages d'une entreprise, par la tyrannie d'un patron, afin de nourrir sa famille est aussi la représentation d'une figure mythologique sacrifiée. Une mère active et dévouée à ses enfants au point de laisser ses aspirations personnelles de côté en est encore une autre. Cette mère renvoie à la mère des hommes, quel que soit le nom que nous lui donnons ; elle est une figure d'amour infini et de consolation. Même si nous ne sommes pas héroïques à tout instant de notre vie, nous tendons vers un certain idéal de don à travers ces rôles. **Derrière tout être humain se profile une figure mythologique s'il a le courage de développer le meilleur de lui-même.** Il existe bien sûr une limite : chacun peut devenir un sauveur pour ses proches mais il ne devient jamais le Sauveur mythologique. Les mythes nous inspirent pour nous dépasser dans notre quotidien ; ils ne nous disent pas de nous croire supérieurs aux autres : « Il y a deux façons de penser qu'on est Dieu. Si vous croyez que vous êtes Dieu dans votre réalité physique (...) vous êtes fou» car ce «n'est pas votre ego qui est Dieu, c'est votre être le plus profond, ce qui est uni à la transcendance non duelle» (PM, p. 346). C'est dans ce même esprit que Campbell décommande de suivre le dirigeant d'une secte ou de chercher à en fonder une.

En effet, la quête de la vérité est intérieure. Campbell propose cet exercice : poser n'importe quel objet sur une table, imaginer un cercle autour de lui pour l'isoler des autres objets et réfléchir à son mystère. Par exemple, il pose sa montre sur une table et dit : « Voilà, c'est une montre, je sais bien à quoi elle sert. » Pourtant, sa « substance essentielle est absolument mystérieuse» (PTB, p. 40). Et le mystère de ce simple objet est «identique au mystère de l'existence de l'univers lui-même». N'importe quel élément naturel (une pierre, un bout de bois ramassé dans un parc, une plume de pigeon tombée dans la rue) ou n'importe quel objet fabriqué par l'homme garde sa part profonde de mystère.

Cette expérience intime des mythes nous humanise. Elle nous ouvre à la compassion. Que ce soit l'image du Christ souffrant sur sa croix ou celle du roi pêcheur blessé dans le mythe du Graal ou la souffrance du peuple juif exilé dans le désert pendant quarante ans, toutes développent en nous «l'expression d'une sympathie spontanée, la part prise à la souffrance d'un autre» (PM, p. 325). C'est la naissance de cette compassion qui a pour conséquence dans la réalité quotidienne le désir de protéger autrui ou la compréhension de nos tragédies historiques. La compassion transforme notre vision de l'autre: «L'approche comparative (des mythes et religions) vous autorise à reconnaître des constances, cela vous autorise à voir que vous êtes en relation politiquement et économiquement avec des gens qui vous ressemblent, et vous pouvez regarder l'autre comme un “tu” noble, une sorte d'adversaire comme dans un jeu de tennis. Vous n'êtes plus en train de combattre un monstre. De savoir que l'autre est un “tu” noble, un être humain avec les mêmes sentiments et potentiels que vous, cela civilise le jeu» (*Open Life*, p. 100-101).

Explorer notre esprit humain

Il ne nous est pas difficile aujourd'hui de penser les grands symboles comme des forces qui agissent dans nos rêves la nuit et dans notre inconscient, cette part de notre esprit à laquelle nous n'avons pas accès directement. Freud, Rank, Jung ont montré que nos désirs, nos peurs, nos pulsions sexuelles ou de mort, s'expriment tous à travers les récits mythologiques. Ce sont donc les psychanalystes et psychologues au tournant du XXe siècle qui ont utilisé les symboles anciens pour décrire notre fonctionnement. En étudiant les mythes, ils trouvent des principes qui guident l'homme pour l'accompagner sur une voie de renaissance : la sortie hors de la névrose ou de la psychose. En effet, Campbell déclare que les mythes donnent « les images grâce auxquelles notre conscience est en relation avec notre inconscient » ; « Si vous ne possédez pas votre propre répertoire d'images mythologiques ou que votre conscience les refuse pour une raison ou une autre, vous êtes coupé de ce qui est le plus profond en vous » (PTB, p. 87). Campbell parle alors d'une véritable « pathologie du symbole[1] » pour nommer ce manque dangereux pour la psychologie humaine : quand les symboles anciens ne nous évoquent plus rien, nous risquons de perdre une partie de notre identité ou de ne pas pouvoir nous orienter dans notre vie.

Néanmoins, Campbell note que les mythes ne sont pas de simples miroirs de nos symptômes psychologiques ; ils sont aussi des **affirmations de valeurs spirituelles** qui perdurent à travers l'histoire humaine, valeurs dont nous manquons terriblement en temps de crise : « En politique et dans le monde économique, le mode de relation est inévitablement le conflit. La politique, c'est gagner sur quelqu'un d'autre, l'économie, c'est encore gagner contre quelqu'un d'autre. Je crois que c'est une bonne chose de devoir combattre, et d'être au cœur d'une lutte mondiale, c'est ce qu'est la vie. Mais c'est dans la dimension spirituelle qu'il se trouve des

1. Joseph Campbell, *Myths to Live By : How We Re-create Ancient Legends in Our Daily Lives to Release Human Potential*, New York, Viking Press, 1972, p. 88.

constances» (*Open Life*, p. 100-101). Il existe ainsi une double lecture des images mythologiques pour Campbell : soit l'on considère que l'autre monde est l'esprit dans l'homme ; soit que l'esprit de l'homme est un monde extraordinaire, surtout sa part inconsciente. Il nous est aussi possible de ne pas choisir et de faire la double lecture : le mythe produit alors un effet psychologique et, de surcroît, il ouvre la porte vers le mystère des origines. Nous pouvons lire uniquement le message psychologique contenu dans ces événements imagés ou, si nous souhaitons l'appeler ainsi, le message spirituel. Dans tous les cas, ils « sont des métaphores qui nous parlent du destin de l'homme, de son espoir, de sa foi et de son profond mystère » (*Héros*, p. 226).

Il y a une distinction désormais courante entre notre perception ordinaire du réel et un mode de conscience altéré, élargi, qui permet à l'homme d'avoir une perception de l'extraordinaire. Il n'est nul besoin, précise Campbell, de recourir à des drogues ou produits chimiques pour que tous, nous accédions à de telles visions. Les mythes, les rêves et les religions ont été et sont des voies vers l'extraordinaire au cœur même du monde ordinaire : « Certains esprits ont besoin de recourir à la mescaline pour dissoudre en eux leurs références habituelles ; d'autres peuvent être saisis par le battement d'un tambour ou l'organisation rythmique d'une œuvre d'art. (...) Certains exercices religieux, par la répétition de syllabes sans signification, la contemplation d'une image ou d'un dessin, ou l'examen prolongé des énigmes métaphysiques jusqu'à la rupture de l'esprit, peuvent produire un effet similaire : calmer, hypnotiser ou dissoudre le cerveau trop occupé, et délivrer nos sens. Le phénomène du rêve nous impressionne davantage en général que nos rêves éveillés juste parce que, dans le sommeil, le cerveau n'est plus sur ses gardes. Si nous pouvions ainsi ne plus être sur nos gardes même quand nous sommes éveillés, ce monde “directement évident” (*pratyaksa* en sanscrit), dépourvu de son vernis de sens, brillerait enfin par lui-même[1]. »

Les mythes vont nous mener vers l'approfondissement de notre vie intérieure pour trouver au fond de nous, et nulle part ailleurs pour Campbell, une énergie commune à tous les hommes. La psychanalyse affirme, comme les mythes, que l'univers est créé par un pouvoir invisible qui détermine des formes puis les dissout à nouveau. La science contemporaine nomme ce pouvoir « énergie » ; les religions le nomment « Dieu » ; les psychanalystes le nomment « libido ». Tous ces termes sont des portes qui ouvrent sur des mystères plus grands au-delà des noms et des formes, car « cette divinité que vous cherchez à l'extérieur (...) est en fait au centre de vous » (*Open Life*, p. 85). Le mystère ultime se trouve donc en nous-mêmes, mais à des profondeurs plus lointaines encore que tout ce que la pensée humaine pourrait atteindre.

Chuter dans la souffrance

Campbell analyse certains symboles des grands mythes d'un point de vue psychologique pour nous montrer comment les activer dans notre quotidien. La chute est un symbole qui nous fascine. Il y a l'inévitable chute biologique lorsque nous vieillissons, perdons les attributs de la jeunesse et sa force. Mais la chute est d'abord, à notre

1. Joseph Campbell, *The Flight of the Wild Gander, Explorations in the Mythological Dimension*, New York, Viking Press, 1951, « The Symbol Without Meaning ».

époque, psychologique avant même d'être sociale ou professionnelle. Nous chutons brutalement dans une souffrance, face à un échec amoureux déchirant, la mort d'un proche, une épreuve personnelle douloureuse, une humiliation dans le domaine professionnel qui nous laisse le sentiment terrible que nous sommes coupés d'un morceau vital de nous-mêmes ou une crise d'identité qui nous fait brusquement tomber dans les profondeurs de notre inconscient.

Le mythe de la chute est exprimé dans l'Ancien Testament, autant dans le récit d'Adam et Ève qu'à travers celui du déluge. L'humanité façonnée d'abord pour le bonheur éternel chute à cause de sa dégradation morale : elle sombre dans le péché et l'ingratitude. Yahvé choisit de l'éradiquer par un déluge qui consiste à nettoyer le monde des hommes pour recommencer sa création à zéro en partant d'un autre couple élu : Noé et sa femme. On retrouve également cette pensée dans les mythes d'un âge d'or réécrits par le poète romain Ovide en l'an 1 : les hommes de son époque appartiennent à un âge de fer et de violences après avoir chuté d'une période d'or et de bonheur idyllique à un âge d'argent puis de bronze dans une inéluctable dégradation du bonheur originel. Le mythe de la chute n'existe qu'en fonction d'un mythe d'innocence, comme l'explique Ricœur dans *L'Homme faillible*.

La chute n'est pas éternelle. Ces mythes mettent aussi l'accent sur un acte de réparation, sur la capacité en l'homme d'agir au mieux, même si par ailleurs il a pu agir au plus mal. Le mythe du mal engendre donc son corollaire : le mythe du salut pour rétablir l'innocence perdue. Que le mal soit représenté sous la forme d'une entité qui séduit ou manipule les hommes ou causé par des actes monstrueux, que nous en soyons tour à tour les responsables ou les victimes absolus, **il y a un salut possible, c'est ce que les**

mythes ne cessent de rappeler. Il existe une théorie d'un retour à la transparence dans le jaïnisme. Le novice considère l'âme comme un cristal pur que nos actes et notre karma ont rendu obscur. L'âme peut retrouver sa totale transparence originelle. Donc nous avons besoin de nettoyer le cristal de notre âme, par une ascèse et des efforts constants. L'âme doit briller d'une lucidité diaphane. Alors elle devient un miroir parfait pour refléter les plus grandes vérités cosmiques. C'est un mythe qui signale la capacité de chacun à restaurer la perfection de l'âme.

Renaître à une vie spirituelle

Notre vie peut se dérouler uniquement sur le plan des préoccupations matérielles, sexuelles ou reproductives ou nous pouvons accéder à des considérations plus spirituelles. Selon Campbell, l'image de la vierge qui enfante représente en Occident cette possible transformation de notre individu. La mère virginale est une figure présente dans les mythes grecs où de nombreuses jeunes femmes sont fécondées par des dieux. Dans le mythe des Indiens Navajos d'Amérique du Nord, les deux fils du dieu Soleil sont nés d'une femme terrestre nommée la Femme Changeante ; dans le mythe de la création en Sibérie, nous avons raconté l'union entre l'aigle et une femme pour engendrer le premier chaman. Même Sarah dans l'Ancien Testament peut être considérée pour Campbell comme une mère extraordinaire en ayant un enfant à l'âge de quatre-vingts ans. De son côté, le Bouddha naît du flanc de sa mère pour signifier qu'il ne s'agit pas d'une naissance physique mais d'une naissance spirituelle. Cette figure représente le pouvoir de la femme de recevoir une visitation spirituelle et d'en concevoir une vie nouvelle.

Ce n'est pas de l'ordre du biologique. Cette métaphore concerne chaque être humain capable, comme l'écrivait Platon dans *Le Banquet,* d'engendrer des enfants spirituels et d'engendrer en lui-même un être humain plus noble, plus élevé d'un point de vue éthique. Les mystiques, comme Maître Eckhart, évoquent même la naissance du fils de Dieu à l'intérieur de notre âme : c'est le symbole de cette vie nouvelle plus haute au cœur de l'individu, quand la vie est vécue non pas pour des intérêts économiques, pour survivre, engendrer, prospérer et s'amuser, mais dirigée vers une fin spirituelle.

Si cette mutation intime se réalise, chacun peut aider les autres à agir de même. L'enfant né d'une vierge, dans les mythes, apporte en effet au monde un message pour le régénérer. Dès leurs douze ans, ces héros spirituels tels Jésus ou Bouddha sont présentés comme des guides éloquents et deviennent des adultes capables de réaliser des miracles : guérir les malades, ressusciter les morts ou marcher sur l'eau pour le Christ. Selon Campbell, les personnes d'une certaine qualité spirituelle et possédant du charisme attirent comme des aimants les motifs mythologiques déjà présents dans d'autres traditions. Ces miracles sont à entendre sur le plan symbolique car ils sont la marque d'un individu qui a su se spiritualiser au point de ne plus sembler dépendre des lois terrestres et logiques. Pourtant, cela ne signifie pas qu'ils sont impossibles dans la mesure où « il a été démontré de nombreuses fois que des cures miraculeuses peuvent être accomplies grâce à des êtres d'un haut niveau spirituel. La plupart des maux ont une origine psychologique d'une manière ou d'une autre, aussi réagissent-ils à une intervention spirituelle. (...) Les miracles pourraient être des fonctions alors d'une profonde spiritualité » (*Art*, p. 73). Campbell ne met pas ainsi l'accent sur la forme du miracle ou son déroulement réel, mais indique qu'ils sont des images d'une spiritualité si forte chez certaines personnes qu'un retentissement positif peut avoir lieu sur les autres.

Faire « peau neuve »

Chaque épreuve vécue est une occasion de laisser mourir une part de soi, pour nous renouveler et « refaire » notre vie, surtout quand nous sommes bloqués dans une souffrance insupportable. Nous allons alors éprouver une mort et une renaissance dans notre esprit : « Vous n'avez pas vraiment besoin de mourir physiquement. Vous devez seulement mourir sur le plan spirituel et renaître à une vue plus large des choses » (PM, p. 196). Dans les mythes chthoniens[1], dans les cultes préhistoriques, le serpent est un principe créateur puissant : comme la lune qui passe par des phases de naissance et de mort (la pleine lune, la lune décroissante, la lune noire puis la lune croissante), le serpent perd sa peau au moment de la mue et en acquiert une nouvelle. Tous ces mythes expriment des symboles anciens de régénération :

---

1. Le serpent était la source de la vie, et même un symbole féminin dans les mythes chthoniens qui font de la terre la source de toute vie. Il vient des profondeurs de l'eau et de la terre où toute vie commence. Et il se renouvelle selon les saisons en hibernant sous la terre, ce qui fait de lui un symbole du lien avec le monde d'en bas. Au printemps, il sort de la terre et change de peau : il symbolise le renouvellement. Cela se retrouve encore chez le dieu Hermès, dieu grec de la chance, de la richesse et de la fertilité. Il porte toujours un bâton magique avec deux serpents jumeaux enroulés autour. Et quand il marche, la terre, les fruits, l'herbe se mettent à rajeunir et à s'épanouir. Il est aussi le dieu guérisseur et celui des alchimistes.

tout homme peut ainsi quitter son ancienne peau et devenir un autre, faire « peau neuve ».

Le christianisme repose sur deux symboles fondamentaux : la croix et la résurrection. Jésus représente un mystère de l'incarnation : celui de Dieu qui se fait homme pour que les humains puissent reconnaître ce Dieu à travers lui et être sauvés par lui. Puis il accepte de mourir afin de prendre sur lui les péchés des hommes depuis la première faute, celle d'Adam et Ève dans le paradis terrestre. Selon Campbell, le mythe de la crucifixion participe de cette même idée de régénération par la mort que les mythes de la plantation évoqués précédemment : Jésus est cloué sur une croix en bois, représentant un arbre, l'arbre du bien et du mal et celui de la vie éternelle, qui se trouvaient dans l'Éden originel. Il se sacrifie pour sauver le monde du mal. La croix devient alors un symbole d'un arbre nouveau : celui de la rédemption. Présentant également un axe horizontal et un axe vertical, elle symbolise l'ensemble des dualités, mais le sauveur en montant au ciel s'en délivre. La croix devient alors le symbole de ce qui nous crucifie dans notre vie humaine, et nous empêche d'être libres. Le Christ se transforme en un chemin : en trouvant ce que Campbell nomme la « conscience du Christ » au fond de soi, il est possible de se libérer de nos chaînes.

Enfin, c'est un motif mythologique essentiel, la vie revient à partir de la mort, il existe un cycle de la vie, de la mort puis de la vie. Il est écrit dans l'Apocalypse de saint Jean que le Christ reviendra à nouveau au moment de la fin du monde pour régner sur un autre monde, libéré de tout mal : il sera alors le juge des vivants et des morts. Dans le mythe de Zarathoustra, ce même retour du prophète rédempteur est annoncé pour un temps nommé *Armageddon*. Dans la légende des chevaliers de la table ronde, le roi Arthur est censé revenir de l'île d'Avalon, où il est en train de guérir de ses blessures, pour apporter la paix à son peuple. La réincarnation dans la pensée orientale ou dans la Kabbale, c'est l'équivalent aux yeux de Campbell du purgatoire chez les chrétiens, une « seconde chance » pour vivre enfin les expériences qui auraient dû nous ouvrir le chemin de l'illumination dans notre première vie. C'est l'occasion d'être purifié. Pour Campbell, ces mythes expriment une possibilité chez un être humain de renaître après une période d'intense souffrance ou de se renouveler dans sa manière d'exister quoi qu'il ait accompli auparavant.

Le paradis est dans ce monde

Cette seconde chance est le symbole d'une nouvelle vie qui devient pour Campbell une métaphore pour une nouvelle vision. Les mythes parlent de l'éternité pour nous faire comprendre qu'elle est déjà de ce monde, ici et maintenant. Ils nous donnent des images pour désigner des lieux situés à l'intérieur de nous : « Tout est en nous : le paradis, l'enfer, les dieux » ; ce sont des « manifestations imagées des énergies conflictuelles du corps » (PM, p. 81-82).

Dans cette vision, toute ascension ne se fait pas vers le ciel mais en descendant dans nos mystères intimes. Les images sont toujours concrètes et reliées au monde extérieur, mais c'est uniquement pour signaler ce qui peut se dérouler dans notre vie intérieure. Jésus ressuscite le troisième jour et monte aux cieux sous les yeux de ses disciples. Ce mythe de l'ascension n'est pas à prendre littéralement puisqu'il n'existe aucun lieu géographique correspondant à un paradis céleste : « Même si Jésus montait à la vitesse de la lumière, il se retrouverait dans les galaxies » (PM,

p. 108). Dans l'Ancien Testament, le prophète Élisée rejoint également les cieux, emporté par un chariot semblable à celui d'Apollon quand il entraîne le soleil dans sa course pour donner la lumière du jour aux hommes. Selon Campbell, c'est une métaphore pour évoquer le mystère de notre possible élévation spirituelle. **L'ascension, c'est la possibilité d'un voyage dans nos profondeurs jusqu'à la source de notre être ou à la connaissance de la transcendance en nous.** Le bouddhisme parle de différents plans de conscience dans lesquels on s'élève par la méditation. Le poète allemand Novalis écrit : « Où se fait le contact du monde du dedans et du monde extérieur, là est le siège de l'âme », là « nous demeurons en harmonie avec les rythmes cosmiques et fidèles à notre origine divine[1] ». Et le rêve, par nature, facilite un retour aux sources de la vie en nous.

C'est une lecture que Joseph Campbell fait aussi des mythes de la fin du monde, de l'apocalypse que bien des films catastrophes ne cessent de montrer au cinéma à notre époque. L'éternité est-elle cette sortie du temps humain qui nous attend après la mort ? Campbell refuse cette idée. De grands romanciers comme James Joyce, Thomas Mann ou Marcel Proust ont montré dans leurs romans comment des êtres humains pouvaient vivre soudainement ce que Paul Ricœur nomme des « expériences d'éternité[2] » dans leur

---

1. Novalis, *Hymnes à la nuit*, trad. par Geneviève Bianquis, Aubier-Montaigne, coll. bilingue des classiques étrangers, 1943.

2. Paul Ricœur, *Temps et récit II. La Configuration du temps dans le récit de fiction*, Le Seuil, coll. « L'ordre philosophique », 1984, p. 230. Ricœur utilise cette expression à propos de *La Montagne magique* de Thomas Mann qui réactive au temps de la première guerre mondiale l'image mythologique de la montagne cosmique ou de tous les monts sacrés sur lesquels les héros reçoivent une révélation divine ou vivent une sortie hors du temps humain.

quotidien et surtout à travers l'art. Campbell puise alors de nouveau dans l'évangile apocryphe de Thomas qui déclare que l'Éden est de ce monde : « Le Royaume du Père est répandu sur toute la terre, et les hommes ne le voient pas » (Logion 113). Le mystique soufi Hallaj, qui fut exécuté en 922 pour hérésie, avait également déclaré : « Quelle terre est vide de Toi pour qu'on s'élance à Te chercher au ciel ? Tu les vois qui Te regardent au grand jour mais, aveugles, ils ne Te voient pas[1]. » Campbell ajoute : « Quand ils verront le royaume de Dieu s'étendant sur la terre, les hommes ne vivront plus de la même façon. Ce sera la fin du monde. La fin du monde n'est pas un événement futur, c'est une transformation psychologique, une transformation de la vision. Vous ne voyez plus le monde matériel, vous voyez le monde de la lumière » (PM, p. 372). Et ce lieu se situe en nous. Le jardin d'Éden n'est pas invisible quelque part sur la terre, il est dans l'âme humaine.

Quel est le chemin pour s'y rendre ? Campbell revient sur l'image du jardin paradisiaque dont Adam et Ève ont été chassés. Ce sont la peur et la convoitise qui nous tiennent en dehors du jardin. Deux anges sont placés devant l'entrée avec des épées de feu pour les empêcher de revenir, et de goûter cette fois-ci à l'arbre de vie, celui de l'immortalité. La même image se retrouve dans la tradition bouddhiste : deux gardiens, aux visages effrayants, tenant des armes, les yeux exorbités, l'un à la bouche ouverte et l'autre à la bouche fermée, veillent sur l'entrée du temple sacré. L'un représente la peur et l'autre le désir. La peur est surtout celle de notre mort et le désir celui des choses matérielles de ce monde. L'enseignement de Bouddha est de passer directement entre

1. Hallaj, *Poèmes mystiques*, traduits par Sami-Ali, Albin Michel, 1998.

les deux gardiens sans hésiter, de passer entre la peur et le désir. Le Bouddha atteindra l'illumination sous un arbre, l'arbre Bo[1]. Une fois assis, il ne doit pas sortir de sa méditation sous peine d'échouer. Un dieu tentateur essaie de le déconcentrer. Il s'appelle Mara-Kama, ce qui signifie « mort et désir ». Il fait apparaître sous les yeux du Bouddha des danseuses superbes mais le Bouddha reste impassible. Alors il essaie de le terrifier en lui jetant à la figure des armes mortelles, des pluies de projectiles, des rochers enflammés, en déclenchant des tempêtes, des déluges de pluie… et finalement en le plongeant dans une obscurité totale. Mais le Bouddha ne bouge pas. Les projectiles sont tous transformés en fleurs au moment de l'atteindre. Alors Mara-Kama l'interpelle : « Tu n'as pas le droit de rester assis ici sans rien faire pour les autres. » Bouddha ne répond pas à la provocation. Il plante simplement un doigt dans la terre. Une voix formidable s'élève de la terre : « Il a le droit. » Le tentateur est vaincu. La nuit suivante, le sage atteint l'illumination. Il devient le Bouddha, il atteint la connaissance de tous les mystères. Tous les dieux, même Mara-Kama, lui rendent hommage.

Dans ce récit, le tentateur n'est pas la figure d'un diable qui souhaiterait entraîner le sauveur aux enfers ou celle du mal absolu. Mara-Kama représente les deux chaînes qui nous maintiennent prisonniers de la souffrance, selon le bouddhisme : le désir des choses matérielles ou charnelles dans cette vie, et la peur de mourir ou de voir les autres mourir. La conception de la « rédemption » bouddhiste ne comporte aucun pardon venu d'une instance de justice extérieure à l'homme. C'est une transformation psychologique. L'arbre de Bo ou la croix sont des symboles mythologiques

1. Je m'inspire du récit tel qu'il est raconté par Zimmer, p. 464-466.

identiques, mais se manifestant sous des formes particulières selon les cultures. Ainsi n'est-ce pas un ordre extérieur qui nous jette en dehors de l'Éden, mais nous-mêmes. Les gardiens terrifiants devant le jardin paradisiaque de la Bible ou le temple bouddhiste sont la métaphore d'une situation psychologique qui nous empêche d'atteindre la source de notre joie. Nous pouvons la retrouver, en passant directement entre deux extrêmes.

La Terre est un temple sacré

De même, le symbole de la Terre promise que le peuple hébreu reçoit de Yahvé après la traversée du désert ne se réfère pas, pour Campbell, à un terrain en particulier à conquérir par un conflit armé, mais à un lieu de paix spirituelle dans le cœur de l'être humain ou dans son âme, que chacun peut découvrir grâce à la méditation. C'est une région spirituelle où tout est abondant et fertile. Elle est proche de l'image du jardin édénique ou de l'île des Hespérides grecque, ou de l'Avalon celtique. L'unité du peuple hébreu vient de cette élection par Dieu qui fait de chacun un membre du sacré. Ce sentiment du sacré, à l'échelle universelle, Campbell nous incite à le lire en nous. La sortie du désert signifie la délivrance de la souffrance pour chacun, la possibilité que l'exil peut se terminer. L'universalisme de l'exil dans la Kabbale fait de chaque homme un exilé d'un temps originel lumineux. La quête de tout humain est de trouver sa place en ce monde : son exil est parfois plus intérieur ou social que géographique.

Cependant, toute notre planète Terre peut aussi devenir une Terre promise. Les Navajos du sud-ouest de l'Amérique du Nord identifient chaque caractéristique du désert dans lequel ils vivent avec un équivalent mythologique : le coyote, les aigles, les montagnes, les rivières, tout est habité par un esprit et **tout lieu peut devenir sacré**. Ainsi, où qu'ils aillent, quoi qu'ils voient, ils sont en contact avec des pouvoirs qui les soutiennent ou leur transmettent une leçon. Sacraliser un espace géographique, c'est une méthode universelle pour rendre visible aux yeux des hommes ce qui est ordinairement invisible : un royaume sacré. La terre promise, c'est n'importe quelle terre reconnue comme transparente à un mythe. La méthode pour la conquérir n'est pas la conquête armée mais la poésie, l'intelligence, l'art. On peut évoluer dans un nouveau monde bien terrestre (la Terre promise), quand on s'est éveillé à l'esprit (la naissance virginale). Dans l'évangile de Thomas, on trouve également cette parole : « Le Royaume : il est à l'intérieur de vous, et il est à l'extérieur de vous » (Logion 3). L'homme ne doit donc pas seulement se tourner vers le fond de soi et se couper du monde, mais exister dans les deux mondes, intérieur et extérieur, car **la réalisation de soi se fait aussi dans ce monde de l'action.**

Dépasser les jugements dans notre quotidien

Comment concevoir le bien et le mal ? Selon Campbell, comme le paradis ou l'enfer, les anges et démons sont des métaphores de ces forces énergétiques qui nous font agir dans un sens ou dans l'autre. Dans la pensée indienne, il existe des divinités du sexe, du pouvoir, de la violence, de la destruction et de la création : ce sont toutes des énergies qui ne sont considérées ni bonnes ni mauvaises mais comme des forces avec lesquelles l'humain doit composer. Il existe alors différentes manières de concevoir sa vie selon l'accent que l'on met sur telle ou telle de ces images. On peut vivre selon une quête sexuelle, chercher la puissance ou chercher à vivre selon cette humanité que l'on attribue au cœur ou à l'esprit : « Il existe un autre type de vie qui implique le don de soi aux autres » (PM, p. 351). Ce choix consiste à faire prédominer le niveau du cœur sur les autres forces sans pour autant les renier ou les diaboliser. C'est considérer l'autre comme aussi important ou plus que soi-même, « le fait de reconnaître que l'on vit dans l'autre, qu'une seule et même vie unit les êtres » (PM, p. 351). Les mythes demandent à l'homme de tendre vers le sacrifice des désirs matériels, de se détacher du monde et de trouver des valeurs plus essentielles ; de même, « nous pouvons tous identifier quelles valeurs, dans notre vie, ne concernent pas uniquement l'entretien du corps et les soucis matériels du jour » et ce sont ces valeurs « qui favorisent l'épanouissement de notre humanité » (PM, p. 247).

De plus, nous sommes tous confrontés à des choix entre ce qui nous semble bien ou mal, injuste ou juste. Nous agissons, évoluons dans un temps et un espace structurés par ces dualités. Être humain, c'est avoir le courage de faire des choix et de les transformer en une série d'actes, en sachant que nos décisions sont limitées par notre façon de penser, notre éducation, notre culture, et la situation dans laquelle nous nous trouvons au moment de les prendre. Le courage consiste à prendre position malgré l'imperfection de celles-ci ; nous vivons dans une réalité où il est nécessaire de trancher. Il y a alors deux façons de juger nos actes ; il est bon de les envisager toutes les deux. La première, c'est de les juger dans le champ de l'action ; l'autre, c'est de les juger d'un point de vue métaphysique. Campbell précise ainsi que dans le champ de l'action, si nous voyons un serpent venimeux prêt à nous mordre, nous le tuons ; ce n'est pas dire non au serpent, c'est dire non à la situation dangereuse pour notre vie. D'un point de vue métaphysique, en prenant de la distance, nous suspendons notre jugement : le serpent n'est pas maléfique, nous ne pouvons pas dire qu'il ne devrait pas exister sur terre de serpent qui tue ; il a sa place, son rôle dans l'écosystème, il appartient à la vie.

Il nous est également possible de sortir temporairement de cette réalité dominée par des choix personnels ou des lois collectives en accédant par la méditation à cette contemplation qui dépasse nos notions arbitraires du bien et du mal. Campbell nommait ce niveau de perception supplémentaire la « conscience du Bouddha » ou la « conscience du Christ » en chacun de nous. En effet, toute pensée spirituelle a un seul objectif selon Campbell : **nous faire passer de l'autre côté des dualités**. C'est alors un état au-delà même des valeurs les plus nobles et hautes qui peuvent guider une vie humaine. Nous l'avons vu, les mythes de la création nous racontent le passage d'un temps où les contraires n'existaient pas à leur apparition soudaine qui a entraîné la souffrance pour les hommes. Le mythe nous apprend alors qu'il existe un autre état possible d'existence, celui d'avant la dualité : nous pouvons le retrouver. Campbell se réfère à un mythe hindou : « Deux oiseaux d'un beau plumage, très amis, habitent sur un seul arbre, celui de notre existence. L'arbre de vie ou de notre personnalité. L'un est pris dans les joies et les peines de notre vie quotidienne, l'autre prend de la distance, observe et ne prend pas tout cela au tragique[1]. » Être à la fois celui qui agit et celui qui observe à distance nous permet de ne pas prendre trop au sérieux nos règles morales, car « quand vous allez dans les profondeurs de la mythologie, les formes sont au-delà du bien et du

1. Ce mythe est dans la *Mundaka Upanishad*, III-I-162.

mal[1] » (*Open Life*, p. 51). Campbell se réfère aussi à un passage des Évangiles : « Dieu fait lever son soleil sur les méchants et sur les bons, et il fait pleuvoir sur les justes et sur les injustes » (Matthieu 5, 45b), témoignant de ce mystère d'une totalité spirituelle qui donne le jour au bien comme au mal.

Un autre moyen de retrouver une forme d'Éden, c'est de s'abstenir dans la mesure du possible de juger autrui. D'abord, nous devons regarder les conséquences de nos propres actes, leur part de nuisance. Penser ainsi permet de développer en nous la compassion : si on comprend la part de mal qu'on réalise nécessairement, alors on a plus de tolérance et de compréhension pour celui qui en commet également. Campbell citait souvent ce passage des Évangiles : « Ne jugez pas, et vous ne serez pas jugés ; ne condamnez pas, et vous ne serez pas condamnés ; remettez, et il vous sera remis » (Luc 6, 37). Campbell l'analysait ainsi : « C'est-à-dire retrouvez l'état d'esprit du paradis terrestre (...), la vie ne nous provoque jamais autant que lorsqu'elle nous oblige à accepter une personne, un acte ou une condition qui est à nos yeux le comble de l'abomination » (PM, p. 126). Il insistait sur le message principal du Christ, le plus difficile à réaliser également : celui d'aimer ses ennemis, car ils sont uniquement un reflet de nous-mêmes ; en eux se trouve la même humanité qu'en nous. Le héros en chacun de nous accepte de sortir de toutes ces dualités et parvient à ne pas juger autrui selon ses critères moraux, même ce qui lui est le plus insupportable. C'est un chemin de paix. Dans *Puissance du mythe*,

1. En Occident, nous trouvons cette philosophie développée par Friedrich Nietzsche, en 1886, dans *Par-delà le bien et le mal*. Dans cet ouvrage, le philosophe entend se placer au-delà de ces deux valeurs et non dans l'une plutôt que l'autre.

Campbell raconte une de ses rencontres avec un maître hindou. Il l'interroge ainsi : « "Puisque selon la pensée hindoue tout dans l'univers est une manifestation de la divinité, comment refuser quoi que ce soit ? Comment refuser la brutalité, la bêtise, la vulgarité et l'irréflexion ? – Vous et moi, me répondit (le maître), avons le devoir de dire oui." (...) Il me confirma alors dans le sentiment que j'avais eu de notre incapacité de juger. Qui sommes-nous pour cela ? » (PM, p. 128).

Devenir « transparent à la transcendance »

Pour équilibrer toutes les dualités de la vie, Campbell recommande de considérer qu'elles proviennent d'une même source unique, quel que soit son nom. Alors, « chacun reconnaît le dynamisme de la vie en toute chose. Nous ne sommes pas faits pour être attachés aux phénomènes visibles de ce monde mais pour voir directement à travers son cœur » (*Art*, p. 83). Dans la pensée du Véda et du brahmanisme, la force divine se compare elle-même à une nourriture qui ne peut être épuisée et qui nourrit toutes les formes de vie. Elle est dans les nuages qui donnent la pluie, elle est dans le soleil, elle est dans les herbes qui poussent pour les animaux, elle est dans ces animaux qui en nourrissent d'autres, elle est généreuse, abondante. Tout individu qui reçoit son énergie ne doit pas garder cette nourriture pour lui-même, sinon il se coupe de la vie : il la partage avec ses compagnons. De plus, chaque vie n'est qu'un passage éphémère dans le monde des formes et rejoint ensuite cette force impérissable. L'engendrement de la vie, la création sont éternels ; toutes les formes sont transitoires, même celle de notre planète Terre. Tout est accepté dans sa totalité car au-delà des contraires se trouve une même force unique et créatrice : les aspects noirs de l'existence (la mort, la douleur) sont contrebalancés par ses aspects lumineux (l'accomplissement, le plaisir) ; les dieux bienveillants sont contrecarrés par des démons destructeurs.

Embrasser une vision plus totalisante de la vie nous aide à abandonner nos réclamations égoïstes, nos colères contre l'univers qui serait « mal fait » et ne nous donnerait pas ce que nous estimons mériter. Selon Heinrich Zimmer et à sa suite Campbell, nous trouvons le bonheur quand nous sortons de notre étroitesse de vue, notre « constitution asthmatique et autocentrée (...) qui exclut tout ce qui est au-delà de (notre) vision personnelle limitée » (Zimmer, p. 349-350). Alors, l'on peut découvrir, comme Nietzsche l'écrit, que « le monde est profond,/ Et plus profond que le jour ne le pensait./ Profonde est sa douleur/ Le plaisir – plus profond encore que peine de cœur./ La douleur dit : Passe et péris./ Tout plaisir veut l'éternité – veut une profonde, profonde éternité » (*Zarathoustra*, p. 274). Campbell relie ces visions pour nous aider à modifier la nôtre, à trouver dans les mythes du monde entier une porte qui s'ouvre sur des mystères métaphysiques autant que psychologiques. C'est ainsi que nous nous rendons « transparents à la transcendance » (*Open Life*, p. 22), à ce qui dépasse nos catégories de pensée, à une forme d'éternité, à ce qui nous dépasse mais qui peut **irradier à travers nous comme une source de lumière inépuisable**.

9.

Comment rendre la mythologie vivante pour la collectivité ?

Des images pour la société entière

Notre expérience des étapes initiatiques et héroïques n'est pas seulement individuelle : nous en avons aussi besoin à un niveau collectif, car « les civilisations sont fondées sur des mythes » (PM, p. 113). Une société qui possède une mythologie forte connecte l'individu avec des images vivantes qui le relient à sa propre culture : ce sont les symboles que nous partageons avec les membres de notre groupe identitaire ou de notre pays. **Le mythe crée des liens, rassemble les hommes autour de valeurs fortes.** Mais « quand une société entière perd son imagerie, elle peut sombrer dans ce qui s'appelle une situation vaine », et devenir ce royaume dévasté du roi pêcheur dans le mythe du Graal (PTB, p. 99). En l'absence d'une mythologie suffisante pour porter tout un peuple, le danger est que chaque individu ne sache plus comment se relier aux autres et à l'univers, ne donne plus sens à sa vie à l'intérieur de ce monde. D'où l'importance vitale des images véhiculées par les mythes pour l'ensemble de la société et des récits héroïques qui soudent une communauté en lui donnant des objectifs.

Notre besoin de héros collectifs se lit encore dans notre quête de modèles ou notre admiration pour des personnalités célèbres : sportifs, artistes, hommes politiques ou professeurs, des modèles qui sont des initiateurs et en prennent la responsabilité. Campbell les distingue des vedettes qui cherchent uniquement la célébrité en elle-même et pour elle-même. Certaines stars sont « une sorte de héros » (*Open Life*, p. 109), des personnalités politiques ou certains athlètes et artistes qui sont au service d'un idéal quitte à y sacrifier leur propre intérêt : « Le but ultime de la quête n'est ni l'extase ni la libération. C'est la sagesse et la faculté de servir autrui. C'est l'une des nombreuses distinctions entre un personnage célèbre et un héros, car le premier vit uniquement pour lui-même tandis que le second s'efforce de sauver la société » (PM, p. 13).

Parmi les politiques contemporains, le président américain Obama a rassemblé des communautés diverses autour de lui, aux États-Unis et dans une grande partie du monde. Le propre parcours social et politique de Barack Obama rejoint le modèle de la quête héroïque révélé par Campbell au point que le président est devenu un symbole vivant qui inspire d'autres gens : « Lorsqu'un individu est devenu un modèle de vie pour les autres, on peut dire qu'il est entré dans le domaine de la mythologie » (PM, p. 47). Quels que soient le bilan de sa politique, et les critiques ou déceptions qu'elle entraînera peut-être, Barack Obama restera cette source d'inspiration pour la collectivité.

Puissance du rite : le discours d'investiture du président Obama

Le voyage héroïque des ancêtres

Le président Obama a su réanimer, au sens fort, des symboles anciens, et redonner à chaque citoyen sa qualité de héros, présent et à venir. La cérémonie d'investiture, lorsqu'il est officiellement devenu le quarante-quatrième président des États-Unis, est ce que Joseph Campbell appellerait un « rite moderne », c'est-à-dire un événement qui donne à chacun le sentiment d'appartenir à une communauté élargie, pas seulement nationale, mais internationale. Le 20 janvier 2009, à Washington, la cérémonie est particulièrement solennelle. L'assistance est réunie dans un silence profond pour un rite chargé de sens : l'investiture du premier président noir américain. Il représente un espoir mondial : la lutte contre l'exclusion et une énergie nouvelle. Cette cérémonie tient sa force aussi de sa valeur d'engagement public et du serment prêté sur la Bible. Croyants ou non peuvent ressentir ce symbole comme représentatif de quelque chose de plus grand que tous les hommes, et non comme une adhésion au contenu littéral du texte sacré.

Dans son discours, coécrit avec Jon Favreau[1], sa jeune « plume » officielle, Barack Obama suit le scénario d'une quête héroïque, telle que l'a définie Campbell, et lui donne une tonalité volontairement épique en retraçant le voyage des ancêtres des Américains : il raconte leur émigration, leurs souffrances, la série d'épreuves dans ce monde

1. Jon (Jonathan) Favreau, né en 1981, est le directeur du bureau de rédaction des discours de Barack Obama, et le créateur du célèbre slogan *Yes we can*. Nous utilisons la traduction officielle de l'Agence France Presse pour le discours.

inconnu qu'ils ont dû traverser, et combien ces sacrifices ont assuré aux générations suivantes une vie meilleure. Le peuple américain doit être « conscient des sacrifices consentis par nos ancêtres ». Cette quête héroïque s'est poursuivie à travers une guerre pour que les États-Unis obtiennent leur indépendance par rapport à l'Angleterre (1775-1783), et par des conflits intérieurs pendant la guerre de Sécession qui a permis l'abolition de l'esclavage (1861-1865) et de restaurer l'union des États entre eux. Les ancêtres du peuple américain se sont ainsi battus pour faire triompher des valeurs de liberté et de justice. De même, ces valeurs se prolongent aujourd'hui grâce à chacun de ses descendants : « Nous, le Peuple, sommes demeurés fidèles aux idéaux de nos ancêtres et à notre Constitution. » Barack Obama signale alors que sa politique se relie à des valeurs déjà portées par les acteurs héroïques de l'histoire des États-Unis et il en rappelle le prix payé : la Constitution américaine est « une charte prolongée par le sang de générations. Ces idéaux éclairent toujours le monde, et nous ne les abandonnerons pas par commodité ». Il existe en effet un **devoir de mémoire envers les ancêtres** qui donne la responsabilité de ne pas abandonner cette quête.

Le président Obama met en lumière le passé de tout un peuple aux origines diverses pour montrer l'unité dans le chemin accompli. L'autre quête héroïque, c'est celle de ses propres ancêtres et de tout le peuple noir américain : il se désigne comme « un homme dont le père, il y a moins de soixante ans, n'aurait peut-être pas pu être servi dans un restaurant de quartier », mais qui « peut maintenant se tenir devant vous pour prêter le serment le plus sacré ». L'argument fait alors office de preuve par l'exemple pour montrer le chemin parcouru vers la tolérance, l'unité et pour garder confiance en l'avenir. En rappelant ce passé ancien ou très proche comme la venue de son propre père aux États-Unis, Barack Obama veut rappeler que de telles quêtes héroïques sont encore possibles. Les ancêtres des Américains ont pour la plupart accompli ce voyage depuis une contrée de naissance vers un Nouveau Monde où conquérir une vie meilleure : le président insiste aussi sur un désir commun de défendre des valeurs fondamentales pour tous les hommes et une même force tenace devant l'adversité. Barack Obama reprend également l'image paternelle de « nos pères fondateurs » pour désigner les ancêtres communs aux Américains. Un « père » auquel le président fait ainsi référence à la fin de son discours, c'est George Washington ; précisons que ce titre de « père fondateur » est donné à l'ensemble des signataires de la déclaration d'Indépendance (1776) et de la Constitution américaine des États-Unis (1789). Figure historique devenue au fil du temps légendaire pour les Américains, Washington est le chef de guerre qui a permis l'indépendance de la nation puis fut le premier président des États-Unis. Il n'a pas abandonné son peuple même au bord de la défaite : ainsi, lors d'un hiver où G. Washington perdait ville sur ville, assiégé par les Anglais, « le père de notre nation a donné l'ordre que ces mots soient lus : “Qu'il soit dit au monde futur qu'au milieu de l'hiver, quand seul l'espoir et la vertu pouvaient survivre, la ville et le pays, face à un danger commun, (y) ont répondu” ». Ce renvoi épique aux racines historiques d'un peuple est facteur d'unité, et renforce le courage de chacun. Puisque leurs ancêtres ont pu traverser tant d'épreuves et réussi à construire une grande nation, alors devant la crise économique et sociale mondiale qui frappe le pays en l'hiver 2009, chaque Américain peut de nouveau faire face.

Le courage du sacrifice

Barack Obama dresse la liste des épreuves traversées par les Américains au moment de son discours, puis annonce celles à venir, mais il identifie à plusieurs reprises chaque individu à des héros réels ou potentiels. Des sacrifices, les ancêtres du peuple américain en ont accompli : « Pour nous, ils ont rassemblé leurs maigres possessions et traversé des océans en quête d'une vie nouvelle (…). Pour nous, ils se sont battus et sont morts dans des lieux comme Concord et Gettysburg, en Normandie ou à Khe Sanh (au Vietnam). » Et ces héros appartenaient au peuple sans visage, « certains connus, mais le plus souvent des hommes et des femmes anonymes, qui nous ont permis de gravir le long et rude chemin vers la prospérité et la liberté ». Barack Obama refuse ainsi l'illusion de penser que les nouvelles générations sont des créations *ex nihilo*. Nous pouvons nous reconnaître chacun comme un membre d'une communauté plus vaste temporellement, un chaînon dans une longue chaîne qui file à travers le temps, et dont nous prenons le relais.

Quelle est la raison de ces sacrifices individuels ? « Ils voyaient en l'Amérique quelque chose de plus grand que la somme de leurs ambitions personnelles. » C'est la définition même de l'héroïsme donnée par Joseph Campbell : « Le héros est celui qui sacrifie sa vie à quelque chose de plus grand que lui » (PM, p. 209), pour améliorer la vie des autres hommes. Le président Obama reconnaît publiquement le courage de tous ces gens : « Nous les honorons non seulement parce qu'ils sont les gardiens de notre liberté, mais parce qu'ils incarnent l'esprit de service, une disponibilité à trouver une signification dans quelque chose qui est plus grand qu'eux. Et à ce moment, ce moment qui définira une génération, c'est précisément leur esprit qui doit tous nous habiter. »

L'homme contemporain, ce héros

Le peuple américain n'a rien perdu de sa vigueur et le président n'hésite pas à recourir à un discours superlatif : « C'est la voie que nous poursuivons aujourd'hui. Nous demeurons la nation la plus prospère, la plus puissante de la Terre. » Des héros, l'Amérique continue d'en voir naître et agir : « Lorsque nous regardons le chemin à parcourir, nous nous rappelons avec une humble gratitude ces braves Américains qui, à cette heure précise, patrouillent dans des déserts reculés et des montagnes éloignées. Ils ont quelque chose à nous dire aujourd'hui, tout comme les héros qui reposent (au cimetière national) à Arlington nous murmurent à travers les âges. » Barack Obama fait ainsi référence aux soldats toujours présents en Irak au moment de son discours, et à ceux qui sont engagés dans la guerre contre le terrorisme en Afghanistan.

Mais l'héroïsme, c'est celui, toujours actuel, du peuple tout entier, pas seulement des soldats à l'étranger. C'est donc celui de chaque Américain, et de tous ceux qui écoutent ce discours. L'héroïsme réside dans les valeurs de solidarité, de partage, de générosité : « C'est la bonté d'accueillir un inconnu lorsque cèdent les digues, le désintéressement d'ouvriers qui préfèrent travailler moins que de voir un ami perdre son emploi, qui nous permet de traverser nos heures les plus sombres. » La qualité des hommes et des femmes se révèle aussi dans leur rôle au quotidien, professionnel, social ou familial : « C'est le courage d'un pompier prêt à remonter une cage d'escalier enfumée, mais aussi la disponibilité d'un parent à nourrir un enfant, qui décide en définitive de notre destin. » Lorsque Barack Obama évoque les pompiers américains, c'est un écho au courage des centaines de pompiers morts le 11 septembre 2001. Rappelant aux Américains l'ensemble de leurs forces, ses engagements en tant que président devant le peuple, les difficultés économiques, politiques, sociales et internationales à surmonter, le président déclare : « Nous pouvons faire tout cela et nous le ferons. » Par un « nous » constant, il réinscrit tous les êtres vivants dans une unité et leur rend la capacité d'agir pour le bien commun. Barack Obama est ainsi passé dans son discours du rappel des réussites de leurs ancêtres à la quête héroïque qui attend à ce jour les Américains face à des défis « nouveaux » qu'ils doivent affronter avec des « outils » également « nouveaux », mais l'essentiel reste intact : la valeur de chacun et « les valeurs dont notre succès dépend, le travail, l'honnêteté, le courage et le respect des règles, la tolérance et la curiosité, la loyauté et le patriotisme » qui, elles, « sont anciennes ».

L'homme, membre du corps collectif

Obama métamorphose les États-Unis en un creuset de spiritualités, une sorte d'anti-Babel : « Nous savons que notre héritage multiple est une force, pas une faiblesse. Nous sommes un pays de chrétiens et de musulmans, de juifs et d'hindous, et d'athées. Nous avons été formés par chaque langue et civilisation, venues de tous les coins de la Terre. » Cette union serait capable d'éliminer les problèmes d'exclusion peu à peu, comme l'indique la métaphore de la dissolution : « Nous ne pouvons pas nous empêcher de croire (...) que les frontières tribales vont se dissoudre, que pendant que le monde devient plus petit, notre humanité commune doit se révéler. » Ainsi le président en appelle-t-il au noyau central de chaque homme, sans pour autant annuler les besoins identitaires de chacun : c'est une invitation à la tolérance. Derrière ses propos, c'est l'image mythique de l'homme membre d'**un seul grand corps vivant** qui se profile.

Un nouvel ordre du monde

À quoi aboutit cette quête ? À un renouvellement après une véritable descente aux enfers pour l'économie mondiale et l'Amérique en particulier. Le président déclare : « À partir d'aujourd'hui, nous devons nous relever, nous épousseter et reprendre la tâche de la refondation de l'Amérique », pour « répondre aux exigences d'une ère nouvelle ». C'est l'image mythologique de l'avènement d'un nouvel ordre du monde. Le dragon que le peuple héroïque doit tuer, c'est l'ensemble des périls économiques, écologiques et terroristes qui le menacent. L'élixir qu'il doit rapporter est une renaissance pour la société entière, qui passera par la conquête de nouvelles énergies respectueuses de l'environnement : « Nous dompterons le soleil, le vent et le sol pour faire avancer nos automobiles et tourner nos usines. » De plus, ce nouvel ordre humain doit voir les guerres se terminer, la conciliation – voire la réconciliation – l'emporter : « Les États-Unis doivent jouer leur rôle en donnant l'élan d'une nouvelle ère de paix » pour « un avenir de paix et de dignité ». Il est aussi nécessaire de développer les opportunités pour tous à l'intérieur du pays, scolaires, sociales, professionnelles. Ce qui fonde en effet la mythologie particulière des États-Unis et attire encore aujourd'hui des émigrants du monde entier, c'est le « rêve américain ». Chacun devrait y trouver des opportunités pour réussir : non pas une liberté plus grande, mais une possibilité plus grande de réaliser sa vie.

Ce nouvel ordre dépend des actes de chacun et de sa conscience du devoir, ces « armes » que nous possédons tous et qui nous transforment en « alliés » les uns pour les autres : « Ce qui nous est demandé maintenant, c'est une nouvelle ère de responsabilité. » L'intérêt collectif prime sur l'individuel. Le président lance alors des appels solennels à l'unité et la paix avec « le monde musulman », comme avec « ceux qui s'accrochent au pouvoir par la corruption et la fraude ». Il n'hésite pas à utiliser une image empruntée aux Évangiles, celle de « tendre la main ».

Le président se pose donc en garant d'un renouvellement car « le monde a changé et nous devons évoluer avec lui ». C'est l'unique possibilité de « forger un destin incertain ». Après les étapes du sacrifice et la descente aux enfers viendra le renouvellement : c'est ce que nous apprennent les mythes du monde entier. Barack Obama réactive dans l'esprit des Américains ce symbole du « nouveau monde » que leur terre et leur peuple incarnent pour eux-mêmes depuis la venue des ancêtres européens. Toutes les images anciennes qu'il utilise, comme celle du forgeron capable de modeler jusqu'au destin des hommes, se trouvent adaptées à la crise contemporaine. Alors toutes les épreuves reprennent un sens ; aucun sacrifice n'est jamais vain : ni ceux des ancêtres dans le passé ni ceux des individus dans le présent. **Chaque être humain peut connaître l'avènement d'un nouveau monde, ici et maintenant**, pas dans un futur hypothétique. C'est possible en transformant nos propres conditions de vie, notre manière de voir le monde et nos ennemis. Le retour de ce voyage héroïque n'est pas alors un retour en arrière ou aux pays d'origine de ceux qui ont émigré, ni à un mode de vie antérieur difficile qui a précédé la croissance économique puis la crise. Le retour est synonyme de sortie de la crise, d'avènement d'un nouveau mode de vie plus responsable et ouvert aux autres. De plus, cette renaissance a lieu au cœur de ce monde ordinaire tout en faisant appel aux potentialités de chacun, à sa part d'extraordinaire. Ensuite, dans une sorte de vision prophétique, Barack Obama raconte l'avenir qui découlera de toutes ces actions communes : le renouveau national d'abord, puis à l'échelle de la planète entière, car une fois que la société américaine se portera mieux, elle pourra aider le monde entier… Aux yeux du président, tous les pays doivent œuvrer pour devenir ce « nouveau monde » en un effort commun, mais éclairés par l'Amérique qui reprend son « rôle de dirigeant ». On reconnaît dans ces propos un désir d'apporter ensuite un élixir de sagesse aux autres pays, mais chaque pays peut en fait réaliser sa propre quête héroïque pour participer à la renaissance de la collectivité, afin d'être une nation adulte qui se dirige par elle-même !

Un rite de passage : de l'enfance à la maturité

En tant que modèle lui-même d'une réussite, et par ces multiples références à une mythologie nationale et universelle, Barack Obama veut faire de son investiture un véritable rituel initiatique pour le peuple américain et pour les autres peuples qui suivent la cérémonie à travers le monde. Le rite est en effet la mise en acte d'un mythe. Chacun participe de nouveau à la vie des images mythologiques que le président réactive. Chacun peut passer du statut d'un individu perdu en pleine crise mondiale à celui d'un membre actif, un possible héros prêt à affronter l'épreuve. Chacun peut enfin vivre un rite de passage du temps des « enfantillages » au temps des responsabilités lorsque le président ranime une citation d'un texte mythologique : « Nous demeurons une jeune nation. Mais pour reprendre les mots de la Bible, le temps est venu de se défaire des enfantillages. Le temps est venu de réaffirmer la force de notre caractère. » La référence à la parole d'un mythe est essentielle, nous explique Campbell, pour qu'un rite puisse avoir lieu.

Enfin, comme tout rite passe par l'image du marquage, qu'il soit physique ou symbolique, Barack Obama déclare : « Donc marquons ce jour du souvenir de ce que nous sommes et de la distance que nous avons parcourue. » Alors, le peuple passe du souvenir de ses ancêtres à la conscience de ses pouvoirs actuels ; il peut désormais se tourner vers le futur, et agir pour lui comme le président l'y invite dans ce final visionnaire : « Qu'il soit dit aux enfants de nos enfants que lorsque nous avons été mis à l'épreuve, nous avons refusé de voir ce parcours s'arrêter, nous n'avons pas tourné le dos ni faibli », mais avons porté « ce formidable cadeau de la liberté et l'avons donné aux générations futures ». Ce discours tente ainsi de modifier la vision de ceux qui l'écoutent.

Réécrire un mythe de la création

Campbell nous propose de concevoir un nouveau mythe qui soit planétaire : « Le seul mythe qui vaille la peine qu'on y réfléchisse dans un futur proche, c'est celui concernant la planète, non pas la ville et ses habitants, mais toute la population de la planète » (PM, p. 73). La première fonction du mythe, rappelons-le, est selon Campbell de nous réconcilier avec la nature de la vie : sa complexité, sa violence, ses dualités belles et douloureuses. La seconde fonction d'une mythologie vivante serait de nous donner une vision des origines de l'univers, en accord avec les découvertes scientifiques les plus récentes. Un mythe de la création devrait évoluer avec le temps, parallèlement à nos modes de vie. Aujourd'hui, les individus sont divisés entre leur croyance en une spiritualité et les découvertes scientifiques qui ont modifié notre connaissance de la création de l'univers. Pour être efficace, une mythologie doit être mise à jour en fonction des nouvelles découvertes de la science, « fondée sur une conception de l'univers actuelle, acceptée et convaincante » (*Myths*, p. 144). Campbell considère le radicalisme religieux aussi dangereux que le radicalisme scientifique. Une mythologie nouvelle serait évolutive comme dans le domaine de la science : nous savons qu'il n'existe pas désormais de vérité définitivement figée, mais seulement des hypothèses qui se modifient en fonction de l'évolution des sociétés et des découvertes.

Un mythe nouveau représenterait avec des images modernes l'inconnaissable, sous la forme d'une histoire avec de nouveaux héros. La seconde moitié du XXe siècle a été dominée, par exemple, par un âge spatial, suite aux découvertes en astronomie et aux premiers pas sur la Lune : ce voyage des astronautes a changé le regard de tous les hommes sur la Terre. Campbell raconte son émotion en écoutant parler à la radio les astronautes du vol *Apollo 8* décrivant la Terre depuis leur fusée en décembre 1968 (PTB, p. 7). Comme c'était le jour de Noël, les astronautes se mirent à lire le premier livre de la Genèse. Campbell fut alors frappé d'entendre la description d'un univers créé par Dieu en sept jours sous une forme plate : la mer, la terre et le ciel, qui n'avait plus rien à voir avec les découvertes scientifiques d'une Terre ronde flottant dans une galaxie. Il regretta alors qu'il n'existe pas un texte nouveau aussi émouvant que la Genèse pour le cœur des hommes qui se serait accordé avec les premières photographies de la Terre vue de l'espace pour nous aider à penser le cosmos ici et maintenant.

L'image de l'univers n'est plus celle du modèle sumérienbabylonien d'un gâteau à trois couches avec le ciel au-dessus, un océan et un peu de terre au milieu et dessous les abysses. Ce n'est plus une seule planète au centre d'un système solaire qui tourne autour d'elle. Pour l'instant au moins, en attendant d'autres découvertes, notre univers est vu comme un immense bouquet de galaxies, à des distances croissantes, avec l'humanité comme une espèce de développement récent sur une planète mineure au milieu de millions d'étoiles, univers qui, en quelques milliards d'années, s'est formé en raison d'un événement encore impossible à déterminer vraiment. Campbell propose comme image mythologique nouvelle une photographie de la Terre vue depuis la Lune, juste un hémisphère visible éclairé par la lumière du soleil, tandis que l'autre hémisphère est dans l'ombre : on pourrait choisir de placer son centre partout, l'image ayant dissipé les frontières entre les nations qui sont si fondamentales sur les cartes géographiques. La Terre sainte n'est alors dans aucun endroit spécifique ; le centre du Monde non plus. C'est chaque lieu qui est mythologique et sacré.

Penser un mythe universel

Un mythe planétaire devrait aussi proposer des valeurs communes à tous les peuples, ainsi que de nouveaux rites sociaux. Cela signifie aussi pour Campbell qu'un mythe universel ne devrait pas tourner à l'avantage d'une civilisation, mais respecter l'ensemble des croyances existantes, jusqu'à celle de la plus petite société. Un mythe qui reposerait à nouveau sur un principe de conquête, de colonisation, d'asservissement ou de désir civilisateur serait une abomination supplémentaire. Un mythe universel générerait alors de nouveaux rites pour les différentes sociétés afin de participer au mystère de la vie ensemble et de franchir les seuils cruciaux de toute existence. Campbell recommande cependant d'imaginer un système de lois qui paradoxalement accepterait, dans une certaine mesure, les transgressions individuelles, car elles sont nécessaires à tout être humain pour réaliser sa quête personnelle : « Il nous faut parvenir à édifier un système qui puisse parfois enfreindre les lois sociales, ce que la société accepte rarement » (PM, p. 326).

Dans un mythe nouveau, les héros ne seraient plus nationaux mais universels : c'est du monde entier qu'il s'agit. Campbell invite les artistes, penseurs et chacun de nous à l'inventer à l'échelle mondiale en acceptant de ne pas seulement nous définir par rapport à notre pays ou à notre groupe socioculturel ou religieux : « Le seul groupe qui est légitime aujourd'hui est celui de notre planète, et il y a un énorme défi à relever » (*Open Life*, p. 114). Cela demande de nous envisager comme une seule communauté au niveau planétaire, donc de ne pas revendiquer des priorités nationales. Or nous voyons souvent « les gens se retirer dans leur propre groupe culturel qui ont de longues traditions d'autopréservation. Nous n'avons pas encore l'image d'une société universelle » (*Open Life*, p. 114). Rester dans un groupe avec les gens qui partagent les mêmes idées, ou la même foi, ou le même passé, ou la même sexualité, ou les mêmes richesses en banque, etc., nous conduit à rejeter les autres.

La fonction d'une nouvelle mythologie, inspirée par toutes les images des anciens mythes, serait alors de parler d'une culture mondiale sans pour autant effacer les identités propres à chaque peuple. Une telle mythologie permettrait à chacun de conserver sa culture, sa spiritualité, sa croyance et de se concevoir simultanément comme membre d'une communauté planétaire. Paul Ricœur insiste lui aussi sur cette **nécessité de reconnaître l'autre dans sa différence et pourtant de nous sentir proches de lui** : « C'est l'idée que Hannah Arendt a le plus développée dans son anthropologie et sa sociologie : il n'y a pas d'état de l'humanité qui ne soit pluralité. Pluralité des genres, des cultures, des religions. Il n'y a pas de chance de parvenir jamais à une humanité unanime. C'est pourquoi la reconnaissance mutuelle restera toujours une tâche[1] » à accomplir.

L'éducation est le moyen privilégié pour transmettre cette vision, dans les écoles ou à travers les médias. En effet, Campbell explique que « le plus grand défi, c'est l'éducation – une éducation intérieure si bien que la personne s'identifie elle-même avec l'humanité plutôt qu'avec son groupe culturel. Et ce n'est pas facile, parce que "humanité" est un concept vague, et le groupe culturel, c'est ce que vous expérimentez tous les jours (...) pour l'instant, chacun demande les avantages de son groupe sur celui des autres » (*Open Life*, p. 113). Campbell recommande de diffuser à nouveau des cours d'humanités qui, à travers les grands textes de l'Antiquité à nos jours, transmettent des « valeurs éternelles » (PM, p. 24). Cela demande de s'entendre sur ces valeurs communes malgré des systèmes politiques ou religieux différents, car les mythes peuvent aussi véhiculer des incitations au meurtre, à la violence, à l'objectivation de l'autre ou dévaloriser la femme, les libertés sexuelles... Toutes les mythologies devraient évoluer pour créer des systèmes de plus en plus tolérants.

En 1987, Campbell déclare que « le bouddhisme est à (son) avis la doctrine la plus proche de la mythologie planétaire car elle voit Bouddha dans chaque être » (PM, p. 57) : la diffusion de cette spiritualité dans le monde

1. Paul Ricœur, entretien pour *L'Humanité* de mars 2004 à propos de son ouvrage *Parcours de la reconnaissance*, Stock, 2004.

depuis montre qu'elle répond en effet à de nombreuses quêtes pour s'extraire de la souffrance psychologique dans nos sociétés diverses. Le bouddhisme peut coexister avec la foi ou la vision du monde de chacun, comme le précise Heinrich Zimmer, c'est un traitement, une « cure pour l'âme ». La première de ses affirmations à comprendre est que « tout est souffrance » (Zimmer, p. 467) : il n'y a pas de faute à l'origine de cette souffrance. C'est un état de fait : nous souffrons ; la souffrance est une « maladie ». On peut la supprimer en suivant la voie noble qui se nomme la « voie du milieu » car elle refuse les extrêmes. Cependant, elle n'est pas nécessairement la voie pour tous. De son côté, le psychologue Rollo May rêvait d'une religion universelle « interraciale » qui serait un nouveau polythéisme au sens où les dieux de toutes les religions, des époques anciennes ou présentes, pourraient coexister, sans que l'un parte en guerre contre un autre. Aussi lui-même priait-il chaque matin en tissant ensemble des prières chrétiennes, bouddhistes, hindouistes et d'autres qui lui donnaient alors la conscience de faire partie du peuple humain et pas d'un peuple en particulier. Campbell n'appelle pas à une nouvelle religion institutionnalisée, mais à une mythologie nouvelle qui puisse s'exprimer de préférence dans le ***langage universel de l'art***. Il espère qu'une nouvelle mythologie nous fera considérer comme une abomination de déclarer que tel ou tel dieu est le seul véritable.

On imaginerait même la possibilité d'une plate-forme sur le web pour inventer une nouvelle mythologie ou pensée religieuse qui serait formée de l'apport des aspirations de tous, ce « bricolage » que chacun fait avec sa propre croyance. Michel Bauwens, auteur théoricien belge spécialiste de la culture innovante, valorise « l'investigation coopérative » fondée par John Heron : des groupes informels où chacun partage sa vision de la spiritualité, dans un esprit de découverte, afin d'élaborer une nouvelle conscience collective, bien éloignée de l'autorité des dogmes ou d'un clergé centralisateur.

Les mythes et textes religieux fondateurs du monde entier sont aujourd'hui disponibles en accès libre sur Internet, de quoi rêver d'un rassemblement de la sagesse à l'échelon mondial ou de propositions mystiques qui révéleraient un fonds commun aux croyances. Se dessinerait une histoire mythologique en arborescence, textuelle et visuelle, de symboles élaborés par chaque communauté locale en fonction de sa culture et de ses rites propres, et non la globalisation d'une seule religion dominante : « Les nouveaux symboles, lorsqu'ils apparaîtront, ne pourront être identiques pour les différentes parties du globe ; ils devront contenir en eux les particularités de la vie, de la race, de la tradition et du lieu. C'est pourquoi il est indispensable que les hommes comprennent et puissent voir qu'à travers leur diversité se révèle la même rédemption » (*Héros*, p. 331-332). La société dans toutes ses dimensions serait remodelable de façon participative, et les intégrismes qui consistent à se replier sur les dogmes de son groupe spirituel seraient battus en brèche, car « une propagation générale d'une quelconque solution locale est, par conséquent, superflue ; de plus, elle constitue une menace. Pour devenir humain, il faut apprendre à reconnaître la face de Dieu en toutes les merveilleuses variations du visage de l'homme » (*Héros*, p. 332).

Relier les hommes : la communication au XXIe siècle

Cette vision selon laquelle les hommes sont reliés par une sorte de force invisible concerne les pays du monde entier.

Campbell déclare : « La toile enlaçant des interdépendances socioéconomiques qui couvre désormais la planète entière » montre que nous sommes reliés. « Tout ce qui manque c'est un changement de la vision générale pour s'accorder à cette réalité contemporaine » (*Inner Reaches*, p. 94). Le XXe siècle a été dominé par l'explosion industrielle et commerciale, faisant entrer dans notre imaginaire collectif les voitures, avions ou armes à feux. Au XXIe siècle, nous pouvons prolonger la vision de Campbell et préciser que ce n'est plus l'économie qui nous guide, mais la communication sous ses nombreuses formes technologiques ; nous devenons tous les avatars du dieu grec Hermès, ce dieu messager via le développement des sms et des emails.

De plus, nous sommes entrés dans un monde où les entreprises ne décident plus seules des produits à créer et à commercialiser, un monde où des communautés d'amateurs ont un rôle équivalant aux professionnels d'un domaine, où les hiérarchies sont perturbées pour mettre en réseau directement la créativité des gens : c'est une capacité générée par l'*open source*. Depuis 2000, *open source* est le nom donné à la création collective de logiciels informatiques et leur mise à disposition gratuite sur le web. Mais ce fonctionnement s'élargit à d'autres domaines : création de brevets ou d'entreprises entièrement collectifs, Web TV collaborative[1], plate-formes de journalisme participatif ou éducatives comme l'encyclopédie Wikipédia – autant d'initiatives à l'essai sur Internet aujourd'hui. Le réseau se dote d'un sens, loin d'être un réseau seulement sociable comme Facebook, et cela en vue d'un accomplissement en communauté. On

1. Dans cette perspective et inspirée par la pensée de Campbell, j'ai fondé la Web TV savoirchanger.org qui propose des vidéos pour changer nos vies dans un sens plus accompli et plus altruiste.

encourage alors une politique citoyenne : se reconnaître chacun comme élément d'un ensemble plus grand que nous, ce grand corps social sur le web, afin de participer à des changements positifs, souvent de manière anonyme. On pourrait lire ce phénomène contemporain avec des images mythologiques : la pratique d'une dissolution du moi comme dans la pensée bouddhiste, ou le principe d'Atman dont nous avons parlé dans la pensée hindouiste, cette force impersonnelle qui relie tout ce qui est dans l'univers, une sorte de câble invisible. Rien d'idéal cependant dans ces pratiques nouvelles. Des voix se sont élevées pour dénoncer certaines manipulations des masses, ou l'anonymat érigé en valeur idéologique totalitaire. Et l'on sait combien notre identité sur Internet est fragile, une forme virtuelle, qui peut disparaître d'un instant à l'autre selon les aléas politiques ou informatiques, à l'instar d'une page personnelle sur Facebook. On aperçoit alors ce que peut être, pour la philosophie indienne, cette fameuse Illusion, la Mâyâ, la toile des apparences qu'est notre propre existence.

Un voyage héroïque commun : l'écologie

À l'origine du développement accru de la conscience écologique se trouve aujourd'hui l'une des forces unificatrices de notre époque : un même danger menaçant l'ensemble de la planète conduit les peuples à s'unir et à adopter des méthodes communes pour l'endiguer. Dans la *Kena Upanishad*, un texte sacré de l'Inde, on trouve cette définition de la transcendance reliée à la nature, et citée par Campbell[1] : « Ce qui

---

1. *That in the lightning which flashes forth, which makes one blink, and says « Ah ! » – that « Ah ! » refers to divinity* (dans *The Thirteen*

dans l'éclair illumine soudainement, ce qui fait cligner nos yeux, et nous arrache un "Ah !" – ce "Ah !", c'est le divin. Le but d'une mythologie vivante est d'ouvrir le cœur et l'esprit à l'émerveillement devant tout ce qui est. À chaque fois qu'un éclair fend le ciel, que le soleil se lève ou qu'une biche surgit dans la forêt tous ses sens en alerte, chaque fois que devant ce spectacle nous nous exclamons : "Ah, c'est beau !", alors nous avons reconnu avec émerveillement le divin en toute chose » (*Inner Reaches*, introduction). Aussi, ajoute Campbell, dans une nouvelle mythologie qui concernerait l'ensemble de l'espèce humaine, la désacralisation de la nature, la doctrine de la chute qui fait de la nature le lieu de la corruption à l'extérieur de l'homme et à l'intérieur de lui devraient-elles être rejetées.

Des spécialistes de l'écologie ont remis à l'ordre du jour le mythe de la Déesse-Terre en la nommant à nouveau Gaïa pour rappeler la vie qui l'anime. Évoquée dans la *Théogonie* d'Hésiode en Grèce au VIIIe siècle avant J.-C., Gaïa est la déesse primordiale qui enfante le ciel et la terre sans être fécondée par un dieu masculin, puis fait naître les dieux, les premiers hommes mais aussi des géants et des monstres. Assimilée ensuite à la Terre-Mère, elle représente les deux aspects contraires de la nature : harmonieuse ou soudain chaotique. Nous revenons aujourd'hui à l'idée que **l'environnement façonne notre vie**, que nous sommes un simple élément d'un grand Tout. Les mouvements écologiques contemporains ont pour enjeu de protéger la Terre des destructions humaines. Nous valorisons de plus en plus la défense des espèces sauvages menacées, la lutte contre les chasses abusives dirigées par des impératifs commerciaux.

Principal Upanishads, traduit du sanscrit et commenté par Robert Ernest Hume, Oxford University Press, 1921). Je traduis au plus près.

La plupart des pays développent des mesures de réduction de la pollution.

Aspirer à un mythe plus intérieur

Campbell met surtout en avant la quatrième et dernière fonction du mythe, d'ordre psychologique. Un nouveau mythe racontera comme tous les autres un chemin d'initiation, un voyage héroïque et des passages de l'enfance à l'âge adulte, puis à la vieillesse : il traitera des grandes périodes et des grandes crises de l'existence. Les nouvelles technologies ne sont pas accessibles aujourd'hui à tous même dans les pays les plus riches : elles restent limitées par leur coût et accentuent les différences sociales. Le voyage physique n'est pas possible non plus pour tous. De nos jours où la communication virtuelle prend le pas sur les rencontres réelles, à une époque où le danger écologique nous conduit à réduire nos déplacements, le conseil de Campbell prend d'autant plus de poids : ce sera en nous-mêmes, dans des voyages plus intérieurs, que se trouvera une nouvelle quête héroïque à condition que celle-ci ait pour enjeu de ramener une connaissance ou un apport bénéfiques pour tous.

Un nouveau mythe pourra « rendre en des termes contemporains les mystères de notre propre vie intérieure – parce que nous faisons tous partie du cosmos » (*Open Life*, p. 117) : si chacun accomplit son mythe personnel, alors c'est l'univers extérieur entier qui en bénéficie. Presque trente ans après la mort de Campbell, nous voyons les librairies et les médias diffuser des conseils pour assurer notre développement personnel pour vivre mieux. Revaloriser l'existence d'un univers à l'intérieur de soi auquel on accède grâce à l'imaginaire conduit chacun à **découvrir les forces**

de la nature en soi. Le terrain inexploré de conquêtes d'un autre monde, le champ des combats épiques et grandioses, l'apprentissage d'une conduite éclairée, la « terre promise » enfin : tout se situe au cœur de nous-mêmes. Campbell pose alors une question fondamentale à laquelle un nouveau mythe devra répondre : « Qu'allons-nous faire de notre agressivité ? Comment va-t-elle être absorbée dans l'amour et transmuée d'une matière vile en or ? » (*Open Life*, p. 112). L'héroïsme, c'est aussi parvenir à équilibrer cette balance instable en nous entre le sauvage et le civilisé, entre les tragédies intimes et la possibilité de reconstruire notre identité, entre réalisation personnelle et sacrifice de nous-mêmes pour les autres. C'est une quête égalitaire car nous n'avons besoin que de notre imagination, ce qui nous rappelle la citation célèbre d'Einstein : « L'imagination est plus importante que le savoir. » Chacun peut entreprendre cette quête dont le but est de grandir tout au long de sa vie, jusqu'à la mort, de s'enrichir de l'intérieur.

III

Ces artistes qui inspirent notre propre aventure

10.

Comment l'art nous donne-t-il l'expérience d'être vivants ?

Se tourner vers les artistes

Renouveler les images clefs des anciens mythes est un besoin vital pour alimenter la société et nos vies individuelles, mais « comment, à notre époque contemporaine, peut-on évoquer une imagerie qui communique la plus profonde et la plus riche expérience de la vie ? » (*Open Life*, p. 8).

Lorsque Bill Moyers lui demande qui sont les nouveaux chamans, c'est-à-dire ceux qui dans les sociétés traditionnelles de chasse traduisaient l'invisible pour les autres, avaient le pouvoir de s'y rendre et d'en ramener des visions sublimes pour éclairer la réalité, Campbell répond : « L'artiste. C'est sa fonction. C'est à lui de nous transmettre les mythes, mais il faut qu'il comprenne la mythologie et l'humanité » (PM, p. 173). Le héros contemporain est donc un créatif. Campbell associe les visions de l'artiste et celles de tout mystique, en citant une phrase de sa femme Jean Erdman, danseuse classique professionnelle : « La voie de l'artiste et la voie du mystique sont les mêmes, sauf que le mystique n'a pas de métier » (*Inner Reaches*, p. 89). L'art maintient l'artiste sur terre, en lui donnant une matière à travailler, tandis que le mystique, tourné vers l'intérieur, peut devenir tout à fait indifférent au monde extérieur. « L'artiste est le maître du langage métaphorique » (*Inne Reaches*, p. 91) ; il n'invente pas seulement de nouvelles techniques, il apporte des visions inédites du monde. Ce que voient le mystique et l'artiste, c'est le même plan invisible, la même réalité extraordinaire. C'est une vérité intime qu'ils sont allés chercher au fond de leur inconscient ou d'un plan invisible et qu'ils ont ramenée dans le monde de la conscience.

C'est le rôle des artistes de nous guider, que ce soit à travers la littérature ou les récentes technologies. Des récits et films émergent pour figurer d'anciennes images. Par exemple, le mythe de l'apocalypse est devenu une menace nucléaire puis un envahissement par des extraterrestres colonisateurs, un virus informatique ou une machine douée d'intelligence qui prend le contrôle des hommes ou encore une catastrophe naturelle provoquée par les mauvais traitements infligés par les hommes à la Terre ; le salut vient d'un héros ou d'une communauté qui parvient à faire face à ces épreuves et à sauver la société en trouvant le plus souvent une conciliation entre les contraires : l'homme et l'extraterrestre, l'homme et la machine, l'homme et la nature. Les films, livres d'anticipation ou de science-fiction sont autant de manières de renouveler les anciens symboles pour traduire nos appréhensions modernes. Cependant, ces héros, lorsqu'ils sont liés uniquement au divertissement, ne fédèrent pas une société et n'incitent pas nécessairement le spectateur à prendre de nouvelles responsabilités dans sa vie réelle.

C'est le rôle des artistes d'assumer cette responsabilité. L'artiste manifeste les images des mythes ; sans images mentales ou visuelles, il n'y a pas de mythe. Nettoyer les symboles anciens de tous les sens qui leur ont été donnés, les rendre vierges, c'est le propre de l'art qui nous permet alors de les expérimenter à l'état neuf, pour parler de notre époque. Quand Anouilh écrit sa version du mythe d'Antigone en 1944, pendant la seconde guerre mondiale, il déclare : « L'*Antigone* de Sophocle, lue et relue et que je connaissais par cœur depuis toujours, a été un choc soudain pour moi pendant la guerre, le jour des petites affiches rouges. Je l'ai réécrite à ma façon, avec la résonance de la tragédie que nous étions alors en train de vivre[1]. » Nous nous tournons vers les poètes et les artistes, car « ces personnes peuvent regarder les symboles des anciennes mythologies et commencer à en forger de nouveaux qui fonctionnent et s'ouvrent à la transcendance » (PTB, p. 20). Certains artistes du XXe siècle, aux yeux de Campbell, comme les romanciers Thomas Mann et James Joyce, ont relu leur époque à travers des grandes idées primitives pour les faire briller d'un éclat nouveau propre à inspirer notre chemin individuel, car ils ont cherché véritablement à comprendre le sens profond de ces symboles, pas seulement à les utiliser de manière superficielle.

De même, l'artiste, par la propre quête qu'il mène pour réaliser son art, peut devenir pour chacun un modèle d'existence, car tout artiste a « pour métier, et pour style de vie, de suivre les mouvements de son cœur » (PM, p. 205) et non de suivre des intérêts économiques ou personnels. Il devient un modèle héroïque parce que « la créativité exige l'abandon de toutes les règles, de toutes les limites et le refus de la permanence » (PM, p. 262). L'artiste suit ce chemin dangereux afin de nous rapporter une vision du monde nouvelle

1. Jean Anouilh, *Antigone*, texte sur la couverture de la première édition, La Table Ronde, 1944.

qui fasse bouger nos valeurs, et alimente nos sociétés. Être vivant, c'est aussi exister en s'enrichissant symboliquement grâce aux artistes : « Si vous passez votre temps à penser à vos problèmes économiques, vous n'allez pas passer assez de temps dans votre propre monde imaginaire (...) mais vous pouvez participer aux visions des autres » (*Open Life*, p. 35). Lire, regarder, écouter les artistes est un chemin pour chacun de nous car alors ils nous éclairent sur nos propres expériences quotidiennes, tout en guidant aussi nos sociétés ; comme l'écrit le poète Patrice de La Tour du Pin, « les pays qui n'ont plus de légendes seront condamnés à mourir de froid[1] ».

Mais nous avons tendance à confondre les artistes avec des fabricants d'illusions. Depuis l'ère du soupçon en France, théorisée par Nathalie Sarraute et le Nouveau Roman au XXe siècle, et la constante autocritique des générations suivantes, aucune œuvre d'art n'existe si elle n'est placée sous le projecteur d'un mirador. Il s'est développé une peur d'être trompé, manipulé par l'artiste ; forcément, celui-ci est un habile artisan de mensonges et de chimères : le lecteur ne doit pas se laisser faire. Le philosophe Paul Ricœur a tenté d'infléchir cette manière de penser. Il considère le lecteur comme un individu capable de « riposter » selon son terme favori, c'est-à-dire de réagir aux tentatives de mystification d'un artiste, s'il y en a. Surtout nous sommes capables de lever par nous-mêmes ce soupçon et de prendre l'œuvre d'art dans nos bras : c'est alors une « expérience vive[2] ». Entre la fascination qui adhère à tout sans réfléchir et le soupçon constant, une troi-

1. Georges Schéhadé, *Anthologie du vers unique*, Ramsay, 1977, p. 187.
2. Paul Ricœur, *Temps et récit III. Le Temps raconté*, Le Seuil, coll. « L'ordre philosophique », 1985, p. 309.

sième voie se trouve, celle de l'expérience, qui nous laisse libres de prendre ou non modèle sur les personnages d'une histoire, créés par un artiste. Alors de grands héros de la littérature ou du cinéma ou de toute autre démarche musicale, photographique, picturale, peuvent devenir des modèles. Ces personnages expérimentent en effet des situations équivalant aux nôtres, et nous aident à trouver un chemin dans la forêt du monde le plus souvent urbain. Cette manière de recevoir l'art modifie notre vision pour être au final **initiés par l'œuvre et l'artiste**. Être initié, rappelons-le, comprend trois étapes : accepter de descendre dans les profondeurs de nos émotions, même les plus obscures, mourir à la manière dont nous pensions et sentions les choses jusqu'ici, puis renaître à une vision du monde nouvelle.

L'art comme expérience de la compassion

Que l'art soit **un salut face à la souffrance humaine**, c'est une expérience qui nous vient des mythes grecs. Elle est toujours d'actualité. Dans les tragédies grecques, le mal est accompli dès les premières scènes ou bien avant même que la pièce commence : inéluctablement les conséquences de cet acte entraînent la mort du héros. Il n'existe aucune délivrance possible, aucune réparation « magique » qui permettrait au héros d'être pardonné. La faute grecque est souvent imposée par des dieux méchants qui ont condamné le héros[1]. Quelle délivrance possible alors ? Il n'y en a qu'une, celle de l'art propre à inspirer au spectateur de la crainte et de la pitié pour le sort du héros. C'est ce qu'Aristote nomme

1. Nous renvoyons pour ce passage à l'analyse de Paul Ricœur dans *La Symbolique du mal.*

la *catharsis* ou purgation tragique dans la *Poétique*, une émotion puissante qui nous pousse à participer aux malheurs du héros, une manière de pleurer avec lui et de purifier les pleurs eux-mêmes par la beauté du chant, comme l'interprète aussi Paul Ricœur : toute vision tragique exclut le pardon ; seul existe le sublime du verbe poétique. En passant de la crainte à la pitié qui n'accuse plus, qui ne condamne plus, la compréhension peut naître qui sauve le spectateur de l'horreur.

Pour Campbell, c'est la compassion éprouvée pour le sort tragique du héros qui nous réconcilie – malgré tout – avec la vie : « C'est un des sujets du cycle du Graal : la compassion envers le roi blessé (...) c'est la notion mystique de la fonction de la souffrance à travers le monde. Celui qui souffre nous apparaît pour éveiller en nous le seul sentiment qui transforme les bêtes de proie que nous sommes en êtres humains dignes de ce nom (...) » (PM, p. 199). Et cette capacité de compatir au sort de l'autre ne concerne pas seulement le lecteur ou spectateur d'une œuvre, mais l'artiste lui-même. Campbell prend pour exemple l'écrivain Thomas Mann dans *Tonio Kröger*. Selon Mann, ce qui métamorphose un mauvais écrivain en un véritable artiste, c'est-à-dire « une personne qui peut donner à l'humanité des images pour l'aider à vivre, c'est que l'artiste peut reconnaître les imperfections autour de lui avec compassion. C'est l'amour de base, la charité, ce qui transforme un critique en un être vivant, humain, qui a quelque chose à apporter au monde, et quelque chose à lui demander » (PTB, p. 78). La compassion aux yeux de Campbell est la valeur la plus nécessaire aux hommes : **elle est le commencement de l'humanité**. Les souffrances des personnages sur la scène ne sont pas accidentelles, concernant telle ou telle vie représentée, elles sont des archétypes de la vie humaine. Alors on saute du stade biographique au stade métaphysique et apparaît au spectateur un « pouvoir occulte qui forge notre vie, qui appartient à l'univers et à chacun de nous, un *mysterium tremendum et fascinans* : finalement ce feu éternel qui fait exploser les galaxies éclate dans le soleil, se reflète sur la lune, et se répand dans l'ardeur du désir à travers nos veines » (*Inner Reaches*, p. 104).

Le choc esthétique

Regarder un film ou un tableau, lire, entendre une musique et soudain ressentir un choc physique, c'est une expérience que nous avons tous faite. Avant même de pouvoir penser : « C'est mon histoire, c'est ça que je ressens ou que j'ai vécu », nous sommes figés devant une image qui nous bouleverse. Ce n'est pas de l'ordre de l'intellect ; ce n'est pas relié à telle ou telle culture. Une émotion vive ouvre soudain une porte en nous là où il ne s'en trouvait pas une seconde plus tôt. Ensuite, seulement, nous cherchons des mots pour comprendre quelle partie de notre vie ou de nos émotions a été exprimée dans cette image. C'est ainsi que notre monde intérieur s'approfondit, par la rencontre avec ces images fortes, modernes, qui le plus souvent renouvellent des mythologies anciennes ou un rite de passage. L'idéal est d'avoir un cerveau aux mille portes ouvertes sur le monde parce que c'est l'ensemble de ces chocs qui nous donne aussi le plaisir de vivre, cette richesse intérieure où chaque pépite d'or est une émotion subtilement différente de la précédente. Alors nous ne portons pas en nous ce dragon occidental qui est assis sur son tas d'or, cet avare qui amasse de l'argent sans en donner à personne et qui finalement est un « geôlier. Il y a des gens comme ça. Ce sont des salopards. Il n'y a pas de vie en eux. Ils ne donnent jamais rien. Ils ne sont bons qu'à se coller à vous comme des vampires » (PM, p. 250). Nous devenons plutôt le dragon oriental, celui qui libère et redonne la vie comme dans *Le Voyage de Chihiro*, le film animé du Japonais Miyazaki par exemple, celui qui possède un trésor d'amour aux éclats tous différents qu'il peut partager à volonté, car ce trésor-là est comme la nourriture sacrée du brahmane : elle ne s'épuise pas ; plus on la donne, plus elle se multiplie

Le sens de toute image mythologique est de nous entraîner dans une réalité de beauté qui nous immobilise. Campbell se réfère alors à James Joyce qui, dans *Portrait de l'artiste en jeune homme*, distingue deux types d'art. L'art pur, c'est celui de la perception désintéressée, de l'émotion gratuite, tandis que l'art impur est au service d'intérêts économiques, éthiques ou politiques. Dans ce cas, l'art donne le désir de posséder l'objet qui nous est présenté comme dans la publicité ; c'est de l'art pornographique pour Joyce. Ou bien l'art impur nous fait éprouver de la peur ou de la répulsion pour quelque chose ; c'est de l'art didactique. Dans les deux cas, il veut engager un individu à agir. Un portrait qui donne envie de posséder la personne représentée ou qui cherche seulement à évoquer le souvenir d'une personne est pornographique. L'art véritable maintient l'œil et les sentiments fixés sur l'image pour elle-même, frappés par la grâce. Ce n'est pas publicitaire. C'est une organisation sensible, esthétique, reliée à l'expérience des sens et aux émotions. D'un seul coup, nous sommes stoppés par une photographie et éveillés par elle : c'est ce que Joyce nomme la « stase », un arrêt du temps et du mouvement. Nous ne sommes pas poussés à une action, quelle qu'elle soit, mais plongés dans une contemplation des sens.

Nous reconnaissons le motif de la voie étroite et du passage entre deux extrêmes dont nous avons parlé : marcher entre les eaux de la mer Rouge, entre les anges gardiens devant le jardin terrestre, entre deux rochers qui menacent de nous écraser, entre le désir et la peur… De même, **l'art véritable engage le spectateur à passer entre le désir de possession et la peur de la mort ou d'un châtiment**. Alors l'art est le chemin du héros comme du nouveau mystique. L'artiste est le prophète de nos siècles nouveaux, celui qui justifie la vie, « un révolutionnaire bien plus fondamental dans sa pénétration du masque social de nos jours qu'un idéaliste fanatique qui répand le sang sur le trottoir au nom d'un masque divin artificiel » (*Myths*, p. 101).

Campbell se tourne vers la littérature pour nous donner un autre exemple : la *Divine Comédie* écrite par Dante. Dante voyage d'abord avec Virgile dans l'Enfer puis le Purgatoire : c'est la Poésie qui le guide à travers la figure de Virgile, mais pour son ascension vers le Paradis, c'est la femme qu'il aime, Béatrice. Il réalise alors qu'elle représente l'image même de la Beauté : à travers elle, il entrevoit le mystère d'une beauté absolue, au-delà de toutes les femmes, d'essence divine ; il a soudain expérimenté sa présence à un niveau différent. À ce moment précis, nous dit Campbell, Dante est transformé en poète, il a atteint le niveau d'une vie spirituelle riche. L'univers entier devient à ses yeux une manifestation d'un amour originel qui dépasse son amour d'homme pour une femme : « Il s'identifie avec cet amour, cette grâce qui provient (…) du véhicule magnifique qu'est Béatrice » (PTB, p. 103). C'est ce que James Joyce appelle l'« épiphanie », cette sorte d'arrêt esthétique : « Si l'artiste a établi un rythme heureux, alors vous ressentez un éblouissement. Vous êtes sous le choc, esthétiquement parlant » et cette « expérience esthétique transcende toute morale et tout enseignement » (PM, p. 362). C'est le début de la vie spirituelle. Il y a dans ce qui est beau, et non pas dans ce qui est bien ou mal, un puissant chemin héroïque, car même une scène monstrueuse ou terrifiante peut devenir sublime.

La radiance de la vie

L'art nous entraîne au-delà de la représentation locale, ethnique, sociale, jusqu'aux profondeurs de l'être humain. C'est une manière de penser qui nous permet de voir les choses simplement comme elles sont, ni désirables ni terrifiantes, mais comme des états de l'existence humaine. Supposons, nous dit Campbell, que dans une tragédie M. A tue M. B. La raison matérielle, c'est que A a utilisé un pistolet et la balle a tué B. La raison politique ou bien culturelle, c'est que A est par exemple d'une religion et B d'une autre. Mais quelle est la cause secrète de ce meurtre ? Les oppositions idéologiques, si sérieuses et graves au plan historique, ne sont pas constantes. Les idéologies changent. Campbell demande : « Qu'est-ce qui est alors constant, irréductible, dans cette scène de conflit et de mort ? » (*Myths*, p. 162).

Quand un point de vue artistique est donné sur un conflit, sans prendre le parti de l'un ou de l'autre, une vérité secrète peut apparaître, celle du conflit comme fonction constante de l'être humain ; alors, nous dit Campbell, le chant profond de cette vallée de larmes peut être entendu à travers toutes les époques. L'art ne cherche pas à nous réconcilier avec ce mystère tragique, il nous unit à cette vérité mystérieuse. L'union des contraires est pour Campbell le propos mythologique le plus ultime. Il cite le poète Wolfram von Eschenbach dans son commentaire sur la bataille épique qui oppose le chrétien Parzival et le musulman Vairefils. Ce dernier est le demi-frère de Parzival sans qu'il le sache. Wolfram écrit : « En considérant cette lutte acharnée, on a motif de prétendre que les combattants sont deux, quoique, au fond, ils ne fassent qu'un. Mon frère et moi, de même qu'un mari et sa femme, ne sommes-nous pas un même corps[1] ? » L'émotion naît de cette révélation : que les adversaires sont des frères ou, comme l'écrit Wolfram, « ils sont un, à mon avis ». La voie de l'art proprement suivie nous emmène au centre du monde qui est partout, à cette vision transcendante dont William Blake dit : « Si les fenêtres de la perception étaient nettoyées, chaque chose apparaîtrait à l'homme – ainsi qu'elle l'est – infinie[2]. » La radiance, c'est lorsqu'on se sent ébloui, et l'art n'a pas d'autre sens que de nous éblouir. L'art montre la lumière à travers cette terre, notre terre, et notre vie ; il nous permet de passer entre le désir et la peur, de dépasser même la pitié et la terreur, de briser nos jugements et de nous unir au mystère de l'être. Alors « tout notre environnement devient transparent à la transcendance, ce qui est la manière de voir mythologique (...) Tous les animaux, les rochers, les arbres sont des aspects d'une terre sainte, radiante d'éternité » (*Inner Reaches*, introduction) ; le monde entier est expérimenté comme une source d'émerveillement esthétique. La quête de l'art n'est pas celle du sens, selon Campbell, elle est plutôt de **« faire l'expérience de cette sensation extatique : être vivant »** (PM, p. 23).

1. Wolfram von Eschenbach, *Parzival*, *op. cit.*, p. 432-433 pour les deux citations.

2. William Blake, *Le Mariage du Ciel et de l'Enfer* (1790-1793), traduction d'André Gide, NRF, 1922.

11.

Quels mythes nos artistes renouvellent-ils au XXIe siècle ?

Paul Ricœur et la promesse tenue

J'existe parce que je suis capable de tenir une promesse. C'est la théorie originale du philosophe Paul Ricœur dans *Soi-même comme un autre*. De notre enfance à notre vie d'adultes, nous changeons : notre caractère évolue, nos habitudes aussi, nos goûts alimentaires, nos opinions politiques et morales souvent. On peut même changer de visage avec la chirurgie esthétique. On peut tout changer tout le temps ou presque. Mais comment faire dans ces conditions pour maintenir quelque chose de juste et de vrai ? Ricœur pose cette question : « Qui suis-je, moi si versatile, pour que néanmoins tu comptes sur moi ? » Ce qui maintient mon identité intacte dans le temps, c'est de donner ma parole par la promesse, car « dire "je promets", c'est promettre effectivement, c'est-à-dire être capable de s'engager à faire plus tard et (…) à faire pour autrui ce que je dis maintenant que je ferai » (SMCA, p. 57). Ou encore « c'est pour la personne la manière telle de se comporter qu'autrui peut compter sur elle » (SMCA, p. 195). En dépit du changement, je suis capable de tenir ma promesse plusieurs jours, années ou toute une vie.

Quand on remonte dans le temps les écrits de Paul Ricœur jusqu'à ses premiers ouvrages, on réalise que cette théorie de la promesse est inspirée par une image mythologique puissante : celle de la promesse faite aux hommes par Dieu après le déluge dans la Genèse. Lorsque Noé et sa famille sont chargés de repeupler la terre, Dieu passe un contrat avec Noé : c'est l'arche de l'alliance. Il promet de ne plus jamais détruire l'humanité ; en retour, les hommes promettent de mieux conduire leur vie. Cette promesse mythologique, Ricœur la fait briller sous un jour nouveau dans ses écrits, car elle nous concerne désormais tous, elle maintient une cohérence dans le récit de nos vies et détermine notre identité personnelle comme éthique. Parfois, nous sommes amenés à formuler des engagements amoureux, professionnels, parentaux, ou des serments à nous-mêmes lorsque nous nous promettons de réussir telle ou telle quête. Tenir cette promesse, c'est alors nous accomplir ; la briser, c'est blesser celui à qui nous avons promis, mais aussi briser une part de nous-mêmes.

Pour illustrer la pensée de Ricœur, je prendrai à nouveau un exemple chez Chrétien de Troyes. Dans *Le Chevalier au lion*[1], le héros, Yvain, commet une erreur fatale en brisant une promesse. Marié à la dame de son cœur qu'il a conquise de haute lutte, il est parti avec ses compagnons de tournoi en tournoi mais il a promis à son épouse de revenir à une date précise. Il oublie le temps. Sa femme lui envoie un émissaire pour lui annoncer que leur amour est terminé. En ne tenant pas promesse, il a perdu aussi son honneur d'homme et de chevalier. Il aurait dû prendre garde à ce

1. Chrétien de Troyes, *Le Chevalier au lion ou le roman d'Yvain*, traduction et présentation de David F. Hult, Le Livre de poche, 1994, désigné désormais LION.

qu'il promettait, la parole le liait à l'autre. En brisant le lien, il a coupé une connexion vitale au cœur même de son esprit : « Il a peut-être éprouvé une grande douleur/ qui l'oblige à se comporter ainsi,/ car on peut facilement devenir fou de chagrin » (LION, p. 283). Yvain sombre dans la folie, s'enfonce dans la forêt, vit comme un animal sauvage des années durant. Il ne peut plus suivre la source de sa joie, il s'en est privé : « Il aimerait mieux enrager vif/ que de ne pas pouvoir se venger de lui-même qui s'est retiré tout sentiment de joie » (LION, p. 273). Pourtant, même au plus profond de la folie et de la forêt, Yvain n'est pas seul. Il rencontre l'aide d'alliés compatissants. Un ermite prend pitié de lui, le nourrit, lui rend des forces. Puis une demoiselle secourable éprouve de la compassion pour lui quand elle le reconnaît. Elle et sa servante sauvent Yvain en appliquant sur tout son corps nu un onguent magique qui lui rend la raison. C'est sans doute parce que l'onguent a été inventé par la plus voluptueuse des guérisseuses : la fée Morgane que Chrétien de Troyes nomme dans ce texte la « fée Morgue », cette fée qui tour à tour prodigue la malédiction ou la guérison. Yvain sort tout d'un coup de sa folie. Il sait qu'il a perdu son temps en errance vaine, parce qu'il y a des égarements qui n'apportent rien d'autre que le néant. De telles crises sont au cœur de nos vies. Après une période instable, un jour, on se rétablit sous l'effet d'un choc grâce à une rencontre inattendue. Nous réalisons combien nous avons perdu notre temps et, sans comprendre ce qui a eu lieu, nous disons comme Yvain : « Je me suis retrouvé dans ce bosquet,/ je ne sais pas par quelle mauvaise fortune » (LION, p. 295). La réaction d'Yvain est la nôtre devant le refus de reconnaître nos erreurs et promesses brisées : la peur et puis la fuite. On peut rester prisonnier d'un échec ou d'incertitudes des années durant. Yvain est sorti de sa folie. Il quitte la forêt. D'abord il remercie la demoiselle secourable en l'aidant à vaincre un ennemi, puis entame la route du retour, partie essentielle du voyage héroïque, qui prend la forme d'une véritable route de la reconquête : celle de l'élixir d'honneur et d'amour dont il s'était lui-même privé. Et il l'emportera. Lorsqu'il retrouvera sa bien-aimée et qu'elle acceptera de lui redonner sa place d'amoureux et d'époux, il formulera cette fois une promesse qu'il est certain de toujours tenir. Yvain, pour chacun de nous, c'est la puissance de rebâtir sur le temps perdu.

« Dire non, rien que non » à l'injustice : l'*Antigone* d'Henry Bauchau

Dans l'*Antigone*[1] d'Henry Bauchau, au tout début du livre, le personnage du bandit repenti, Clios, peint une fresque dans une grotte représentant le mythe d'Apollon luttant contre le monstre Python à Delphes. Dans le mythe grec, Python est un dragon serpent femelle, fille de la Terre-Mère, Gaïa. Elle veille sur l'oracle de Delphes. Apollon tue le serpent de ses flèches et installe son propre culte à Delphes, celui du dieu solaire. Le dieu de la lumière écrase donc celui de l'ombre issu des forces de la terre, et le chasse pour toujours de la cité grecque. Il prend alors le contrôle de l'oracle de Delphes. De tels changements dans les récits mythologiques reflètent sans doute, nous l'avons vu, des évolutions de la vision religieuse du monde ou sont dus à des invasions soudaines par des cultures où des divinités masculines et patriarcales prévalent.

1. Henry Bauchau, *Antigone*, Actes Sud, coll. « Babel », 1997, désormais désigné par Bauchau.

Henry Bauchau, à la fin du XXe siècle, offre une nouvelle évolution au mythe en mettant l'accent sur la nécessité de trouver un équilibre entre les contraires pour assurer une harmonie dans notre vie à tous et, à un niveau spirituel, nous permettre de parvenir à une union qui les dépasse. Aux yeux de son héroïne, « il est faux, il est dangereux de le vaincre pour le chasser d'ici et de vouloir dédier entièrement à la lumière son royaume souterrain » car Python « est la mémoire obscure et rustique de vérités » antiques importantes. Antigone trouve donc la fresque de Clios inachevée. Elle le lui explique : « Ce n'est qu'un combat, Clios, il n'y a pas d'échange » (Bauchau, p. 13). Alors Clios modifie sa fresque et met des lumières plus éclatantes sur le corps de Python ; à l'inverse, il assombrit le corps d'Apollon avec du sang : enfin « les formes des deux combattants semblent moins s'opposer que s'étreindre et mutuellement se soutenir » (Bauchau, p. 16). Clios peint aussi un feu entre eux qui les sépare et les oblige à interrompre le combat. Même si le dieu de la lumière a fait progresser celle-ci, il n'a pas éliminé l'obscurité dans cette fresque : ils devront régner ensemble sur la cité grecque. Le feu est aussi le symbole de leur union magique dans un nouveau partage de l'ombre et de la lumière : « Nous contemplons longtemps cette nouvelle et mystérieuse naissance de deux et d'un seul nouveau dieu » (Bauchau, p. 16).

Cette réécriture nouvelle du mythe ancien, l'un des mythes fondateurs de notre civilisation européenne, a pour le poète-romancier un sens symbolique puissant : elle détermine en effet l'histoire qui va suivre, celle de deux frères qui se détruisent. C'est l'histoire de Polynice et Étéocle, les fils d'Œdipe et Jocaste qui se battent pour régner sur la ville de Thèbes et finissent par s'entretuer, laissant le pouvoir à leur oncle tyrannique, Créon. La lutte entre les deux frères est semblable à celle d'Apollon et de Python, mais au lieu d'apprendre à régner ensemble, l'un voudra écraser l'autre et la conséquence sera leur mort à tous les deux. Ils auraient pu harmoniser leurs tempéraments pour régner sur la ville.

Bauchau n'est pas seulement romancier et poète, il est aussi psychanalyste. Le drame de cette famille devient sous sa plume une tragédie sur l'impossible entente entre ses membres dans laquelle chaque lecteur retrouve ses propres souffrances d'enfant. Derrière leur ambition politique, les deux frères cherchent l'amour exclusif de leur mère, Jocaste, même si cette dernière est morte. C'est en effet par son sang que s'est transmise la royauté et chacun réclame d'être son préféré, son petit roi privé. Ils refusent l'un et l'autre d'exister dans son amour à égalité. Créon existe à peine dans cette version renouvelée du mythe. Avide de pouvoir, passif, laissant les frères s'entretuer, lui-même adorateur de sa sœur disparue, Jocaste, il est un homme pris de « démence » quitte à être haï de son propre fils, Hémon. Chaque personnage possède aussi sa folie avec laquelle il vit, soit en la laissant le tuer ou tuer les autres, soit en la transformant en sagesse comme les héros que sont Œdipe puis sa fille Antigone.

Bauchau fait d'Antigone une héroïne par son sacrifice répété. D'abord elle accompagne son père Œdipe en exil dans le roman antérieur *Œdipe sur la route*, alors qu'il s'est lui-même crevé les yeux pour se punir d'avoir tué son père et épousé sa mère. Elle mendie pour lui et l'aide à devenir un voyant et un aède, un chanteur sacré. Puis, quand elle revient à Thèbes, c'est pour tenter de réconcilier ses deux frères, et de soigner tous les pauvres et malades qui souffrent de la guerre déclarée entre eux. Étéocle siège dans la ville de Thèbes avec son armée ; Polynice assiège la ville avec ses propres troupes. Comment fait Antigone pour supporter tant de souffrances et se donner aux autres ?

« Il faut tenir, Antigone, rien que tenir » (Bauchau, p. 223), se dit-elle. Puis elle se souvient d'une parole de Jocaste, sa mère : « Ce qui compte (...) ce n'est pas le fardeau, c'est : tu peux » (Bauchau, p. 346).

Que devient dans ce texte le fameux refus d'Antigone lorsqu'elle désobéit à la loi de la cité ? Lorsque ses deux frères sont morts, Créon déclare que seul Étéocle a droit à des funérailles car il a défendu Thèbes et que Polynice ne doit pas être enterré car, ayant attaqué Thèbes, c'est donc un traître. Son corps pourrit, dévoré par les rapaces. Toute personne qui tentera de l'enterrer sera condamnée à mort. Antigone refuse cette loi terrestre qu'elle trouve inacceptable. Dans les versions précédentes du mythe, elle refuse au nom d'une loi céleste, déclare qu'il existe à ses yeux des valeurs plus importantes que les lois humaines, des valeurs quasi divines comme celle selon laquelle tout être humain a droit à un enterrement et à des rites sacrés. C'est le cas dans la version originelle de l'*Antigone* de Sophocle écrite vers 441 avant J.-C. La jeune fille se réclame d'une loi éternelle, non écrite, supérieure aux lois écrites des hommes. Elle veut enterrer son frère parce que c'est son devoir religieux. C'est alors l'interprétation religieuse qui prédomine : Créon est coupable de démesure, il s'entête dans sa décision contre l'avis des dieux et en sera cruellement puni car les hommes ne doivent pas s'égaler ou s'opposer aux dieux. Dans l'*Antigone* d'Anouilh, écrite en pleine seconde guerre mondiale, l'héroïne revendique toujours cette loi idéale non écrite mais ce n'est plus au nom du respect des dieux. Créon est transformé en politicien pragmatique qui accepte de se salir les mains pour maintenir l'ordre : il doit prendre des décisions, diriger une cité, faire des lois pour que tous vivent ensemble au mieux même s'il n'a aucune conviction et reconnaît qu'elles sont injustes. Créon tente alors de convaincre Antigone de vivre en lui promettant le bonheur ; elle refuse et choisit de mourir pour son idéal. Dans cette pièce écrite en 1944, Antigone est le symbole de la résistance face à l'idéologie nazie et ses lois qu'elle juge iniques, tandis que Créon est celui qui cherche à trouver un terrain d'entente politique avec le nazisme, symbole du gouvernement français de Pétain à Vichy.

Face à une question éthique, à ces choix entre le pire (ne pas enterrer son frère et vivre) et le pire (l'enterrer et mourir), Antigone choisit ce qui lui semble le plus juste : c'est l'analyse que fera Paul Ricœur en 1999 dans *Soi-même comme un autre*. Le tragique d'Antigone est pour le philosophe un tragique de la contradiction insoluble : les lois de la cité sont incompatibles avec la valeur spirituelle invoquée par Antigone. La cité a besoin de désigner un traître dans cette guerre, un ennemi qui l'a fait souffrir et de le punir. Antigone de son côté défend le respect des corps et de sa propre famille. Il n'y a pas de conciliation possible entre ces deux logiques ; Antigone doit alors mourir, mais elle a respecté ce qui à ses yeux avait le plus de valeur éthique, absolue.

En 1997, Bauchau choisit de son côté de refuser toute argumentation. Il ne reprend pas la question religieuse, ni celle d'un idéal à défendre jusqu'à la mort ou d'une éthique choisie. Antigone devient une partisane des femmes d'abord et d'une loi physique, issue du corps. Nous y lisons cette force énergétique issue du corps lui-même, qui pour Campbell, après Jung, est l'origine de ce qui produit les archétypes mythologiques. Antigone cherche à enterrer son frère parce que « personne… personne de vivant n'est le roi des morts. Personne n'a le droit de faire injure à leurs corps » (Bauchau, p. 289). C'est un droit inaliénable. Elle aime son frère ; elle accomplit les rites et les chants des pleureuses parce qu'elle veut déployer sa « fantastique certitude d'avoir existé que (ses) frères ont connue et qu'avec eux (elle) partage encore » (Bauchau, p. 304). Antigone célèbre le ravissement d'être en vie ou de l'avoir été, cette joie à être ici et maintenant malgré les tragédies. Elle le fait parce qu'elle est une femme, au nom d'une loi que lui crie son propre corps de femme : « Je veux enterrer Polynice, c'est tout. À cause de mon ventre, de mon cœur, de mon sexe de femme et je dis non une fois pour toutes à Thèbes et à ses abominables lois » (Bauchau, p. 290). La femme enfante et sait, par ses propres organes, que le corps après sa mort retourne dans le ventre féminin de la terre. Bauchau remet à l'honneur le mythe ancien de Python, nous l'avons vu, et aussi de sa mère Gaïa, celle qui a engendré la vie par son ventre de Terre-Mère et accueille les morts en elle. Ce renouvellement est tout à fait en accord avec une époque qui elle-même recherche son union avec la nature et revalorise la figure de Gaïa dans les combats écologiques. Mais Créon ne supporte pas qu'une femme ose dicter sa loi à une cité d'hommes : le combat des femmes pour l'égalité des sexes s'affiche derrière son duel avec Antigone.

Enfin et surtout, il n'y a aucun argument à donner. Le propos final de Bauchau est celui-ci : Antigone n'a besoin d'aucune raison pour dire non. Déjà, l'un de ses mentors le lui a expliqué : « C'est bien leur logique d'incendiaire, ça fonctionne très bien jusqu'au moment où tout est brûlé. Il ne faut pas discuter, il faut dire non, rien que non » (Bauchau, p. 218). Dans certaines situations d'injustice terrible, il faut juste dire non, « rien que non, rien d'autre n'est utile. Non seul suffit » (Bauchau, p. 318), parce que c'est **la seule manière de permettre que plus tard un nouveau oui soit possible** : « Ce cri sorti de moi sans que je le sache, qui en disant non (à Créon), disait oui à l'espoir, minime, inaltéré, qui était, qui est, qui sera indéfiniment » (Bauchau, p. 349).

Amélie Nothomb et la Genèse dans un ascenseur new-yorkais

Dire oui à la vie, quoi qu'il en coûte, c'est le propos tenu par Amélie Nothomb lorsqu'elle réécrit l'expulsion du paradis terrestre dans *Biographie de la faim*[1]. C'est un récit mythologique que la romancière ne cesse de réécrire dans ses romans, chaque fois d'une manière différente, tour à tour dans la révolte ou la critique satirique mais aussi dans une quête de rédemption sacrée[2]. Une telle récurrence montre que la romancière connaît bien ce mythe et vit intérieurement ses symboles : « Dès onze, douze ans, je me suis jetée dans l'Ancien Testament, et j'ai appris des choses à n'en plus finir[3]. » Comme le déclare Campbell, « c'est à lui (l'artiste) de nous transmettre les mythes mais il faut qu'il comprenne la mythologie et l'humanité, ce qui n'a rien à voir avec un programme sociologique » (PM, p. 173). Nothomb interroge ainsi les Écritures en usant d'un réalisme mystique : ses récits se doublent d'un plan métaphysique. Elle réintroduit une quête de transcendance dans ses romans, figurée par l'image de la verticalité : « Je cherche à intégrer dans l'écriture toutes les dimensions de la vie, y compris verticales[4]. »

Dans *Biographie de la faim*[5], récit autobiographique d'une tonalité plus grave que les autres, la romancière situe

1. Amélie Nothomb, *Biographie de la faim*, Albin Michel, 2004.
2. Je renvoie sur cette question de la réécriture du mythe biblique à mes deux ouvrages : *Amélie Nothomb, l'éternelle affamée*, Albin Michel, 2005, et *Le Récit siamois*, Albin Michel, 2009.
3. « Le club reçoit Amélie Nothomb », www.grandlivredumois.com, 5 septembre 2000.
4. Entretien sur livre-audio avec Laureline Amanieux, Éd. Autrementdit, 2009.
5. La scène dont nous allons parler se déroule des pages 146 à 153.

la Genèse dans un ascenseur new-yorkais. Sa baby-sitter, nommée Inge, est amoureuse d'un résident de l'immeuble où Amélie vit à dix ans avec ses parents dans New York. Inge attend que le jeune homme inconnu lui adresse la parole et l'invite à dîner. Il se nomme Clayton Newlin : « Un soir, le miracle se produisit. Inge et moi avions sauté dans l'ascenseur en même temps que le fabuleux célibataire. » L'ascenseur réactive alors une image de l'ascension au ciel : celle de ces deux amoureux qui par « miracle » vont pouvoir commencer leur amour.

Dans l'univers de Nothomb, les identités des personnages deviennent poreuses les unes aux autres : « Il se passa une chose formidable : je devins Clayton Newlin. » Cette scène débute par la mise en place d'une situation où deux personnages se fondent en un seul corps comme des siamois : Amélie petite fille et le jeune homme new-yorkais. La scène bascule alors dans le fantastique : « Aussitôt, mes yeux s'ouvrirent et je vis. » Le « je » ne désigne plus seulement la première personne du singulier, il en recouvre deux. Ce personnage siamois évoque les figures mythologiques mayas ou hindouistes d'un seul corps à deux têtes contrastées. Il prend alors une identité nouvelle et mystique en s'unissant à Dieu : « Je vis, devant moi, la plus jolie fille de l'univers, qui me regardait, pantelante d'amour. J'étais un homme qu'une femme sublime aimait d'amour : j'étais Dieu. » Le changement d'identité ne s'arrête pas là. Dieu devient le premier homme, Adam, dans le jardin terrestre. La romancière passe ainsi par une série de métaphores assimilatrices : l'héroïne prend toutes les identités simultanées et contradictoires en elle, homme et femme, humaine et divine. La romancière signale à travers son personnage de petite fille son pouvoir créateur d'écrivain qu'elle identifie à celui de Dieu.

Enfin Clayton Newlin propose à Inge d'aller dîner avec lui. La scène ralentit pour décrire la joie de Inge et associer explicitement par une métaphore l'ascenseur de l'immeuble au paradis terrestre : « Cet ascenseur était un jardin, il y avait un petit serpent qui tenait la main de l'amoureuse, c'était le plus grand moment de l'Histoire. » Nous observons bien dans cet exemple les deux effets produits par la métaphore « Cet ascenseur était un jardin ». Le moyen de transport ordinaire de l'immeuble est identifié à un lieu extra-ordinaire, le paradis terrestre : les personnages, et le lecteur, sont transportés dans un autre monde. Le choc de cette métaphore donne une vision tout à fait nouvelle d'une situation impossible à expliquer rationnellement : la naissance de l'amour. C'est le réalisme mystique de la romancière : à l'espace de l'ascenseur se superpose un tableau représentant Adam et Ève au paradis terrestre dans lequel le serpent, comme dans le texte de la Genèse, est associé à la femme, Ève. La majuscule à « Histoire » montre qu'on est passé du temps quotidien à un temps mythologique. Dans cette version, Adam et Ève, c'est-à-dire Clayton et Inge, sont « deux élus » amoureux.

Contrairement à d'autres réécritures de la Genèse dans lesquelles Nothomb élimine les notions de faute ou de responsabilité de la femme, celles-ci sont présentes dans cette scène. Même quand la « faute » n'a pas encore eu lieu, elle est cependant déjà suggérée car l'humanité a besoin de recevoir un salut. Lorsque Inge regarde avec passion Clayton, la narratrice déclare : « L'humanité entière n'était-elle pas rachetée à la seule condition qu'une créature céleste ait, l'espace d'une minute, de tels yeux pour quelqu'un ? » Puis la tragédie survient ; Ève déclenche la chute : « Lois du genre : quand il y a un jardin, un homme, une femme, du désir et un serpent, il faut s'attendre à un désastre. La catastrophe planétaire eut lieu dans l'ascenseur new-yorkais. » Nothomb suit le scénario tragique mythique. Par une amplification hyperbolique (la catastrophe planétaire), c'est le sort de l'humanité qui se joue à travers les personnages lorsque Inge refuse l'invitation de Clayton. Le serpent est une bouche qui dit non :

« Inge retrouva la voix. Une froideur incompréhensible s'empara de ses yeux et elle dit un mot infect : – Non. »

La jeune femme provoque son propre malheur sans pour autant pouvoir l'expliquer : « Personne ne comprit ce qui s'était passé. Inge ne comprit pas pourquoi elle avait dit non. Ce mot me chassa brusquement du corps de l'Américain, je redevins moi et je levai vers le visage de la jeune fille des yeux incrédules. » Le choix du verbe « chasser » renvoie à nouveau à la Genèse, où Adam et Ève se trouvent soudain chassés du paradis terrestre. La petite fille perd subitement son pouvoir de créer cette scène mythologique, et cette perte passe par une sortie violente hors du corps du jeune homme, une dé-possession de son identité multiple. Le personnage siamois cesse d'exister, chacun retrouve son identité humaine limitée et solitaire. Comme le signale Paul Ricœur dans son étude sur la Genèse, seul le recours à la mythologie permet de parler d'un mal dont à la fois l'être humain est responsable et que pourtant on ne peut pas logiquement expliquer.

Nothomb renouvelle ainsi les métaphores bibliques chaque fois qu'elle souhaite montrer que dans nos vies ordinaires se jouent des moments clefs où en un instant, à cause d'un seul mot le plus souvent, un mot banal en apparence, toute la vie peut être détruite : « Je vis l'impact du non entrer dans la poitrine de Clayton Newlin. Quelque chose de gigantesque fut tué aussitôt. » Comme dans la Genèse où la faute a pour conséquence qu'Adam et Ève seront mortels, dans la version de Nothomb, une part essentielle de Inge et Clayton est désormais morte. La fonction psychologique du mythe l'emporte.

Le mysticisme très lyrique de la scène précédente est désormais court-circuité par l'humour cinglant de la romancière. En effet, la réécriture devient une parodie grotesque : « Il réagit avec beaucoup de dignité. Il articula simplement un petit "oh". Sacré cas de litote : l'apocalypse venait de se produire en lui et son commentaire était "oh". » L'ascension à travers l'immeuble qui s'était transformée en une montée au paradis terrestre, dans le ciel de l'amour idéal, s'inverse radicalement en une chute dépourvue de salut, l'apocalypse sans avènement d'un monde nouveau : « L'ascenseur s'arrêta au seizième étage. Inge et moi descendîmes. L'histoire de la fin du monde avait eu lieu dans un ascenseur new-yorkais, entre l'étage moins un et l'étage plus seize. » Campbell déclare que « le travail de l'artiste (est) d'interpréter le monde contemporain » de telle manière qu'il soit reconnecté à notre vie intérieure » (*Open Life*, p. 22). C'est ce que fait Amélie Nothomb : l'apocalypse dans cet ascenseur, c'est de passer à côté de l'essentiel, l'histoire d'amour de notre vie. Comme elle l'évoquait déjà plus tôt à travers le regard amoureux de Inge sur Clayton, **une vision sacrée de l'amour pourrait constituer le salut de l'humanité**, mais certains ne le réalisent pas.

La romancière tire alors une leçon linguistique et philosophique de cette chute qui fait écho à l'une de ses lectures privilégiées, *Ainsi parlait Zarathoustra* de Nietzsche. Pour réussir la quête de notre vie, il est nécessaire d'affirmer, de dire oui à l'amour et plus généralement à la vie avec ses aspects créateurs et destructeurs, parce que ce mot est source de tout : « Je découvris ce soir-là une chose terrible : on peut rater sa vie à cause d'un seul mot (...) c'était le mot "non", parole de mort, effondrement de l'univers. Mot indispensable, certes, mais que depuis l'ascenseur new-yorkais je n'ai jamais prononcé sans entendre à mon oreille le sifflement d'une balle. » Dans l'univers très verbal de Nothomb où le langage peut tuer, seule l'écriture peut transfigurer et peut-être même racheter par un grand oui à la vie et à la littérature.

Haruki Murakami et la descente aux enfers dans un puits de Tokyo

La quête héroïque se trouve réécrite sous une forme contemporaine universelle dans les romans du Japonais Haruki Murakami. Dans les *Chroniques de l'oiseau à ressort*[1], l'accent est placé sur la descente aux enfers qui a lieu dans un puits. Tout d'abord, nous découvrons le narrateur, nommé Toru Okada dans son monde ordinaire, la banlieue de Tokyo. Il ne sent pas très à l'aise dans sa vie, vient de quitter son métier d'employé dans un cabinet d'avocats et ne sait pas quoi faire désormais de sa vie professionnelle. Il voit son monde vaciller quand le chat, qui vivait avec son épouse et lui, disparaît soudainement.

Puis une femme mystérieuse téléphone chez lui : c'est l'appel de l'aventure qui passe ainsi chez Murakami par la modernité d'un appel téléphonique. Elle appelle deux fois pour qu'il la prenne au sérieux : elle voudrait que le narrateur et elle puissent « émotionnellement » mieux se comprendre (Murakami, p. 9) et puis elle lui pose cette question fondamentale : « Tu ne penses pas qu'il puisse y avoir quelque

---

1. Haruki Murakami, *Chroniques de l'oiseau à ressort*, Le Seuil, coll. « Points », 2001, désormais désigné par Murakami.

part dans ton esprit un angle mort fatal ? Un angle mort qui t'empêche d'être entièrement toi-même ? » (Murakami, p. 18). Elle lui fait enfin des propositions sexuelles explicites. Toru Okada recevra de nombreux appels à l'aventure de cette femme avant de se lancer véritablement dans sa quête héroïque. Les narrateurs chez Murakami mettent du temps à accepter : le héros semble toujours démuni, pris au dépourvu par les événements bizarres qu'il subit.

Toru Okada accepte d'abord de rechercher le chat disparu à la demande de son épouse. Ironiquement, ce chat porte le nom du beau-frère du héros, Noboru Wataya, un homme hostile à Toru et à son mariage avec Kumiko. Toru passe par-dessus la palissade de sa maison et tombe dans une « ruelle » qui « n'avait ni entrée ni sortie » car elle était bouchée des deux côtés par un mur en béton (Murakami, p. 20). C'est le premier seuil qui le conduira vers un autre monde, éloigné de son ordinaire. Il rencontre un gardien ambivalent, une adolescente blessée par un accident de moto qui bronze dans son jardin. Tour à tour au cours du roman, elle sera son alliée ou tentera de le tuer ; enfin elle sera l'une des bénéficiaires de la quête du narrateur, transformée par son action héroïque.

Les relations du narrateur avec son épouse Kumiko se dégradent sans qu'il comprenne pourquoi ; elle lui apparaît alors comme une étrangère vivant dans un autre monde auquel il n'a pas accès : « C'était une porte. Une porte derrière laquelle s'étendait le monde d'une Kumiko que je ne connaissais pas. J'imaginai une immense pièce toute sombre. Je me promenais dans cette pièce seulement armé d'un minuscule briquet » et il n'en voit qu'une « infime partie » (Murakami, p. 48). Cette métaphore de la pièce sombre désigne explicitement « la vie conjugale » (Murakami, p. 49). Le héros craint de ne pas réussir de toute sa vie à éclairer la pièce et à comprendre sa femme : « Quel sens avait ma vie, si je vivais et partageais le lit d'une inconnue ? » (Murakami, p. 49).

Le monde jusque-là familier du narrateur lui devient de plus en plus étranger : ainsi le héros de notre siècle n'a-t-il pas besoin de partir dans un monde fantastique, féerique ou un autre pays pour que son univers quotidien devienne brusquement inconnu ; le vrai mystère est au cœur de tous les jours et dans la difficulté à établir des relations harmonieuses avec les autres, surtout en amour.

Le héros n'est pas laissé seul : il se souvient d'un mentor dont les paroles font soudain sens au milieu de ses problèmes et rencontre des guides exclusivement positifs. Le mentor est un « possédé des dieux » (Murakami, p. 69) nommé M. Honda qui a fait des prédictions aux jeunes mariés. Toru Okada, ne croyant pas du tout au surnaturel, ne l'a pas pris au sérieux mais avait de l'affection pour ce personnage. Pourtant, ses paroles comme des haïkus sont restées gravées dans sa mémoire et se révèlent importantes. Honda lui a notamment dit de ne pas aller à contre-courant des événements dans sa vie : « Quand on se dirige vers le bas, il vaut mieux descendre tout au fond du puits » (Murakami, p. 73). D'autres guides surviennent : Malta Kano et sa sœur Creta Kano qui traitent « professionnellement » avec un monde spirituel invisible aux yeux des hommes ordinaires (Murakami, p. 61), un monde de « particules physiques » car « au cœur même de ce monde, il est un lieu encore plus rempli de confusion et de violence que l'extérieur. Vous me suivez ? » (Murakami, p. 61).

Si déjà son beau-frère apparaissait comme un ennemi personnel, il se révèle désormais être un homme dangereux qui a violé la sœur de Malta Kano, Creta, pas seulement physiquement mais dans son âme. La figure de l'ennemi se précise, d'autant que Kumiko, l'épouse du héros, trouve que son propre frère a un problème psychologique « différent de ce que toi ou moi pouvons avoir : il est beaucoup plus grave » (Murakami, p. 171). De plus, cet homme déjà médiatiquement très en vue a décidé de se présenter à des élections pour devenir député.

Guidé par le souvenir de son mentor, et devant toujours chercher son chat, le héros est alors attiré par un puits à sec dans le jardin d'une maison vide et auquel on accède par la fameuse ruelle sans entrée ni sortie. L'adolescente réapparaît : elle joue le rôle du gardien du puits menant à l'autre monde : c'est elle qui l'indique au narrateur ; c'est elle aussi qui lui donne un nom de guerre, M. « Oiseau-à-ressort » (Murakami, p. 87).

Quand sa femme le quittera et que son grand ennemi se révélera être son beau-frère, ce Noboru Wataya qui l'empêche de communiquer avec son épouse, les tests et les conflits vont se multiplier dans la vie de Toru Okada, mais les initiations et les alliés aussi. Le héros descend dans le puits abandonné, à l'aide d'une échelle. Il a besoin en plein Tokyo de rejoindre l'obscurité pour réfléchir. Sur son passé. Ses aveuglements. Les secrets de sa femme, et du beau-frère criminel. Alors, dans l'opacité, il traverse les murs poreux du réel et du spirituel ou peut-être du monde intérieur, le sien, celui de sa femme et d'un vaste inconscient collectif. Il se retrouve dans une sorte d'hôtel fantastique et rejoint l'inconnue du téléphone, prisonnière d'un homme sans visage dans l'obscurité. C'est au fond du puits qu'il fait l'expérience de la mort, affronte son ennemi, puis tente de libérer la femme prisonnière de la pièce sombre. Le fond du puits se transforme alors en monde des enfers dans lequel Orphée descend pour chercher son épouse morte, Eurydice. Les héros de Murakami finissent par trouver l'élixir qu'ils cherchaient mais au terme d'une quête douloureuse où ils risquent de perdre la vie ou l'esprit, le contact avec la réalité. La régénération finale n'est jamais un happy end : elle a coûté des souffrances violentes, des vies sacrifiées, d'autres se sont figées dans leur échec et n'évolueront plus ou la réconciliation finale est repoussée à plus tard. Pour réaliser son vœu, le héros a dû sacrifier aussi une part de lui-même et ne sera plus jamais le même, marqué par les épreuves endurées, laissant ainsi le réalisme l'emporter, celui d'une vie où alternent les tragédies irréparables et les joies.

Murakami fait partie de ces grands artistes actuels qui savent inventer de nouvelles épopées dans le monde de la grande ville et celui des soucis quotidiens, dans celui enfin opaque de notre intériorité où se déploient les problèmes psychiques et sexuels de l'époque, toute une confrontation entre des valeurs de création et un mal radical sans cause qui surgit à travers les êtres humains. Touchant toutes les nationalités, lus sur tous les continents, ses héros expriment une quête existentielle contemporaine. L'essentiel de ses romans se déroulent dans la capitale du Japon, Tokyo ; rares sont les voyages dans les environs, ou d'autres pays. Les romans de Murakami rendent Tokyo mythique en raison des forces surnaturelles qui l'investissent. « Sanctifier le paysage local est une des fonctions essentielles de la mythologie », déclare Campbell (PM, p. 163). Les artistes qui mêlent la ville et la mythologie se posent bien en **traducteurs d'un invisible sous le pan du visible**. La lecture psychologique ou la lecture métaphysique sont donc toutes les deux possibles. Murakami réinvente pour le lecteur des symboles sans dogme, en laissant toujours ses héros expliquer les phénomènes qui arrivent autour d'eux, car « il y a tellement de choses étranges et inexpliquées en ce monde, il faut bien que quelqu'un essaie de remplir les cases vides. Et autant que ce soit quelqu'un d'intéressant à écouter, pas vrai ? » (Murakami, p. 69).

La musique pour devenir transparent à la transcendance : Hélène Grimaud

La pianiste française Hélène Grimaud renouvelle une figure mythologique ancienne, celle d'Orphée. À travers cet Orphée au féminin, jouant du piano et non de la lyre, le mythe trouve tout son impact moderne dans l'art de la musicienne, car chaque confrontation avec une œuvre nouvelle est pour elle un défi comparable à une descente aux enfers pour régénérer l'œuvre lors d'un enregistrement ou, plus risqué encore, devant un public.

Pour Campbell : « Sans doute l'artiste est-il le meilleur prototype du héros moderne[1]. » Hélène Grimaud s'engage dans ce voyage héroïque pour offrir la musique classique au plus grand nombre. Peut-être a-t-elle formulé une promesse au mouvement, peut-être est-ce pour devenir la musique vive, comme l'eau est vive, courante et changeante, comme un feu est vif par sa chaleur nourrissante, comme un être humain est à vif, toute émotion dehors. Hélène Grimaud souhaite incarner en effet une « vie continuée de la musique[2] ». Pour cela, elle cherche le moment de joie où tout sonne juste, le son du piano et celui de l'expérience humaine, le moment de « certitude d'être dans le vrai[3] ». Elle cherche entre les notes ce qui n'a jamais été joué, la promesse d'un mouvement toujours renouvelé. Il existe une menace dans tout ce qui fige ; les mots, les lieux, les regards. Elle cherche comment se poser sans perdre la puissance de ses ailes. En interprétant les

1. Cité par Segal Robert A., *Joseph Campbell…*, *op. cit.*, p. 65.
2. Hélène Grimaud, *Leçons particulières*, Robert Laffont, 2005, p. 71, désormais désigné par *Leçons*.
3. Propos recueillis par Jean Lukas, journal Internet *La Terrasse*, mars-avril 2009.

œuvres de Brahms, Rachmaninov, Bach ou Beethoven, elle fait résonner un son impératif capable de transformer notre vision du monde. Quand on l'entend, c'est visuel. On ne voit plus alors le monde matériel, on voit une lumière aux ramifications sonores.

Hélène Grimaud grandit dans les épreuves, s'attaque aux œuvres, car c'est « un défi de plus de se confronter à un texte déjà joué qui vit, devient réalité par l'interprète, trouve une incarnation dans chaque version[1] ». Elle vient sur la scène du récital malgré l'angoisse de décevoir, que ce soir-là l'épuisement enraye les mains. Elle franchit le seuil qui sépare la sécurité des coulisses et l'exposition au public. Elle sourit, s'assied. A-t-on idée de la solitude de la pianiste, de l'épreuve qu'elle traverse, entrant sur scène absolument seule devant l'instrument ? Orphée est d'ailleurs une figure ancienne du sacrifice, lui dont la solitude est inaltérable après la perte définitive d'Eurydice qu'il n'a pu ramener des enfers, et qui fut ensuite tué et démembré par les servantes de Dionysos, avant de renaître comme la figure éternelle de la musique. En un instant, la pianiste doit capter son audience et arracher au piano la diversité, la complexité d'un chant. Elle ouvre le plafond d'une salle de concert. Elle creuse la profondeur de la scène par sa manière si incarnée de jouer avec emportement, en donnant « le meilleur de soi-même » (*Leçons*, p. 169). Elle interprète les œuvres dans le plaisir sensuel du toucher du piano. La descente est vertigineuse dans des profondeurs plus vastes que la joie ou la douleur. En communiant avec son public, elle creuse dans le présent à mains nues un territoire d'éternité. Une force surgit et s'ordonne sur le clavier. Elle arrache le vernis lustré de la salle, tire de la terre de quoi

1. Entretien pour « Thé ou Café », France 2, 2005.

rendre les oreilles ivres d'un son que l'on peut suivre même quand la nuit tombe. Elle ne cesse alors de conquérir pour la musique classique un public plus grand par ce don entier d'elle-même.

L'autre aspect de son combat, c'est sa défense active des loups et son engagement écologique. En 1998, Hélène Grimaud a cocréé un centre pour protéger les espèces les plus menacées[1], écrit ensuite pour faire évoluer notre image d'un loup mangeur d'hommes dans les contes vers celle complexe du loup protecteur d'un équilibre dans l'écosystème, et des espèces situées au-dessous de lui dans la chaîne alimentaire. À une heure de New York, dix hectares sont consacrés à des loups rouges et gris mexicains destinés à être relâchés en milieu naturel. D'autres sont des résidents permanents qui accueillent les enfants, les adultes aussi. Hélène Grimaud veut propager ce sens de l'engagement, préserver une espèce qui doit rester sauvage, qui n'est ni un animal domestique ni un gibier de chasse. Est donné à chacun ce privilège de hurler avec un loup d'humain qui à chaque cri répond du sien ; intense moment de communion pour faire résonner dans le monde, comme elle l'écrit, l'« espace de la santé essentielle[2] ».

Hélène Grimaud touche chacun aussi par sa diversité artistique : l'écriture et la musique. Publiés à peu d'écart l'un de l'autre, *Variations sauvages* (2003) et *Leçons particulières* (2005) sont deux récits qui suivent le mouvement de son être, son amour absolu pour la vie conçue comme une pleine liberté. Le premier raconte sa double quête héroïque. À 7 ans, Hélène Grimaud commence l'apprentissage du piano, elle va transformer un excès tumultueux d'énergie en talent inédit.

1. Wolf Conservation Center : http://nywolf.org/typo3/intro.html.

2. Hélène Grimaud, *Variations sauvages*, Robert Laffont, 2003, p. 251, désormais nommé *Variations*.

À 11 ans, elle devient l'élève du pianiste Pierre Barbizet qui lui dit : « Je ne veux pas que tu sois la meilleure, je veux que tu sois unique. » À 13 ans, elle est la plus jeune musicienne à entrer au Conservatoire national de musique à Paris. Par la suite, elle devient une pianiste virtuose en suivant sa conviction intime pour trouver son style personnel. Son autre quête est de fonder le Centre de conservation des loups près de New York après en avoir perçu l'appel dans les yeux d'une louve, Alawa, en Floride. Une phrase révèle son tempérament impétueux pour réaliser son propre chemin sans laisser personne lui faire obstacle : « Tout était à vivre. Tout était derrière la porte, encore. Il me fallait simplement la pousser, passer le seuil sans entrave et la refermer derrière moi » (*Variations*, p. 152). Dans une lettre dédiée aux jeunes musiciens et à ceux qui découvrent la musique, Hélène Grimaud écrit pour encourager chacun à poursuivre sa route inédite : « Essayez, et ne pensez pas que vous avez pris la mauvaise route alors que peut-être vous n'êtes pas allés assez loin[1]. »

Le second livre est comme une réécriture de soi pour empêcher la première image de se figer : revenant sur ses deux quêtes difficiles à mener ensemble, la pianiste accomplit un voyage géographique et spirituel après une période d'épuisement pour retrouver le point ardent unissant toutes ses passions. La liberté de partir lui permet de se renouveler. Le mouvement, c'est aussi le ressac quand la pianiste se retire dans le voyage, dans le refus d'être limitée

1. Je traduis cette phrase de la pianiste : *Give it a try and don't think you have taken the wrong road when perhaps you just have not gone far enough. After all, what is to come does not need to be discovered so much as invented* (http://www.playmusic.org/stage/musician.html). C'est aussi la phrase d'ouverture du site non officiel français, très riche : « On se trompe rarement, on ne va simplement pas assez loin » (http://helenegrimaud.free.fr/).

par un lieu, une mission, une manière de jouer, même choisis par elle. Même dans les interviews, face aux questions posées, la musicienne trouve le mouvement qui glisse entre des réponses suggérées ; quand deux possibilités sont proposées, elle invente la troisième. Quand il pleut trop de bruit, elle prend le silence. Elle a le goût des voies sans trace. À peine un portrait posé sur ses épaules, elle fait un pas de côté. De son premier livre au second, la présence des loups autour d'Hélène Grimaud disparaît de la photographie[1], devient plus intériorisée. Peut-être l'image du loup a-t-elle entraîné une confusion dans l'esprit du public, comme si recourir à cette image canalisait une émotion indicible pour celui-ci, comme si on mettait une figure sur la force qui la traverse, cette pulsion libre. Mais le point unifiant de ses passions, c'est d'abord la musique, cette « écriture luthée » (*Leçons*, p. 179) : celle de l'appel des loups, de la nature, l'« orchestre divin[2] » chanté par Hugo, et celle des œuvres qui préservent la vibration de l'absolu. L'éloignement avec le Centre de conservation des loups intervient peu après le second livre sans diminuer l'engagement de la pianiste pour autant.

C'est libre seulement que la pianiste peut se consacrer au don d'amour pour l'autre. *Leçons particulières* raconte cette quête d'équilibre entre liberté essentielle et partage, contre la tentation de l'isolement. Le monde frappe à notre porte et a besoin qu'on lui ouvre sous peine d'assèchement : comme l'écrit Joseph Campbell, le héros accepte de revenir

1. La première fut réalisée par le cofondateur du Wolf Conservation Center, J. Henry Fair, et la seconde par le photographe Mat Hennek qui a réalisé des portraits de musiciens classiques renommés pour montrer leur quête passionnée et renouveler l'esthétique de la musique classique. En 2011, il présente à Paris une série de portraits de paysages naturels dont il rend sensible l'âme (« Janvier sous la neige »).

2. Victor Hugo, « Oui, je suis le rêveur », *Les Contemplations*.

dans la société pour offrir à tous un élixir, et l'artiste tout particulièrement. C'est une fureur intime que la musicienne va chercher chez les compositeurs, ceux pour qui l'amour est la nourriture gagnée de haute lutte. Elle donne à entendre chez Beethoven la compassion pour la misère humaine[1] ; chez Bach, le vertige qui lance l'âme d'un jet de notes au-delà des réalités terrestres ; chez Robert et Clara Schumann, l'amour-fusion, et chez Brahms, l'amour pour un maître et la passion envers Clara. Hélène Grimaud répand la musique classique comme on répand l'amour : avec embrasement. **De tels artistes sont des passeurs de courage**, celui de trancher dans l'infini des possibles pour choisir une interprétation à un moment précis et l'offrir aux autres, pas seulement à soi-même. Hélène Grimaud pourrait, comme certains héros ou mystiques, se retirer pour jouer une illumination intime. Dans *Leçons particulières*, le double d'Hélène, Hans Engelbrecht, rencontré à Hambourg, choisit cette voie. Mais, dans son jeu si ferme et généreux, à aucun moment la pianiste ne lâche la main du public. Elle décide de se maintenir dans ce monde-ci de dualités, dans ces émotions de bonheur et de souffrance aussi car « si on ne les vit pas, alors tout est perdu[2] » et parce que surtout « tout est stérile si rien n'est donné » (*Leçons*, p. 179).

1. À propos de Beethoven pour le concerto *L'Empereur* : « Regardez le deuxième mouvement des *Concertos n° 3* et *n° 4* de Beethoven : ils sont à caractère opératique. Alors que le deuxième mouvement du *Concerto n° 5* est organique, plus classique. C'est un mouvement qui vient de l'au-delà. Il est d'une telle tolérance pour cette misère inhérente à la condition humaine qu'il en devient extrêmement touchant. C'est un mouvement d'amour, dans le sens le plus large qui soit. » Entretien avec André Tubeuf, *Classica*, septembre 2008.

2. Reportage d'Annie Lemoine pour « Envoyé spécial », France 2, 2005.

C'est le cadeau d'une artiste qui suit la source de sa joie, et en retour parvient à la faire retentir chez les autres au point de devenir un modèle contemporain pour trouver notre mythe personnel. Elle suggère un chemin ; nous sommes les seuls à le tracer ensuite. Si comme Campbell le déclare, les artistes sont les nouveaux chamans, en regardant sur scène Hélène Grimaud, on voit une chamane traverser le feu sans brûler et qui joue sur des cendres brûlantes. Plutôt que de laisser les touches du piano lui roussir les doigts, elle fait crépiter les sons à une allure fascinante. Mais ce n'est pas seulement l'âme d'un compositeur que la pianiste réincarne sur scène, c'est **celle du spectateur qu'elle rappelle à la vie**. Comme Orphée, les chamans étaient capables par leur chant d'émouvoir les animaux, les esprits et même l'inanimé ; ils avaient la force de donner accès à l'expérience d'être en vie. N'est-ce pas ce qui bouleverse tant chez Hélène Grimaud ? Celle qui accomplit l'aventure de ses passions, de la musique aux loups. Celle qui préserve aussi ce qui est menacé ou méconnu. La pianiste affirme la vie, goûte l'intensité des rencontres sur sa route. Elle trouve une manière sensible de les jouer sur une page à la place du clavier. Impossible pour le spectateur de ne pas se demander comment elle parvient à préserver ses propres forces.

Le plus grand mouvement est enfin celui de l'âme en communion soudaine avec des mystères plus grands que la pensée humaine. Joseph Campbell déclare : « Les poètes et les artistes qui parlent vraiment du mystère sont rares. Il y a eu tant de critique sociale à travers l'art ! Ce n'en est qu'une facette. Mais l'autre fonction du poète, celle d'ouvrir la dimension du mystère, a été, à quelques rares exceptions, oubliée. Je pense que ce dont nous manquons n'est pas la science, réellement, mais la poésie qui révèle ce que le cœur est prêt à reconnaître » (*Open Life*, p. 102). Hélène

Grimaud révèle ce mystère dans son jeu. Elle trouve une force qui dépasse la perception des contraires ; elle parvient à un point où ils coexistent simultanément, puis s'unissent. Cette force arrache le masque des jugements, et donne à la musique « une qualité rédemptrice très forte[1] » propre par exemple à l'œuvre universelle de Bach. C'est alors que vraiment nous pouvons devenir « transparents à la transcendance » (*Open Life*, p. 22) ainsi que nous y invite Campbell. Rappelons sa définition : la transcendance, c'est parvenir à un point au-delà de toutes les contradictions, du fini et de l'infini, de la peur et du désir, du bien et du mal, de la permanence et du changement, un point de « lumière qui irradie à travers toutes choses », et « l'art a pour fonction de révéler cette lumière à travers une œuvre » (PM, p. 188) : la pianiste aussi qui fait vivre la musique sous nos yeux, car alors elle devient la porte elle-même vers ce point ultime.

Authentique, Hélène Grimaud joue de tout son être, réalisant cette « perpétuelle incarnation qui se défait de l'impureté » (*Leçons*, p. 169), mais qui ne peut être parfaite et reste humaine comme le montre la figure d'Orphée, **nous touchant en raison même de son humanité**. Ce qui frappe sur le visage d'Hélène Grimaud, c'est l'empreinte d'une extase ; son corps réservé, contenu, tous ses muscles tendus dans l'exécution des morceaux en contraste avec la scansion de ses mains animées d'une vie quasi séparée. Lorsqu'elle joue enveloppée d'un orchestre, l'interprétation donnée est accordée au jeu des autres musiciens, le corps tournoyant au rythme des instruments à cordes comme si sa propre chair était devenue l'évanescence d'un son. Hélène Grimaud a les

1. Hélène Grimaud, en entretien avec l'auteur, sur le site de la Web TV www.savoirchanger.org.

mains qui marchent jusqu'au ciel. Elle fait battre les paupières du cœur surtout quand on les a refermées.

Orphée, aux yeux de la pianiste, est un homme héroïque qui ramène à la vie une œuvre musicale, inanimée sans lui et régénérée à chaque interprétation. Lors des concerts, comme dans le mythe, la musicienne renouvelle un morceau sur le moment et n'est tenue par aucun enregistrement qui arrêterait le temps : « Tout ce qu'on sait, c'est ce qu'on a dans le moment du présent » car il n'y a « rien avant, rien après comme les textes sacrés [1] ». L'art d'Hélène déclenche alors une synesthésie particulière : des vers apparaissent sous les yeux. C'est Nâzim Hikmet qui vient : « Je suis dans la clarté qui s'avance/ Mes mains sont toutes pleines de désirs/ Le monde est beau... Être captif, là n'est pas la question/ Il s'agit de ne pas se rendre/ Voilà [2]. » Nous ne sommes plus captifs et nous avons quitté pour un temps l'étroitesse de nos corps. Lorsque la musique s'arrête, ce retour dans le monde ordinaire, pour la pianiste surtout, est peut-être une épreuve, celle de plier l'immensité dans un corps toujours trop étroit, une réalité toujours trop normée. Hélène Grimaud prend ce risque de partir trop loin, mais la matière du piano la rassemble. Elle salue, sourit plus que jamais, puis repart. Lorsqu'elle marche sur scène, elle n'a pas la tentation de se retourner vers le piano. Ses pas vont de l'avant, ancrés fermement sur le sol.

Pour la pianiste Hélène Grimaud, la musique semble ainsi l'art privilégié pour nous relier aux autres, pour réunir

1. Entretien cité pour « Thé ou café ».

2. Nâzim Hikmet, *Il neige dans la nuit et autres poèmes*, Gallimard, 2002, p. 84. C'est peut-être aussi en raison d'un de ses poèmes intitulé « Concerto en *fa* mineur n° 1 de Jean-Sébastien Bach » : « Le miracle du renouvellement, mon amour,/ c'est la non-répétition de la répétition » (*C'est un dur métier que l'exil*, p. 160).

l'individu et la collectivité, le visible et l'impalpable, le quotidien et l'idéal. Sensible aux compositeurs romantiques formant une grande partie de son répertoire, comme aux poètes symbolistes, Hélène Grimaud puise en eux le désir de créer des liens sacrés. Aussi, dans son album *Résonances*, paru à l'automne 2010, révèle-t-elle des échos inexplorés entre des époques, des compositeurs (Berg, Liszt, Mozart, et Bartók), et des émotions dramatiques intenses. L'art est à ses yeux « le cinquième élément, le seul dont nous ne serons jamais exclus » (*Variations*, p. 251) et qui selon le vœu de Campbell a pour enjeu de nous rendre « pleinement humains » (PM, p. 369), car la musique « peut être un déclic important, c'est sûr, provoquer cette étincelle de la beauté qui fait toujours naître ce qu'il y a de mieux chez l'homme[1] ». Les artistes sont bien nos « alliés magiques » (PTB, p. 132). La pianiste joue directement sur le clavier intérieur des auditeurs ; c'est de l'ordre de l'initiation sacrée. Elle nous rappelle cette musique surgie du fond de nous-mêmes, que nous avons souvent oubliée, ce feu originel essentiel, car « si nous ne brûlons pas/ comment les ténèbres deviendront-elles clarté ?[2] ». Hélène Grimaud donne et demande la faveur du cœur : la seule qui soit l'expression de la plus entière liberté.

Ce n'est pas seulement la musique vive qu'elle joue : c'est l'être humain qui sous ses doigts ne restera pas – jamais – partition morte.

---

1. Hélène Grimaud en entretien avec l'auteur, Magazine *MUZE*, mars 2011.

2. Nâzim Hikmet, « Comme Kerem », *C'est un dur métier que l'exil*, *op. cit.*, p. 29.

CONCLUSION

Régénérer notre vision du monde

Au terme de ce livre, nous voyons clairement la cohérence de la vision de Joseph Campbell : le mythe n'est pas un récit faux, naïf ou une illusion dangereuse, ce qui est un malentendu sur le concept ; le mythe porte un message : **tout est relié**. Toutes les séparations sont une illusion : il existe un héros sous mille visages, des symboles identiques qui traversent le monde et les hommes dans toutes les spiritualités. Des masques sont posés sur une force unique située au fond de nous qu'à chaque époque nous pouvons modeler différemment pour répondre à nos besoins, et d'où viennent toutes les formes. Puis ces formes – et nos vies – retourneront à cette force qui engendrera d'autres êtres, d'autres mythes, d'autres noms pour la désigner. Qu'elle ressurgisse dans la science, la médecine, la technologie virtuelle ou l'écologie, qu'elle régénère des sociétés ou l'esprit des individus, que nous la sentions uniquement dans nos corps, elle continue d'exister. L'art, par sa permanence à travers les siècles, est sans doute le domaine d'expression qui reste le plus en contact avec elle.

Cette pensée forme la vision d'un auteur ; elle reste subjective. Nous pouvons simplement inclure une part de cette vision dans la nôtre. Comprendre la pensée de Joseph

Campbell, c'est comprendre la passion d'un homme pour coudre ensemble des récits puisés dans la vaste matière des livres et textes sacrés. Loin de faire un patchwork bigarré, Campbell parvient à réaliser des coutures invisibles, à fondre une culture orientale avec un mythe amérindien en passant par le Graal cher aux Européens. Il élargit alors la conscience de son lecteur : ce qui domine, ce sont les points communs avec l'autre, entre un enfant et ses parents, une nation et une autre, un être humain et une divinité, entre l'extérieur et l'intérieur, entre ce monde et une connaissance insaisissable. Campbell recherche un équilibre, mais aussi une fusion harmonieuse entre tout ce qui est – ou n'est pas. À ses yeux, c'est un chemin de paix pour l'humanité et une quête aussi psychologique que métaphysique. Sa méthode de mythologies comparées et le monomythe du héros ont suscité, parmi les spécialistes, beaucoup de critiques, mais c'est une vision inspirante pour tous. Nous pouvons tisser ensemble des manières de penser différentes les unes des autres, car c'est une garantie pour tracer une route sous nos pieds qui ne débouche pas sur une impasse.

Analyser la nature humaine à travers les mythes, découvrir en eux une sagesse : tout cela forme la vision de Campbell, mais d'une manière inédite, il fait du mythe **une route dynamique que chacun peut suivre**. Toute vie fonde son propre mythe personnel pour se réaliser. Plus encore : chaque société est libre d'inventer aujourd'hui une mythologie vivante qui donne du sens à son fonctionnement et la régénère quand elle devient malade. Si nous avons le courage de partir à l'aventure, les mythes nous montrent la voie, étape par étape, pour nous accomplir.

Une vie bien remplie enchaîne une quête héroïque après l'autre : « Encore et encore, vous êtes appelé à l'aventure, vous êtes appelé vers de nouveaux horizons. Chaque fois, c'est la même question qui se pose : "Vais-je oser ?" Et alors, si vous osez, les dangers seront présents, et l'aide viendra aussi, et l'épanouissement et le fiasco. Il y a toujours la possibilité de l'échec. Mais il y a aussi la possibilité du bonheur » (PTB, p. 133). Alors notre présent peut résonner des échos d'hier, des appels de demain, et de ce vers de Rimbaud : « Elle est retrouvée. / Quoi ? – L'Éternité[1]. »

1. Arthur Rimbaud, « L'Éternité », *Fêtes de la patience.*

Biographie succincte de Joseph Campbell

Joseph Campbell est né à White Plains, dans l'État de New York le 26 mars 1904. Fils d'une famille catholique bourgeoise, il découvrit dès son enfance les mythes indiens d'Amérique du Nord en fréquentant le Musée d'histoire naturelle de New York. C'est la similitude entre ces mythes et ceux de son éducation catholique qui fit naître sa passion pour la comparaison des religions. Lui-même expliquait avoir grandi en croyant vraiment, comme tous les enfants, en l'existence d'une divinité, d'anges et de démons, avant de reconnaître, à l'adolescence, leur caractère symbolique. Au début de ses études, Joseph Campbell se consacra d'abord à la biologie et aux mathématiques à l'université de Dartmouth, puis il se dirigea vers sa passion première, les sciences humaines, et partit à l'université prestigieuse de Columbia à New York. Il passa une licence en littérature anglaise en 1925 et une maîtrise en littérature médiévale en 1927. Il reçut une bourse de son université pour partir étudier en Europe. Il s'installa à Paris pour apprendre le français et l'ancien français, puis à Munich pour étudier l'allemand. Il s'initia aussi au sanskrit et commença à collecter et à analyser des mythes de l'Orient.

C'est en Europe que Campbell découvrit l'œuvre de James Joyce qui eut une influence considérable sur sa pensée en lui donnant accès à un renouvellement du sens universel des symboles. Thomas Mann eut également une grande influence sur lui. Campbell citait régulièrement leurs œuvres dans ses textes et ses conférences. Ces deux écrivains devinrent des piliers de sa vision personnelle de la vie. Campbell découvrit aussi avec enthousiasme la peinture moderne de Paul Klee et Picasso. Il lut les textes de Freud et surtout ceux de Jung qui n'étaient que très peu connus et publiés aux États-Unis à cette époque. Plus tard, il deviendra l'éditeur et l'ami de Jung.

En 1929, Campbell rentra d'Europe et annonça à ses professeurs de Columbia qu'il souhaitait étudier désormais le sanskrit et l'art moderne en plus de la littérature médiévale. Face à leur refus d'un tel éclectisme, Campbell abandonna ses études de doctorat et ne s'inscrivit plus jamais dans un programme d'études. Il déclara être un « généraliste » comme il existe des médecins généralistes, et non un spécialiste de tel domaine du savoir. À peine quelques semaines plus tard, la Grande Dépression commençait aux États-Unis. Aucun poste d'enseignant ne pouvait s'offrir à Campbell dans de telles conditions. Il quitta New York et se consacra pendant cinq ans à un programme personnel d'études. Il s'imposa entre neuf et douze heures de lecture par jour et développa une vision unique sur la vie pendant ces années-là, même s'il ne possédait alors aucune idée précise sur son avenir professionnel. C'est en raison de ce parcours insolite que Joseph Campbell est considéré comme un modèle d'autodidacte.

Campbell pratiquait également l'athlétisme et courut plusieurs marathons avec succès, considérant la course comme une dimension essentielle de son équilibre. La figure de l'athlète était pour lui celle d'un héros véritable depuis l'Antiquité grecque, et toujours valide parmi les sportifs de l'époque contemporaine qui restent des modèles de dépassement et d'accomplissement pour les jeunes générations. En 1931 et 1932, Campbell voyagea en Californie pour continuer ses études, rencontra le biologiste Ed Ricketts. Il devint l'ami de l'écrivain John Steinbeck et de sa femme, Carole. En 1933, il enseigna pour la première fois à l'école de Canterbury dans le Connecticut.

En 1934, Campbell obtint un poste au Sarah Lawrence College près de New York où il enseigna pendant trente-huit ans, jusqu'en 1972. Une chaire de mythologies comparées y a été créée en son honneur. Lorsque Heinrich Zimmer vint enseigner à l'université de Columbia, Campbell fit sa connaissance. Ce dernier considérait Zimmer comme complémentaire de Jung et plus important encore en termes d'influence sur sa pensée : « Je ne suis pas jungien ! Pour interpréter les mythes, Jung m'a donné les meilleures clefs, c'est certain (...). Si j'avais un genre de gourou, ce serait Zimmer – celui qui m'a vraiment donné le courage d'interpréter les mythes en dehors de ce que je connaissais des symboles ordinaires. Il y a toujours un risque, mais c'est le risque de votre aventure personnelle au lieu de juste vous coller à ce que quelqu'un d'autre a trouvé » (*Open Life*, p. 123). C'est Campbell qui réunit les papiers de Zimmer après la mort de celui-ci et qui édita l'ensemble des conférences données en 1942 à New York. Riches de science, de poésie et d'humour, elles établissent un pont alors inédit entre l'Occident et l'Orient. De nombreux passages figureront ensuite dans les livres de Campbell.

Il épousa l'une de ses anciennes élèves, la danseuse Jean Erdman. Fasciné par l'œuvre de James Joyce, il coécrivit avec Henry Morton Robinson une analyse devenue classique du roman *Finnegans Wake*, publiée après plusieurs refus en 1944. Dans les années 1940 et 1950, il aida Swami Nikhilananda à traduire en anglais les *Upanishads*. Son ouvrage majeur qui remporta un grand succès fut *Le Héros aux mille et un visages*, publié en 1949, dans lequel il met l'accent sur les similitudes entres les cultures avec l'espoir que le monde, après la seconde guerre mondiale, allait enfin vivre en paix. Ce livre va considérablement influencer les spécialistes des mythologies comme les scénaristes du cinéma américain, les artistes et plus tard le grand public. On peut évoquer des films fantastiques, les trilogies *Star Wars, Matrix*, *Avatar*, ou l'adaptation au cinéma du cycle de Tolkien *Le Seigneur des anneaux* qui suivent de près le schéma du monomythe du héros. Christopher Vogler, qui a réalisé un *Guide du scénariste*[1], a remporté un succès mondial en s'inspirant des idées de Campbell. Vogler a toujours mis en garde ses lecteurs : son guide n'est pas la recette du succès. Il encourage les auteurs à se nourrir des mythes et du scénario élaboré par Campbell pour trouver de nouvelles manières de les raconter à notre monde moderne. Certains critiquent une utilisation abusive de ce scénario

1. Christopher Vogler, *Le Guide du scénariste. La force d'inspiration des mythes pour l'écriture cinématographique et romanesque*, Dixit–EICAR, 2002.

dans la littérature anglophone comme au cinéma : on ne compte plus en effet les bandes-annonces reposant sur les mots « voyage » ou « quête du héros ».

Dans les années 1960, Campbell devint un des membres fondateurs de la Society for the Arts, Religion and Contemporary Culture, dite ARC, en partenariat avec Marvin Halverson, Paul Tillich, Stanley Hopper, Louis Kahn et Betty Meyer. L'association, initialement créée par Marvin Halverson dans le but de renouveler la religion chrétienne et de faire entrer dans les églises l'art contemporain, s'est rapidement ouverte à une quête liant l'art et les mythes du monde entier, en refusant tout lien avec les institutions religieuses. En 1970, Campbell publia un recueil de onze analyses réunissant des spécialistes de l'ARC : psychologues, archéologues, philosophes et théologiens. Campbell joua un rôle déterminant dans cette association : il ne souhaitait pas que l'art soit rattaché à des intérêts sociaux ou politiques, encore moins à une religion. Selon lui, l'art doit plutôt nous envoyer dans une quête mystique personnelle vers la transcendance.

Pendant sa retraite, Campbell parcourut régulièrement les États-Unis pour des séries de conférences. Il mourut le 30 octobre 1987 dans sa maison de Honolulu à Hawaï d'un cancer de l'œsophage à l'âge de quatre-vingt-trois ans, très peu de temps après la parution de ses célèbres entretiens avec le journaliste Bill Moyers pour la chaîne PBS, intitulés *Puissance du mythe*.

En 1991, la veuve de Joseph Campbell, Jean Erdman, fonda avec un ami éditeur la fondation Joseph Campbell en Californie. Une série d'écrits posthumes et d'enregistrements sonores et visuels ont été publiés. Un site Internet rassemble des participants en différentes langues européennes. Un prix Erdman-Campbell est attribué régulièrement. Le centre OPUS Archiv se trouve à l'institut du Pacifique à Carpinteria, une université californienne privée qui se consacre aux études de la mythologie et de la psychologie profonde. Les livres personnels et divers papiers de Campbell ont été offerts au centre.

Bibliographie sélective

De Joseph Campbell

A Skeleton Key to Finnegans Wake, avec Henry Morton Robinson, New York, Harcourt, Brace & Co, 1944 ; Penguin, 1977.

The Hero With a Thousand Faces, Pantheon Books, 1949 ; New Jersey, Princeton University Press, 1972 ; Bollingen, 2004 ; Californie, Joseph Campbell Foundation, 2008.

The Flight of the Wild Gander : Explorations in the Mythological Dimension, New York, Viking Press, 1951.

The Masks of God , New York, Viking Press :

I. Primitive Mythology, 1959 ;

II. Oriental Mythology, 1962 ;

III. Occidental Mythology, 1964 ;

IV. Creative Mythology, 1968.

Myths, Dreams and Religion (éd.), avec Stanley Hopper, Ira Progoff et Rollo May, New York, E. P. Dutton and Co, 1970.

Myths to Live By, New York, Viking Press, 1972.

The Mythic Image, Princeton University Press, 1974.

The Power of Myth, avec Bill Moyers et Betty Sur Flowers, New York, Doubleday, 1988.

Historical Atlas of World Mythology :

I. The Way of Animal Powers, Alfred Van der Marck (éd.), Part 1 : *Mythologies of the Primitive Hunters and Gatherers*, New York, Harper and Row, 1988 ; Part 2 : *Mythologies of the Great Hunt*, Harper and Row, 1988.

II. The Way of the Seeded Earth, Part 1 : Alfred Van der Marck (éd.), *The Sacrifice*, Harper and Row, 1988 ; Part 2 : *Mythologies of the Primitive Planters : The North Americas*, Harper and Row, 1989 ; Part 3 : *Mythologies of the Primitive Planters : The Middle and Southern Americas*, Harper and Row, 1989.

Transformations of Myth Through Time, New York, Harper and Row, 1990.

Mythic Worlds, Modern Words : On the Art of James Joyce, Edmund L. Epstein (éd.), New York, HarperCollins, 1993.

Thou Art That : Transforming Religious Metaphor, Eugene Kennedy (éd.), Californie, New World Library, 2001.

The Inner Reaches of Outer Spaces : Metaphor as Myth and as Religion, Californie, New World Library, 2002.

Pathways to Bliss : Mythology and Personal Transformation, David Kudler (éd.), Californie, New World Library, Joseph Campbell Foundation, 2004.

Livres consultés sur Joseph Campbell

Larsen Stephen and Robin, *Joseph Campbell : A Fire in the Mind.*, New York, Anchor Books, 1993.

A Joseph Campbell Companion : Reflections on the Art of Living, Diane K. Osbon (éd.), New York, HarperCollins, 1991.

Segal Robert A., *Joseph Campbell, An Introduction*, Princeton, Garland Publishing, Inc., 1987.

Documentaires vidéo

Power of Myth, avec Bill Moyers, PBS Series, DVD, 1988.

Joseph Campbell, The Hero's Journey, A Biographical Portrait, Joseph Campbell Foundation, 1987.

Mythos I, Disc 1 and 2, avec Susan Sarandon, Joseph Campbell Foundation, 1997.

Mythos II, Disc 1 and 2, avec Susan Sarandon, Joseph Campbell Foundation, 1997.

Traductions françaises

Les héros sont éternels, Seghers, 1987 (épuisé).
Le Héros aux mille et un visages, Robert Laffont, 1992 ; Oxus, 2010.
Les Mythes à travers les âges, Montréal, Le Jour, 1994.
Puissance du mythe, J'ai lu, coll. « New Age », 1999 ; Oxus, 2009.
En cours de traduction aux éditions Oxus : *Myths to Live By* et *Pathways to Bliss*.

Article en français

Anne-Marie Bilodeau, « Joseph Campbell : le jeu de l'éternité dans le temps », *Religiologiques*, nº 8, automne 1993, p. 2-25.

Table

DANS LA MÊME COLLECTION

Essais/Clés

La Mutation du futur
colloque de Tokyo

Le Cercle de vie.
Initiation chamanique d'une psychothérapeute
Maud Séjournant

Le Rire du sacré
Jean-Claude Marol

Réapprivoiser la mort
et *Mettre au monde*
Patrice Van Eersel

Le Cercle des Anciens
Patrice Van Eersel et Alain Grosrey

Sans les animaux, le monde ne serait pas humain
Karine Lou Matignon

Qui croyez-vous être ?
Dr Carlos Walter

Le Grand Livre des rêves
Roger Ripert, Sylvain Michelet, Nicolas Maillard

Le Chemin des neuf mondes
et *Kogis : le réveil d'une civilisation précolombienne*
Éric Julien

Chamanes au fil du temps
Jeremy Narby et Francis Huxley

Les Cévennes, rêve planétaire
Marie-Joséphine Grojean

L'homme qui a tué mon frère
Brigitte Sifaoui

Le Grand Roman des bactéries
Martine Castello et Vahé Zartarian

Une boussole pour la vie
Fabrice Hervieu-Wane

La mort n'est pas une terre étrangère
Stéphane Allix

Éléments de philosophie angélique
Denis Marquet

Retour à l'émerveillement
Bertrand Vergely

Entretiens/Clés

J'ai mal à mes ancêtres !
La psychogénéalogie aujourd'hui
Catherine Maillard et Patrice Van Eersel

Enquête sur la réincarnation
ouvrage collectif

Amour, sexe et spiritualité
ouvrage collectif

L'Avenir de l'esprit
Thierry Gaudin et François L'Yvonnet

Et le divin dans tout ça ?
Jean E. Charon et Érik Pigani

Quelle langue parlaient nos ancêtres préhistoriques ?
Marcel Locquin et Vahé Zartarian

Le monde s'est-il créé tout seul ?
Trinh Xuan Thuan, Ilya Prigogine, Albert Jacquard,
Joël de Rosnay, Jean-Marie Pelt, Henri Atlan
et Patrice Van Eersel

La nature nous sauvera.
Réponses préhistoriques aux problèmes d'aujourd'hui
François Couplan et Patrice Van Eersel

Oui, nous pouvons nous transformer
Arnaud Desjardins et Jean-Louis Cianni

Donner du sens à sa vie
40 entretiens visionnaires

Composition IGS-CP
Impression CPI Bussière, avril 2011
à Saint-Amand-Montrond (Cher)
Éditions Albin Michel
22, rue Huyghens, 75014 Paris
www.albin-michel.fr
ISBN 978-2-226-22147-6
N° d'édition : 19119/01. – N° d'impression : 110828/4.
Dépôt légal : mai 2011.
Imprimé en France.